부모의 태도가
아이의 불안이 되지 않게

지은이 | 애슐리 그래버 Ashley Graber · 마리아 에번스 Maria Evans

애슐리 그래버와 마리아 에번스는 오랜 경력의 아동·가족 심리치료사이자 부모 코치로, 이 시대의 아이들은 물론 앞으로 자라날 세대까지 불안 없이 평온하게 성장할 수 있도록 힘쓰고 있다. 두 사람은 풍부한 임상 경험을 바탕으로 '세이퍼(SAFER) 양육 철학'을 개발해, 가족들이 일상에서 의미 있는 변화를 실천하며 평온하고 안정적인 삶을 이어갈 수 있도록 지원하고 있다. 이들은 전 세계 부모를 대상으로 한 양육지원 모임과 강연을 통해, 복잡하고 빠르게 변화하는 세상 속에서도 아이들이 흔들리지 않고 자신의 길을 찾아갈 수 있도록 돕는 실용적인 양육법을 전하고 있다. 또한 수천 명의 아동 전문 심리치료사를 교육했으며, 초등학생부터 대학원생까지 다양한 연령층을 대상으로 심리학 수업과 마음챙김 수업을 꾸준히 진행해왔다. 모든 가족이 심리적 안정을 위한 도움에 쉽게 접근할 수 있어야 한다는 신념 아래, 이들은 오늘도 아이와 부모 모두를 위한 '단단한 정서 기반 만들기'에 온 힘을 기울이고 있다.

RAISING CALM KIDS IN A WORLD OF WORRY

Copyright ⓒ 2025 by Ashley Graber and Maria Evans
All rights reserved including the right of reproduction in whole or in part in any form.
This edition published by arrangement with The Open Field,
an imprint of Penguin Publishing Group, a division of Penguin Random House LLC.

이 책의 한국어판 저작권은 알렉스리 에이전시 ALA를 통해서
The Open Field, an imprint of Penguin Publishing Group,
a division of Penguin Random House LLC 사와 독점계약한
(주)부키에 있습니다.

저작권법에 의하여 한국 내에서 보호를 받는 저작물이므로
무단전재와 복제를 금합니다.

부모의 태도가
아이의 불안이
되지 않게

Raising Calm Kids
in a World of Worry

엘렌리 그래버 · 마리우 엘모스 지음
정연희 옮김

천 번을 흔들려도
무너지지 않는
아이로 키우는

부모 마음 근력 수업

부·키

옮긴이 | 정윤희

서울교육대학교 초등교육과를 졸업하고 서울교육대학교 교육대학원에서 초등영어교육과 최우수 학위논문상을 수상하며 석사학위를 취득했다. 숙명여자대학교 국제 어린이 영어교사 전문가 과정(YL-TESOL, Young Learners-Teaching English to Speakers of Other Languages)과 미국 조지아주 머서대학교 English Language Institute에서 집중 영어 프로그램(IEP, Intensive English Program) 과정을 수료했다. 서울시교육청 주관 초등영어교사 TEE-M(Teaching English in English-Master) 자격증을 보유하고 있으며, 2009 개정 교육과정 YBM 초등 3~4학년 영어교과서와 2015 개정 교육과정 YBM 초등 3~6학년 영어교과서를 공동 집필했다. 현재 바른번역 소속 번역가로 활동 중이다. 옮긴 책으로는 《영혼이 단단한 아이의 비밀 정서 지능》이 있다.

부모의 태도가
아이의 불안이 되지 않게

초판 1쇄 발행 2025년 8월 27일 | 초판 4쇄 발행 2025년 9월 11일

지은이 애슐리 그래버·마리아 에번스
옮긴이 정윤희
발행인 박윤우
편집 김유진 박영서 박혜민 백은영 성한경 유소영 장미숙
홍보 마케팅 박서연 정미진 정시원 조아현 함석영
디자인 박아형 이세연
경영지원 이지영 주진호
발행처 부키(주)
출판신고 2012년 9월 27일
주소 서울시 마포구 양화로 125 경남관광빌딩 7층
전화 02-325-0846 팩스 02-325-0841
이메일 webmaster@bookie.co.kr
ISBN 979-11-93528-79-2 03590

잘못된 책은 구입하신 서점에서 바꿔드립니다.

만든 사람들
편집 백은영 | 디자인 이세연

사랑하는 우리의 부모님
루바, 스콧, 스탠, 케이께
이 책을 바칩니다.

추천의 글

　자전거를 처음 배울 때 아이는 쉽게 균형을 잃고 흔들립니다. 넘어질 듯한 순간마다 아이가 혹시라도 다칠까 봐 부모가 뒤에서 잡아준다면, 아이는 끝내 혼자 힘으로 자전거를 배우지 못할지도 모릅니다.
　부모 됨이란 무엇일까요. 저는 그것을 '끊임없이 놓아주는 것'이라 말하고 싶습니다. 불안을 꾹 삼키며 아이가 내 품을 떠나 저만의 속도로 멀어지는 것을 견뎌내는 일, 그 용기 있는 기다림이 바로 부모 역할의 본질이 아닐까 생각합니다.
　《부모의 태도가 아이의 불안이 되지 않게》는 아이가 성장 과정에서 경험하는 불안의 여러 얼굴들을 세심하게 들여다보고, 어떻게 마주하고 조절해나갈 수 있을지를 아주 구체적인 사례와 함께 안내합니다. 이 책은 아이의 불안을 제거해야 할 증상이라고 하지 않습니다. 오히려 위험을 감지하고 자신을 보호하려는 자연스러운 감정임을 강조하며, 이를 억누르거나 없애는 것이 아니라 '잘 다스릴 수 있도록 돕는 것'이 중요하다고 말합니다.

 또한 아이가 불안하고 혼란스러울 때마다 언제든 돌아올 수 있는 등대이자 항구가 되어주는 것, 작은 물결 같은 불안을 태풍처럼 과장하지 않는 것이 부모의 진정한 역할이라고 말합니다.

 이 책에서 제안하는 SAFER 양육 철학을 꾸준히 실천하면서, 차분하게 중심을 잡고 아이의 감정에 귀 기울이는 법을 터득해보길 바랍니다. 그러한 부모의 평온한 태도는 아이의 단단한 내면이 될 것입니다.

하지현
정신건강의학과 전문의,《나는 왜 이유 없이 불안할까》저자

 센터에서 성격 진단과 분석을 해오면서 항상 느끼는 바는, 강도 높은 스트레스로 고통받고 있는 사람들의 내면에는 유년기 때부터 이어져 온 뿌리 깊은 불안이 잠재되어 있다는 점입니다. 이 불안은 어린 시절 양육자와의 관계에서부터 태동했을 수도 있고, 교우 관계 및 학교생활의 영향으로 커졌을 수도 있지만, 중요한 건, 아이들이 불안을 효과적으로 다루는 방법을 알고 있었다면 좀 더 강건하고 활력 넘치는 어른으로 성장할 수 있었을 거라는 사실입니다. 하지만 어른인 부모조차 때때로 자신의 불안을 다루기 힘들어하는데, 어떻게 자녀에게 불안에 대한 올바른 방향성을 제시해줄 수 있을까요? 빠르게 변화하는 사회, 넘쳐나는 정보, 높아진 심리적 기준 속에서 많은 부모가 아이의 불안 앞에서 막연한 심정으로 길을 잃곤 합니다. 이

책은 그러한 부모들에게 실질적이고 검증된 심리학적 지침을 제공하며, 일상의 양육 장면에서 아이의 정서적 안정을 어떻게 효과적으로 지원할 수 있는지를 구체적으로 설명하고 있습니다.

저자들은 부모들이 일상에서 느끼는 불안감, 막막함, 죄책감까지도 온전히 이해하며, 완벽할 필요 없다는 위로 대신 함께 연습하면 된다는 실질적인 방향성을 제시합니다. 아이가 불안을 겪을 때 부모는 어떻게 반응해야 할지, 어떤 대화를 건네야 할지, 어떤 태도로 곁을 지켜야 할지 등에 대한 설명은 매우 구체적이고도 세심합니다. 특히, 저자들은 부모 코칭과 아동 심리치료 현장에서 오랜 시간 축적해 온 임상적 통찰을 바탕으로, SAFER 양육이라는 구체적인 방법론을 제시합니다. SAFER의 다섯 가지 원칙은 최근 심리학계에서 강조하고 있는 정서 조절, 자아 정체성, 회복탄력성 등의 키워드를 유기적으로 통합한 매우 실용적이고도 효과적인 프레임입니다. 이 원칙은 부모가 바람직한 양육 태도를 갖추도록 도울 뿐 아니라 실제로 아이의 불안을 완화하고 심리적 안정감을 구축하는 데 중대한 역할을 담당할 수 있습니다.

이 책의 가장 큰 강점은, 심리학 이론을 현장에 맞게 재구성했다는 점입니다. 부모와 아이가 함께 성장하는 '살아있는 관계'에 중점을 두고, 불안이라는 감정을 가족 모두 자연스럽게 이해하며 효과적으로 대처하도록 돕습니다. 또한, 이 책에 담긴 다양한 실제 사례들은 독자가 단순히 정보를 습득하는 데 그치지 않고, 자신의 양육을 돌아보고 실천으로 이어갈 수 있도록 자연스러운 연결 고리를 제공합니다. 부모가 자신의 스트레스 반응을 어떻게 인식하고 조절하느냐가 아이의 정서적 발달에 얼마나 결정적인 영향을 미치는지에 대한 설명은 매우 설득력 있고, 심리학적 타당성 또한 충분합니다.

이 책은 '내가 잘하고 있는 걸까?'라는 끝없는 자기 검열로 지친 부모들에게 진심 어린 응원과 실효성 있는 방법론을 건넵니다. 저자들이 소개하는 부모들의 사례는 놀랍도록 현실적이고, 때로는 내 이야기처럼 가슴을 울립니다. 그 안에서 우리는 혼자가 아님을, 그리고 누구든 지금보다 더 나은 부모가 될 수 있음을 확인하게 됩니다. 불안이 일상이 된 시대, 부모의 차분한 태도와 정서적 개입이 아이의 평온한 내일을 어떻게 만들어가는지를 깊이 조명한 이 책은, 심리학 실천서로서도, 양육 지침서로서도 매우 훌륭한 가이드라인이 됩니다. 아이의 마음을 지키기 위해, 무엇보다 부모 자신의 마음을 돌보아야 한다는 이 책의 메시지는 오래도록 깊은 여운을 남깁니다.

최재훈
《나는 왜 남들보다 쉽게 지칠까》 저자

목차

들어가며 14

1부
불안의 원인과 알아차림

1장 내 아이는 왜 사소한 일에도 불안해할까? 31

겉으로 드러나는 불안과 드러나지 않는 불안 34
불안의 원인 1: 아이가 보고 듣는 것 35
불안의 원인 2: 성장 과정에서 겪는 여러 가지 변화 41
불안의 원인 3: 충격적인 경험 46
불안의 원인 4: 부모와의 불안정한 관계 51

더 깊이 생각해보기 · 61

2장 아이의 불안을 알아차리는 방법 63

말로 나타나는 불안 신호 66
신체 반응으로 나타나는 불안 신호 75
행동으로 나타나는 불안 신호 80
위급한 경고 신호 87
전문적인 치료의 중요성 92

더 깊이 생각해보기 · 95

2부
SAFER 양육

3장   차분한 태도 유지하기 99

부모의 평정심을 흔드는 감정의 소용돌이   101
돌봄과 지나친 걱정은 종이 한 장 차이   106
불안한 상황에서도 침착함을 유지하는 법   108
불안감을 키우는 말 vs. 안심시키는 말   118
어려운 주제에 관해 아이와 대화하는 법   121
평온한 환경 조성하기   136

더 깊이 생각해보기 · 146

4장   감정에 공감하되 행동은 가르치기 148

감정 조절이 중요한 이유   149
감정을 억누르면 문제 행동이 심해진다   151
아이의 감정에 공감하기 어려워하는 부모의 유형   153
아이의 감정에 공감하는 방법   157
아이의 감정 조절을 돕는 법   172

아이의 감정이 폭발한 순간: 감정에 공감하되 행동은 가르치기 186
감정 폭발 이후: 아이와의 관계를 회복하고 감정 조절 계획 세우기 189

더 깊이 생각해보기 · 201

5장   자기 자신을 사랑하는 아이로 키우기   203

긍정적인 자아 정체성: 아이의 평생을 지탱하는 힘 206
부모의 관심이 아이의 자아상을 결정한다 209
아이를 품어주는 공동체 211
아이의 자존감을 깎는 부모의 말과 행동 213
칭찬하고, 존중하고, 곁에 있어주기 219
사랑받고 있음을 느끼게 해주기 229
가족의 '스토리' 들려주기 238

더 깊이 생각해보기 · 246

6장   아이의 마음이 열리는 언어로 대화하기   248

'불통' 부모의 유형 253
아이의 마음을 닫아버리는 부모의 말 259
아이의 마음을 여는 대화법 262
아이와 대화를 나눈 뒤 명심해야 할 점들 288

더 깊이 생각해보기 · 292

7장 　 감정 조절의 롤모델이 되어주기　294

아이는 부모의 말이 아닌 행동을 따라 한다　295
아이 마음에 새겨지는 나쁜 본보기　298
건강한 스트레스 대처 방식 보여주기　304
부모의 말은 아이의 내면 목소리가 된다　308
부모 자신의 문제를 부끄러워하지 않기　313

더 깊이 생각해보기 · 329

SAFER 양육법 실전편　332
: 부모가 헤어지는 상황에서도 아이의 마음을 지키는 법

내 아이에게 보내는 약속의 편지　341

감사의 글　346

· 들어가며 ·

부모가 된다는 건 인생에서 가장 무거운 배낭을 메고 길을 나서는 일과도 같습니다. 아이가 태어나는 순간, 부모는 세상의 거친 바람과 험난한 골짜기로부터 아이를 지켜야 한다는 본능적인 책임감에 사로잡힙니다. 시간이 흘러도 양 어깨를 짓누르는 그 무게가 가벼워지는 것 같지 않습니다. 우리는 어떻게든 이 책임감에 익숙해지길 바라며 매일 배낭끈을 고쳐 메지요. 아이를 지키기 위해 매 순간 최선을 다하면서, 부모로서의 여정이 때로 너무 벅차고 고단하다고 느낍니다. 이 책은 바로 그 무게를 조금이나마 덜어드리고자 쓰였습니다. 부모로 살아가는 하루하루가 얼마나 치열하고 고독한지를 알기에, 이 책이 당신의 곁에서 함께 걸어가는 따뜻한 동반자가 되었으면 합니다.

아이가 자라는 모습은 말로 다 표현할 수 없을 만큼 큰 기쁨을 주지만 동시에 그만큼의 걱정과 혼란도 함께 따라옵니다. 특히 아이가 불안해하는 모습을 지켜볼 때 부모의 마음은 속절없이 무너지고, 도대체 무엇을 어떻게 도와야 할지 몰라 답답하고 막막해집니다. '혹시 아이가 이렇게 힘들어하는 게 내 탓은 아닐까?' 하는 자책에 빠지기도 합니다. 부모라면 본능적으로 모든 걸 알고 있어야 한다는 듯한 사회적 시선과 기대는 부모를 더 외롭고 불안하게 만들곤 하지요.

하지만 안심하세요. 아이를 키우는 데 필요한 기술과 지혜를 처음부터 알고 태어나는 사람은 없습니다. 혼자서는 감당하기 어려운 이 여정에 함께 하고자 우리는 양육지원 모임을 열었고, 그 자리에 많은 부모님과 조부모님들이 참여합니다. 이 모임에서 부모들은 서로의 양육 방법을 배울 뿐아니라 겉보기엔 아무 문제가 없어 보이는 다른 부모들 역시 아이의 불안 앞에서 헤매고 있음을 알게 되며 위안을 얻습니다.

사실 우리는 그 어느 때보다 '아이 키우기 어려운 시대'를 살고 있습니다. 아이들이 겪는 불안의 정도는 점점 심각해지고 있으며 아주 어린 아이들조차 예외가 아닙니다. 최근 조사에 따르면 ADHD나 불안, 문제 행동, 우울증 등의 진단을 받은 3세에서 17세 사이의 아이들이 수백만 명에 달합니다. 몇 년 사이에 정신 건강 문제를 겪는 아이들의 수가 급격히 증가했고, 이 중에는 여러 증상이 동시에 나타나는 경우도 적지 않습니다.* 십 대들의 자살 시도 또한 급증해,

---

* "Data and Statistics on Children's Mental Health," Centers for Disease Control and Prevention, last reviewed March 8, 2023, https://www.cdc.gov/childrens mentalhealth/data.html.

수많은 가정이 회복하기 힘든 상처와 슬픔을 겪고 있습니다.*

이것은 단지 통계나 뉴스에 그치지 않습니다. 우리가 부모 코칭과 아동 심리치료 현장에서 매일같이 마주하고 있는 현실이기도 합니다. 수천 명의 부모와 아이들을 만나며 우리가 확신하게 된 한 가지는, 이 시대의 가족들에게는 마음의 평온을 찾을 수 있는 실질적인 방법이 절실히 필요하다는 사실입니다. 그래서 우리는 '세이퍼(SAFER) 양육' 철학을 고안했습니다. 불안이 일상이 된 시대에 이 철학은 부모가 아이의 불안에 효과적으로 대응할 수 있는 구체적인 길을 안내할 것입니다.

이 책에서 '스트레스' '걱정' '불안'이라는 용어는 구분하지 않고 혼용하여 사용됩니다. 왜냐하면 이런 감정들은 꼭 병리적인 상태를 의미하거나 진단명을 붙여야만 하는 것이 아니라, 누구나 일상에서 흔히 겪는 자연스러운 감정이기 때문입니다.

아이들은 때때로 불안하고 초조해하며 스트레스를 받습니다. 중요한 건 그런 순간에 부모가 어떤 태도로 함께해주느냐입니다. 아이가 가끔 불안을 느끼든 자주 그 감정에 사로잡히든, 이 책에 담긴 내용은 부모와 아이 모두에게 실질적인 힘이 될 것입니다. 주로 초등학생 자녀를 둔 부모를 염두에 두고 쓰였지만, 이 안에 담긴 통찰과 전략은 모든 연령대의 자녀를 둔 가정에 폭넓게 적용될 수 있습니다.

* Agency for Healthcare Research and Quality (US), 2022 National Healthcare Quality and Disparities Report (Rockville, MD: Agency for Healthcare Research and Quality, 2022), https://www.ncbi.nlm.nih.gov/books/NBK587182.

아이들은 따뜻한 돌봄 속에서 심리적 안정감을 느낄 때 정서적으로 건강하게 자라납니다. 그리고 그 안정감을 줄 수 있는 가장 결정적인 존재는 다름 아닌 부모(꼭 부모가 아니더라도 아이를 책임지는 주 양육자라면 누구나 포함됩니다. 이 책에서는 편의상 '부모'라는 용어를 사용하겠습니다)입니다. 아이가 세상을 향해 첫걸음을 내딛다가 상처를 입거나 뜻하지 않은 상황에 부딪혔을 때, 믿고 의지할 수 있는 누군가가 곁에 있다는 것은 아이에게 큰 힘이 됩니다. 그 존재가 바로 여러분, 부모이지요.

가끔 '세상사가 내 맘대로 풀리지 않네'라는 생각이 들며 힘이 빠질 때가 있지요. 그럴 때는 스스로 이렇게 말해보세요.

> "이 만만치 않은 세상에서 내 아이에겐 내가 전부야. 부모인 내가 언제나 아이 편이 되어주고 감정을 다스리는 법을 배울 수 있게 도와줘야지."

SAFER 양육이 필요한 이유

SAFER 양육 철학의 핵심 목적은 부모가 자녀에게 안정감을 심어주는 데 있습니다. 가정에서 정서적 안정감을 느끼는 아이는 더 건강하게, 더 탄탄하게 성장할 수 있기 때문입니다.

안정감을 전하는 방식은 결코 하나로 정해져 있지 않습니다. 어떤 날에는 다친 무릎에 반창고를 붙여주며 다정히 안아주는 것이고, 또 어떤 날에는 화가 난 어른(어쩌면 부모 자신)으로부터 아이를 지켜주는 일일 수도 있습니다. 어렵고 민감한 대화를 피하지 않고, 차분하고 열린 태도로 아이의 이야기에 귀 기울일 때도 아이는 깊은 평온함을 느낍니다.

SAFER 양육은 다음의 다섯 가지 원칙으로 구성되어 있습니다.

- 차분한 태도 유지하기 **S**et the Tone
- 감정에 공감하되 행동은 가르치기 **A**llow Feelings to Guide Behaviors
- 자기 자신을 사랑하는 아이로 키우기 **F**orm Identity
- 아이의 마음이 열리는 언어로 대화하기 **E**ngage Like a Pro
- 감정 조절의 롤모델이 되어주기 **R**ole Model

이 다섯 가지 원칙은 부모가 아이와의 관계 속에서 일상적으로 실천할 수 있는 지침이며, 아이의 회복탄력성을 키우는 데 큰 도움이 될 것입니다.

| 차분한 태도 유지하기 Set the Tone

이 원칙은 SAFER 양육의 다섯 가지 원칙 중 첫 번째이자, 모든 원칙의 기반이 되는 가장 중요한 출발점입니다. 부모가 차분한 태도를 유지하기 위해서는 먼저 부모 자신이 스스로 감정을 알아차리고 조절할 수 있어야 합니다. 평정심을 잃지 않고 늘 안정적인 반응을 보이면, 아이 역시 내면의 평온함을 배우고 익히게 됩니다.

아래는 부모가 차분한 태도를 유지할 때 나타나는 긍정적인 변화입니다.

- 부모 스스로 감정을 건강하게 다루는 능력이 향상됩니다.
- 아이가 정서적으로 안전하다고 느낄 수 있는 환경이 조성됩니다.
- 예민한 주제에 관해 이야기할 때도 아이가 더 편안함을 느낍니다.
- 부모의 평온한 태도가 자연스럽게 아이에게 전달됩니다.

| 감정에 공감하되 행동은 가르치기 Allow Feelings to Guide Behaviors

부모라면 누구나 아이가 감정적으로 격해졌을 때 어떻게 해야 할지 몰라 당황했던 경험이 있을 것입니다. 두 번째 원칙은, 그런 순간에 아이의 감정을 억누르거나 벌주기보다는 감정을 있는 그대로 받아들이고, 동시에 적절한 행동으로 자연스럽게 이끌어주는 것입니다. 또한 아이와의 관계에 금이 갔을 때 이를 어떻게 회복할 수 있는지도 함께 다룹니다.

이 원칙을 실천하면 다음과 같은 변화가 일어납니다.

- 아이가 자신의 감정을 인식하고, 말로 표현하는 법을 배웁니다.
- 감정과 신체 반응이 연결되어 있다는 사실을 이해하고, 감정을 더 잘 조절할 수 있게 됩니다.
- 앞으로 감정이 격해질 상황에 대비해, 아이가 스스로 감정 조절 계획을 세울 수 있습니다.
- 부모는 감정을 다룰 때 반드시 기억해야 할 핵심 원칙(아이의 감정

이 아닌 행동을 교정한다)을 배우게 됩니다.

| 자기 자신을 사랑하는 아이로 키우기 Form Identity

아이의 정체성은 단단한 뿌리와도 같습니다. 자신이 누구인지, 어떤 가치를 중요하게 여기는지를 알고 느끼는 힘은 정서적 안정의 핵심 요소입니다.

이 원칙에서는 아이의 강점을 인정하고, 아이가 가족 안에서뿐 아니라 아니라 더 넓은 공동체 속에서도 소속감을 느끼도록 돕는 방법을 다룹니다. 또한 부모와 아이 사이의 유대감을 깊이 있게 다지는 구체적인 실천법도 함께 소개합니다.

부모가 아이의 건강한 자아 형성을 도우면 아이에게 이런 효과가 나타납니다.

- 삶의 어려움 속에서도 쉽게 흔들리지 않는 자신감을 갖게 됩니다.
- 또래 친구들의 압력에 휘둘리지 않고, 회복탄력성을 키울 수 있습니다.
- 부모와 애착과 유대감이 깊어집니다.
- "나는 이곳에 속해 있어"라는 소속감과 안정감을 느낍니다.

| 아이의 마음이 열리는 언어로 대화하기 Engage Like a Pro

이 원칙에서는 우리가 상담 현장에서 실제로 사용하는 효과적인 대화법을 소개합니다.

이 방법을 익히면 아이가 어떤 이야기라도 거리낌없이 털어놓을 수 있는 '안전한 부모'가 될 수 있습니다. 진심 어린 대화는 아이의 걱정을 덜어주고, 부모와의 관계를 더욱 깊게 만듭니다.

부모가 열린 마음으로 아이와 소통하면, 다음과 같은 효과가 있습니다.

- 아이가 자신의 속마음을 자연스럽게 표현할 수 있게 됩니다.
- 대화를 하면서 아이의 불안을 줄여줄 수 있습니다.
- 대화를 시작하기 좋은 타이밍과 흐름을 파악하게 됩니다.
- 부모의 실수로 아이가 마음을 닫게 되는 일을 피할 수 있습니다.

| 감정 조절의 롤모델이 되어주기 Role Model

아이에게 정서적으로 안전한 환경을 만들어주려면, 부모 자신이 먼저 건강한 대처 방식을 실천해야 합니다.

내가 무심코 보이는 행동이 아이의 불안을 키우고 있는 건 아닌지 돌아보는 일, 그것이 바로 변화의 시작입니다. 이 원칙은 부모가 자신의 스트레스와 감정을 어떻게 다루는지를 점검하고, 아이에게 본보기가 될 수 있도록 돕습니다.

부모가 건강한 스트레스 대처법을 보여주면 다음과 같은 변화가 나타납니다.

- 아이도 바람직한 스트레스 대응 방식을 배웁니다.
- 부모가 자신을 소중히 여기는 모습을 보며, 아이도 자신을 긍정적으로 바라보게 됩니다.

- 가족이 겪는 어려움을 아이의 눈높이에 맞춰 설명할 수 있습니다.
- 부모 자신의 신체적·정신적 건강 문제에도 더 효과적으로 대처할 수 있습니다.

SAFER 양육 철학은 일상에서 아이를 대하는 매 순간 자연스럽게 실천할 수 있습니다. 이 철학을 바탕으로 양육된 아이들은 삶에서 마주하는 크고 작은 불안으로부터 자신을 지켜낼 '심리적 보호막'을 갖게 될 것입니다. 부모가 이 원칙들을 일상 속에서 자주 실천할수록 아이의 걱정과 불안을 보다 효과적으로 덜어줄 수 있습니다.

아동을 대상으로 한 심리치료는 아이가 자신의 감정과 고민을 안전하게 표현하고 해소할 수 있는 정서적으로 안정된 공간을 제공합니다. SAFER 양육 역시 같은 맥락입니다. 아이가 감정을 가다듬고 마음의 균형을 되찾을 수 있는, 차분하고 예측 가능한 환경을 가정 안에 조성하는 것을 목표로 합니다. 그러한 환경 속에서 아이는 부모를 '언제든 편하게 다가갈 수 있는 믿음직한 존재'로 인식하게 되며, 어떤 어려움이 닥쳐도 주저하지 않고 부모를 의지하게 됩니다.

이것이 바로 SAFER 양육 철학이 지향하는 가장 중요한 궁극적 목표입니다.

아이에게는 '심리적 안정감'이 꼭 필요하다

스스로 불안이 많은 편이라고 고백한 한 어머니가 양육지원 모임에서 이런 이야기를 들려주었습니다.

"우리 가족은 서로 사랑했어요. 하지만 부모님이 제 정서적 안정을 위해 애써주신 기억은 거의 없어요. 아빠는 늘 일에 치여 바쁘셨고, 엄마는 세 아이를 돌보느라 늘 지쳐 있었죠. 제가 힘들어할 때도, 무슨 일이 있었는지 물어보거나 기분이 나아지도록 도와주신 적은 없었던 것 같아요. 아마 그분들도 어떻게 해야 할지 모르셨던 거겠죠."

이 가족은 분명 서로를 아끼고 사랑했지만, 그 안에 '심리적 안정감'은 충분하지 않았습니다. 우리는 여러분의 아이들이 이와는 다른 경험을 하길 바랍니다.

부모와의 관계에서 심리적 안정감을 느끼는 아이는 자신의 감정과 행동을 훨씬 더 수월하게 조절할 수 있습니다. 감정을 억누르거나 폭발시키는 대신, 차분하게 말로 표현하는 법을 배웁니다. 이러한 능력은 아이가 정서적·심리적으로 건강한 어른으로 자라는 밑거름이 됩니다. '나는 어떤 사람이며 무엇을 중요하게 여기는지' '내 필요를 어떻게 표현하고 존중받을 수 있는지'에 대해 명확히 알게 되니까요.

부모의 지지를 받는 아이는 자신이 있는 그대로의 모습으로 존중받고 사랑받고 있다고 느끼며, 자신감과 자존감을 키워나갈 수 있습니다. 또 부모와의 유대감이 깊기에, 더 자주 부모에게 조언을 구하기도 합니다. 한편 정서적으로 안정된 아이는 학업 성취도도 높게 나타나는 경향이 있습니다. 감정적인 스트레스에 휘둘리지 않고 학습에 집중할 수 있기 때문입니다. 사랑과 포용을 바탕으로 한 양육은 아이를 단지 똑똑한 아이로 키우는 데 그치지 않고 자기 자신을 잘 이해하고, 행복하며, 회복탄력성이 뛰어난 아이로 성장하게 합니다. 살면서 역경에 처했을 때 힘든 감정을 무디게 하려고 술에 의존하기보다는 가볍게 산책을 하며 자신을 돌볼 줄 아는 어른이 될 수 있는 것이지요.

부모에게서 건강한 갈등 해결 방식을 배운 아이는 친구나 연인과도 안정적인 관계를 유지합니다. 한편, 문제가 생겼을 때 도움을 요청하는 것도 주저하지 않으며, 자기 자신을 지키는 힘을 지닌 어른으로 성장합니다.

불안해하는 아이에게 등대가 되어주려면

아이가 불안해할 때 부모로서 어떤 말을 해줘야 할지에 대한 정보가 소셜 미디어에 넘쳐납니다. 하지만 진정한 정서적·심리적 안정감을 쌓기 위해서는, 온라인에서 찾은 그럴듯한 위로의 말 몇 마디로는 부족합니다. 중요한 것은 아이가 마음 깊이 편안함을 느낄 수 있는 환경을 만들어주는 것입니다. SAFER 양육 원칙을 실천하다 보면, 부모인 당신은 아이에게 언제든 돌아올 수 있는 '등대 같은 존재'가 될 수 있습니다.

물론 걱정이나 불안은 누구에게나 생기는 자연스러운 감정이며, 아이가 위험을 감지하는 데 중요한 역할을 하기도 합니다. 만약 불안이 전혀 없다면 아이는 폭풍이 몰아치는 날에도 밖에서 놀려고 하거나, 위험한 동물에게 경계심 없이 다가갈지도 모릅니다. 적당한 불안은 아이가 무엇이 위험한지를 구별하고, 술이나 담배가 유혹하는 상황에서도 단호하게 "싫어요"라고 말할 힘을 길러줍니다.

하지만 불안이 지나치게 커지면, 아이는 그 감정에 압도당해 일상생활까지 힘들어질 수 있습니다. 이 책에 소개된 다양한 방법들은 아이다운 생기와 호기심이 넘치되, 걱정이나 불안을 잘 다스리는 감정조절력을 가진 아이로 자랄 수 있게 도와줄 것입니다.

부모마다 양육방식이 다를 수밖에 없는 이유

오늘날의 양육방식은 과거와 비교해 분명히 달라졌습니다. 예전에는 아이에게 "어른들 앞에서는 말하지 말고 조용히 해라, 얌전하게 있어라"라고 가르쳤지만 이제는 아이의 감정을 이해하고 존중하는 방식으로 바뀌어가고 있습니다. 부모가 모든 것을 일방적으로 결정하고 아이는 그 지시에 따르기만 했던 위계적인 가족 구조에서 벗어나, 부모와 자녀 사이의 친밀한 관계를 바탕으로 한 심리학적 양육 철학이 점차 확산되고 있지요. 이는 분명 건강하고 긍정적인 변화입니다.

우리가 만나는 부모 중에는 어린 시절 방임에 가까운 양육 속에서 자란 분들도 많습니다. 부모의 개입이 거의 없는 상태에서, 뚜렷한 규칙도 없이 성장한 경우입니다. 반대로 부모가 아이의 삶에 지나치게 개입하여 아이가 스스로 생각하고 선택할 기회를 거의 얻지 못한 예도 있습니다. 이처럼 서로 다른 배경 속에서 자란 부모들이 '과연 어떤 방식으로 아이를 키우는 게 옳은 걸까?'라는 혼란을 겪는 것은 당연한 일입니다. 특히 스마트폰, 유튜브, 자극적인 뉴스가 넘처나는 요즘 시대에는 양육이 과거보다 훨씬 더 어렵고 복잡하게 느껴집니다.

부모 자신이 겪은 양육환경은 아이를 키우는 방식에 지대한 영향을 미칩니다. 어린 시절의 규칙과 가치관을 그대로 아이에게 적용하기도 하고, 반대로 반작용처럼 전혀 다른 방식을 택하기도 합니다. 하지만 어떤 방식을 선택하든, 자라온 환경이 서로 다른 배우자 또는 공동 양육자와 갈등을 겪게 될 수밖에 없지요.

자녀가 두 명 이상이라면 상황은 더 복잡해집니다. 같은 배에서 나왔어도 아이마다 기질이 다르고, 부모와 관계 맺는 방식도 차이가 있습니다. 한 어머니는 "우리 딸은 실망스러운 일이 생겨도 금방 털고 일어나는데, 아들은 한참을 울어요"라고 이야기했습니다. 또 어떤 아이는 "정리 좀 할래?"라는 말에 곧바로 움직이지만, 다른 아이는 아예 들은 척도 하지 않지요. 첫째, 둘째를 키울 때 부모의 감정 상태, 인생의 시기, 가족의 상황은 모두 다르기에 자녀 각각이 느끼는 경험도 달라질 수밖에 없습니다.

아이보다 먼저 불안을 다스릴 줄 아는 부모가 될 수 있도록

내 아이가 걱정없이 행복하게 자라길 바라면서도 정작 부모 자신의 불안함을 돌보는 일에는 소홀해지곤 합니다. 기억해야 할 중요한 사실은, 부모의 불안은 아이의 정서에 깊은 영향을 미친다는 것이지요. 부모가 먼저 인생의 굴곡을 견디는 정서적 기술과 내면의 회복력을 키워야 하는 이유입니다. '나는 감정 조절 능력이 미숙한데… 아이의 불안함이 다 나때문인가?' 하고 자책하는 분들이 계실 겁니다. 아이가 훌쩍 커버려서 걱정되는 분들에게는 지금 시작해도 늦지 않다고 꼭 말하고 싶습니다. 자신의 결핍, 잘못된 행동을 인식하고 바로잡으려는 노력은 부모로서 할 수 있는 가장 용기 있는 선택입니다.

SAFER 양육은 서로를 비난하거나 평가하지 않는 '안심 구역'입니다. 부모로서 자신을 부끄러워할 필요도, 자책할 이유도 없습니다. 우리는 함께 문제의 본질을 돌아보고, 실질적인 해결책을 찾으며, 그 방법들을 삶 속에서 하나씩 실천할 것입니다. 그렇게 한 걸음씩, 부모로서의 역량도 차곡차곡 다져나가게 될 거예요. 이 책에는 그 모든 여정을 담았습니다.

여러분이 이 길에 함께하게 되어 진심으로 기쁩니다.

이 책의 구성과 활용법

이 책을 읽는 동안, 여러분도 마치 우리 양육지원 모임에 함께 참여하고 있는 듯한 느낌을 받으시면 좋겠습니다. 책 전반에 걸쳐 소개된 다양한 사례는 실제 가족들의 경험을 바탕으로 했습니다. 어떤 사례는 '이 사람들, 혹시 우리 얘기 엿들은 거 아니야?' 싶은 생각이 들 정도로 공감될 겁니다. 그만큼 많은 부모와 아이들이 겪는 보편적인 갈등과 기쁨을 고스란히 담아내고자 노력했습니다. 참고로, 책에 등장하는 모든 사례는 당사자의 신원을 보호하기 위해 식별 가능한 모든 정보를 수정했습니다.

부모로서 어떻게 대처해야 할지 몰라 당황했을 때, 온라인 포럼이나 소셜 미디어를 끝도 없이 검색하다가 오히려 더 불안해지기만 했던 경험, 혹시 있으신가요? 이제 그런 수고는 하지 않으셔도 됩니다. 양육에 도움이 되는 가장 효과적인 실천법들이 이 책에 꼼꼼히 정리되어 있습니다. 누구나 당장 실천할 수 있을 만큼 간단하면서도, 믿을 수 있는 연구에 기반한 실용적인 전략들입니다.

마음이 지치거나 양육이 유독 버겁게 느껴지는 순간, 이 책을 한번 펼쳐보세요. 또는 아이를 데리러 가기 10분 전이나 잠자리에 들기 몇 분 전에 가볍게 훑어보세요. 배우자나 조부모님, 아이 돌보미 등 아이를 함께 양육하는 누구와도 쉽게 나눌 수 있습니다.

이 책의 1부에서는 아이의 불안이 어디에서 비롯되는지를 함께 살펴봅니다. 많은 부모가 아이가 불안해하는 근본 원인을 종종 놓치거나 잘못 이해하곤 하지요. 아이가 느끼는 불안의 뿌리를 이해하고, 불안의 신호를 알아차리는 방법을 함께 알아보겠습니다.

2부에서는 SAFER 양육의 다섯 가지 원칙을 하나씩 설명하고, 이를 일상에서 어떻게 실천할 수 있을지 구체적인 방법을 소개합니다.

이 책에 담긴 모든 방법은 실제 부모 코칭 현장에서 효과가 입증된 것들입니다. 부모 코칭에 참여했던 부모들의 고민은 분명 여러분의 고민과도 많이 닮아있을 것입니다.

1부 불안의 원인과 알아차림

1장

내 아이는 왜
사소한 일에도 불안해할까?

아이가 불안해하는 모습을 볼 때마다 부모는 가슴이 철렁합니다. '이런 일로까지 걱정해야 하나?' 싶은 마음과, '혹시 뭔가 큰일이 있는 건 아닐까?' 하는 마음이 동시에 들지요. 아이의 마음을 다 알고 싶지만, 도무지 어디서부터 손을 써야 할지 막막합니다. 어떻게든 걱정을 덜어주고 싶지만 방법이 떠오르지 않아 무력감에 빠지기도 합니다. 그리고 한 번쯤 이런 생각을 해봤을 겁니다.

'도대체 내 아이는 왜 이렇게 불안해할까?'

부모들은 자기 아이만 유독 불안이 크다고 생각할 수 있지만, 겉보기엔 친구도 많고 밝아 보이는 아이조차 머릿속엔 걱정이 가득합니다. 잠들기 전까지 내일 숙제를 걱정하고, 친구가 메신저 답장을 늦게 해도 마음이 불안해집니다. 문제는, 이런 불안이 일시적인 기분이 아니라 요즘 아이들 일상이 되어가고 있다는 것입니다.

불안을 안고 자라는 아이들

우리는 아이의 불안을 걱정하는 부모님들의 이메일과 전화를 매일같이 받습니다.

한 어머니는 이렇게 적어왔습니다.

"딸아이를 학교에 내려주고, 주차장에서 메일을 쓰고 있어요. 선생님의 도움이 간절해요. 제 딸은 친한 친구들도 많은데 늘 사람들이 자기를 싫어할까 봐 불안해해요. 걱정하지 않아도 된다고 말해줘도 전혀 위로가 안 돼요. 저도 어릴 때 걱정이 많았기에 아이 마음이 얼마나 힘들지 알 것 같아요. 그런데 어떻게 도와줘야 할지를 모르겠어요. 가능한 한 빨리 전화 부탁드려요."

아이가 불안하면, 아이만 힘든 것이 아닙니다. 아이를 사랑하는 가족 모두가 고통을 겪게 됩니다.

한 아버지는 이런 이야기를 털어놨습니다.

"아들이 멸종 위기의 동물을 보고 갑자기 공포에 휩싸이기도 하고 며칠 전엔 뉴스를 보고 학교에서 비슷한 사고가 날까 봐 불안해하더라고요. 어떻게 해야 할지 모르겠습니다. 아내와 저, 둘 다 신경이 곤두서 있다 보니 서로에게 짜증을 내게 되고, 결국 아이에게까지 날카롭게 굴고 있어요. 아이의 불안이 이제는 가족 전체의 고통이 되어버렸습니다."

심리치료사로서 우리는 아이들의 불안을 단순한 감정이 아닌,

중대한 정신 건강의 문제로 봅니다. 요즘 아이들은 인간관계, 학업, 그리고 디지털 기술이 생활 전반에 깊숙이 스며든 환경 속에서 하루 종일 긴장하며 살아갑니다.

불안이 커지면 커질수록, 자라나는 아이를 짓누르는 짐이 됩니다. 시간이 지나며 불안을 자연스럽게 극복하는 아이도 있지만, 어떤 아이는 그 감정을 오래도록 품고 살아갑니다. 양육지원 모임에 참여하는 부모님들과 대화하다보면, 이 고민은 늘 빠지지 않고 등장합니다.

"우리 아이는 뭐든지 다 두려워해요. 좋아하는 배구 연습조차 가지 않으려 해요."

"우리 아들도 퇴학당할까 봐 몇 달째 걱정 중이에요. 정작 학교에선 한 번도 문제를 일으킨 적이 없는데도요."

부모의 감정이 아이의 불안에 스며든다

불안은 단지 '아이의 성향'만으로 설명되지 않습니다. 아이의 불안을 완화하기 위해서는 먼저 그 원인부터 파악해야 합니다. 이 장에 소개된 아이 불안의 원인에 대해 배운 한 어머니는 이렇게 말했습니다.

"저는 어딜 가든 절대 늦으면 안 된다는 강박이 있어서 늘 스트레스를 받는데, 이런 제 스트레스가 아이를 불안하게 하는 줄은 꿈에도 몰랐어요."

아이들은 주변 어른들의 긴장감, 반응 방식, 말투와 표정 속에서 자기도 모르게 불안을 학습하곤 합니다. 그래서 우리는 불안을 무조건 없애려는 시도보다, 먼저 그 뿌리를 들여다보는 것이 중요하다고 이야기합니다. 아이가 보내는 불안의 신호를 읽는 눈, 아이의 감정에 반응하는 어른의 태도가 회복의 첫걸음이 됩니다.

아이가 무엇 때문에 불안해하는지, 어떻게 알아차릴 수 있는지에 대해 이제부터 구체적으로 알아보겠습니다.

●

겉으로 드러나는 불안과 드러나지 않는 불안

거미를 보고 비명을 지르거나, 어둠을 무서워해 전등을 켜달라고 하는 아이의 모습은 불안이 명확하게 드러나는 경우입니다. 하지만 불안은 항상 그렇게 겉으로 보이지는 않습니다. 괴롭힘을 당하고도 말하지 않거나, 뉴스를 접한 뒤 이유 모를 두려움에 빠지는 아이들도 있지요. 어떤 경우에는 아이 자신조차도 왜 불안한지 모릅니다. 우리는 부모님과 대면 상담을 할 때마다 겉으로 드러난 불안뿐 아니라 드러나지 않는 불안까지 파악할 수 있도록 돕습니다. 이 장에서는 부모가 아이의 말뿐 아니라 행동과 표정, 분위기까지 읽어내는 감각을 키울 수 있도록 돕고자 합니다. 아직 말로 충분히 표현하지 못하는 아이들의 마음속 불안을 이해하는 일이 아이를 돕는 출발점이 될 수 있습니다.

물론 아이의 불안은 유전적 요인과도 관련이 있을 수 있습니다. 하지만 그것이 전부는 아닙니다. 양육방식, 가정환경, 스트레스 경험 등 다양한 요소들이 복합적으로 작용합니다. 아이가 걱정하는 이유가 예상 밖이라 부모들은 상담 중에 자주 놀라곤 합니다. 한 어머니는 이렇게 말했습니다.

"제 딸이 여섯 살 때 죽음에 대해 걱정한 적이 있어요. 그렇게 어린 나이에 죽음에 대해 걱정할 거라고는 상상도 못 했어요."

또 다른 어머니는 이렇게 털어놓았습니다.

"제 아이들이 대중교통을 이용할 때 자리에 앉지 않으려고 한 이유가 글쎄 제 세균 공포증 때문이었다니까요."

아이가 걱정하고 불안해한다면 먼저 원인을 파악해보세요. 그러고 나서 그 원인을 제거하는 방식으로 나아가야 합니다. 요즘 우리 아이들을 그토록 불안하게 하는 요인들은 무엇일까요?

불안의 원인 1
: 아이가 보고 듣는 것

아이들은 이 넓고도 복잡한 세상에서, 때로는 어른조차 이해하기 어려운 장면과 이야기를 마주합니다. 양육지원 모임에서 한 어머니가 이렇게 말했습니다.

"아들이 전쟁은 왜 일어나고, 우리 동네에도 자연재해가 생길 수 있느냐고 물으면 뭐라고 대답해야 할지 모르겠어요."

그 말을 들은 옆자리 어머니도 고개를 끄덕이며 말을 이었습니다.

"저희 딸은 초등학교 4학년인데, 죽음이나 늙는 것에 대해 자꾸 묻는데 대답하려면 정말 막막해요. AI에 대해서는 말할 것도 없고요.

제가 박사 학위라도 있어야 할 것 같다니까요!"

어려운 주제를 영영 피하기만 할 수는 없습니다. 아이들은 주변 어른이나 형제자매가 나누는 대화 속에서 자연스럽게 세상의 어두운 이야기를 엿듣고, 수업 중 기후 변화에 관한 충격적인 통계를 접하기도 합니다. 부모가 뉴스를 철저히 차단하려 해도, 심리 전문가인 우리가 단언컨대, 아이는 이미 많은 걸 보고 듣고 있습니다.

문제는 아이의 정서적 성숙도가 아직 낮아서, 접한 정보를 정확히 해석하지 못하고 오해하거나 과장해 받아들인다는 점입니다. 이해되지 않는 부분은 상상으로 채우고, 그 상상은 최악의 경우로 흐르곤 합니다. 본인이나 가족에게도 나쁜 일이 닥칠 것이라 단정하기도 하지요. 그래서 아이가 어떤 경로로, 어떤 내용을 접하는지 부모가 세심하게 살피는 것이 중요합니다.

아이들이 불안감을 유발하는 정보를 접하는 주요 경로는 다음과 같습니다.

인터넷

아이들의 뇌는 인터넷과 소셜 미디어에서 접하는 방대한 양의 정보를 처리할 준비가 아직 되어있지 않습니다. 하지만 온라인상에서 의도치 않게 성인용 콘텐츠에 노출될 위험이 있습니다. 검색창에 단어 하나만 입력하면 아무런 나이 인증 절차 없이 손쉽게 음란물에 접근할 수도 있지요. 또 아이들은 온라인상에서 만난 낯선 사람의 나이와 의도를 제대로 파악하기 어렵습니다. 아이들의 안전을 위한 보호 조치가 충분히 이루어지지 않는다면, 인터넷은 아이들에게 끔찍하고 위험한 공간이 될 수 있습니다.

뉴스

아이들은 부모의 핸드폰 화면을 잠깐만 흘끗 봐도 불안을 유발하는 뉴스 제목이나 사진에 노출될 수 있습니다. 신문이나 TV, 라디오를 통해 접하는 뉴스는 종종 폭력적인 내용이나 자연재해, 끔찍한 사고와 같은 자극적인 기사를 앞다퉈 보도합니다. 이런 뉴스는 종종 맥락 없이 파편적으로 전달되기에, 아이는 세상은 늘 위험하다는 인식을 갖게 될 수 있습니다.

디지털 기술
| 스크린 타임

눈부신 기술 발전의 결과가 하늘을 나는 자동차가 아닌, 아이 손에 달라붙은 태블릿이 되어버렸습니다. 스크린 타임은 아이에게 즉각적인 자극을 주지만, 감정을 가라앉히거나 정서를 회복시키는 데는 아무런 도움이 되지 않습니다. 한 어머니는 이렇게 말했습니다.

"아이에게 태블릿 좀 그만하라고 하니까 저한테 소리를 지르더라고요. 그래서 태블릿 사용 시간을 하루 1시간으로 제한했더니 며칠 만에 아이가 몰라보게 달라졌어요. 스스로 놀이를 찾아서 하고 밖에도 나가더라고요."

디지털 기기는 마땅한 놀거리가 없을 때 손쉬운 해결책이 될 수는 있지만, 마음의 평온을 유지하는 데는 전혀 도움이 되지 않습니다. 오히려 아이를 고립시키고 대면 소통의 기회를 제한할 뿐입니다.

아이들은 스크린에 푹 빠져있는 동안 자신의 감각은 물론 주변 사람이나 환경에 집중하지 못합니다. 반면 자연에서 뛰어노는 것과 같이 자신의 감각에 집중하고 주변을 주의 깊게 살피는 경험은 불안을 줄이는 데 중요한 역할을 합니다. 스크린 타임이 늘어날수록 자연에서 놀고 사람과 접하는 시간은 자연히 줄어들 수밖에 없습니다.

물론 모든 전자기기 사용이 반드시 해로운 것은 아니고, 스크린 타임을 완전히 없애야 한다고 주장하는 것도 아닙니다. 디지털 기술은 교육, 오락, 의사소통 측면에서 유익한 면이 있고, 아이들의 미래 삶에 꼭 필요한 요소입니다. 그러나 지나친 사용은 해가 됩니다. 부모의 적절한 관리와 일관성 있는 스크린 타임 제한이 꼭 필요하다는 사실을 기억해주세요.

│ AI와 신기술

AI는 아이에게 흥미로운 동시에 위협적으로 느껴질 수 있습니다. 말을 알아듣고 대답하는 기계, 생각하는 로봇 같은 존재는 상상력을 자극하지만 동시에 '나를 감시하는 건 아닐까?'라는 불안한 상상으로 이어질 수 있습니다. 기술이 어떤 방향으로 어디까지 발전할지 어른도 가늠하기 어려운 시대에 아이는 더 혼란스럽기 마련입니다.

소셜 미디어

소셜 미디어는 아이들의 인간관계에 대한 고민을 더 키우고, 자존감에도 부정적인 영향을 줄 수 있습니다.

아이들은 화면 속 멋진 사진이나 영상이 실제가 아닐 수 있다는 점을 인식하지 못한 채, 친구들이나 낯선 사람들의 '완벽한' 모습과 자신을 끊임없이 비교합니다. 또 심리상담을 하다 보면, 단체 대화방에서 친구에게 무시당했다거나, 낯선 계정으로부터 악성 댓글을 받았다는 이야기를 자주 듣게 됩니다. 이처럼 온라인상에서 경험하는 언어폭력은 아이에게 깊은 상처를 남깁니다.

한편 아이들은 '좋아요'나 댓글 수로 다른 사람의 인기와 가치를 판단하려고 합니다. 다른 친구들이 올린 사진이나 모임 소식을 보며 자신만 소외된 것처럼 느끼고, '나만 빼고 다 같이 논 건가?' 하는 불안감에 시달리기도 합니다. 이른바 '포모 FOMO, Fear of Missing Out' 증상이지요. 또래의 관심을 끌기 위해, 과감한 사진을 찍어 공유해야 한다는 압박을 느끼기도 합니다.

이런 식으로 소셜 미디어는 아이에게 끊임없이 자신을 포장하게 만들고, 현실의 삶은 부족하다고 느끼게 해 불안을 증폭시킵니다. 특히 '좋아요'나 기대했던 댓글을 못 받았을 때 아이가 받는 감정적 타격은 어른이 생각하는 것보다 훨씬 클 수 있습니다.

소셜 미디어에 과도하게 몰입하다 보면 수면 시간이 줄고, 쉬는 시간에도 온전히 휴식을 취하지 못합니다. 뇌 발달이 이루어질 시기에 이런 과부하는 학습 능력 저하를 불러올 뿐 아니라 자기 외모에 대한 부정적 인식이 생기는 등 자존감이 낮아지고, 심하면 섭식 장애로 이어질 수도 있습니다.

성인 콘텐츠

어릴 적 우연히 본 무서운 영화의 한 장면이 오랫동안 머릿속에 남아 있었던 기억, 다들 있으실 겁니다. 요즘 아이들은 부모 세대보다 훨씬 쉽게 자극적인 콘텐츠에 노출됩니다. 아이들이 접하는 영화나 TV 프로그램, 책, 비디오 게임에 성인 콘텐츠가 포함되어 있지는 않은지 주의 깊게 살펴보세요. 아이가 청소년이나 성인을 위한 콘텐츠를 보게 해달라고 조를 수도 있습니다. 하지만 콘텐츠에 연령 제한이 있는 이유는 특정 주제가 아이들에게 지나치게 강력한 영향을 미칠 수 있기 때문임을 명심하세요. 아이가 '나도 이젠 다 컸어'라고 말하더라도, 연령에 맞지 않는 콘텐츠는 정서적으로 혼란과 걱정을 불러올 수 있습니다.

재난·사고

폭력이나 재난이 일어날 수 있다는 사실을 반복해서 상기시키는 건 아이들에게 자칫 큰 불안을 안겨줄 수 있습니다. 물론 학교에서 진행하는 재난 대피 훈련은 위급한 상황에서 자신을 지키는 법을 알려주기 위한 것이지만, 동시에 '언제든 무서운 일이 벌어질 수 있다'는 두려움을 새겨넣을 수도 있습니다. 아이는 이러한 메시지를 받을 때마다 반복적으로 스트레스에 노출되며, 이는 발달 중인 신경계에 과부하를 주어 학습 능력을 저해하기도 합니다.

한 어머니는 이렇게 말했습니다.

"제 아들은 요즘 방탄 가방을 메고 학교에 다녀요. 누군가 일부러 사람을 해칠 수 있다는 걸 알고 난 후엔, 늘 주위를 살피느라 수업에 집중하지 못해요."

일곱 살 제인은 책상 밑에 숨는 훈련을 하던 중 "혹시 엄마를 다시는 못 보게 되면 어떡하지?'라는 생각이 머릿속에서 떠나질 않았다"라고 했고, 열두 살 마이크는 "내 숨소리가 너무 커서 총격범이 나를 찾아낼까 봐 무서웠어요"라며 걱정을 털어놓았습니다.

이처럼 위험 상황을 자꾸 떠올리게 하면, 아이는 끊임없는 긴장 속에서 살아가게 되고, 그로 인한 정서적 불안이 점점 깊어질 수밖에 없습니다.

●

불안의 원인 2
: 성장 과정에서 겪는 여러 가지 변화

우리 삶은 순조롭게 흘러가다가도 때로는 예기치 못한 변화에 직면하기도 합니다. 아이들 역시 마찬가지입니다. 이번에는 아이가 성장하면서 어떤 변화에 직면하고, 그것이 정서에 어떤 영향을 주는지 살펴보려 합니다.

교우 관계

초등학교 고학년쯤 되면, 아이들은 친구들이 자기를 어떻게 생각하는지에 무척 민감해집니다. 놀이나 대화에서 자연스럽게 어울리고 싶어 하고, 소외되거나 무시당하는 걸 두려워하죠.

한 할머니는 손녀 얘기를 꺼내며 이렇게 말했습니다.

"우리 손녀는 매일 밤 '할머니, 저는 왜 친한 친구가 없을까요?' 하고 물어요. 그 말을 때마다 마음이 찢어지는 것 같아요. 손녀한테는 그냥 조금만 기다려보자고 말해주지만, 제가 뭔가 해줄 수 있는 일이 없다는 게 너무 안타까워요."

요즘 아이들은 외모나 말투, 집안 사정, 사용하는 핸드폰 기종 같은 아주 작은 차이에도 민감하게 반응합니다. 친구들 사이에서 조금이라도 튀면 괴롭힘을 당하거나 대놓고 따돌림을 받기도 하지요.

브래드는 키가 작다는 이유로 체육 시간마다 놀림을 받았고, 나탈리는 "외국인인 엄마의 억양이 이상하다"라며 놀림을 받았습니다. 푸에르토리코 출신인 엔젤은 새로 이사한 작은 마을에는 푸에르토리코 출신 친구가 한 명도 없고, 이전 학교에서만큼 친구들이 반갑게 대해주지 않는 것 같아 걱정이 많습니다.

위 예시들처럼 혹시 우리 아이가 또래와 다른 점이 있어 외로움을 느끼고 있는 건 아닌지 부모가 살뜰히 살필 필요가 있습니다.

낯선 신체 변화

아주 사소해 보이는 작은 신체 변화도 아이들에게는 지대한 영향을 미칠 수 있습니다. 아이가 별다른 이유 없이 갑자기 불안해한다면, 잠을 충분히 자지 못했거나 어디가 아픈 것은 아닌지 살펴보세요. 아이가 피곤하면 걱정이 더 많아지고, 근육통, 발열, 발진, 두통과 같은 증상이 있으면 정서적으로 훨씬 더 예민해집니다.

또한 어떤 아이들은 실제로 일어나지도 않은 일을 미리 상상하며 걱정하기도 합니다. "배가 갑자기 아프면 어떡하지?" "또 그 약을 먹어야 하는 건 아니겠지?" 하는 식으로요. 겨울마다 감기에 자주 걸리는 올리비아는 학교에 며칠 못 간 것만으로도 불안해합니다.

"숙제 진도를 못 따라가면 어떡하죠? 친구들이 저를 잊으면요?"

한편 사춘기에 접어든 아이들은 급격한 신체 변화를 겪게 됩니다. 여드름이 나기 시작하고, 털이 자라며, 땀 냄새도 달라집니다. 이처럼 익숙하지 않은 몸의 변화로 인해 부끄러워하거나 위축될 수 있습니다. 어떤 아이는 체중이 조금만 늘어도 크게 걱정하는데, 이 시기의 체중 증가는 자연스러운 성장의 한 과정임을 알려주는 것이 중요합니다. 급격한 호르몬 변화 또한 불안의 주요 원인입니다. 에스트로겐과 테스토스테론 수치가 증가하면서 스트레스가 가중되어, 잦은 기분 변화, 짜증, 걱정을 경험할 수 있습니다.

이사나 전학과 같은 큰 변화

아이들은 이사나 전학처럼 큰 변화를 앞두고 설렘과 두려움을 동시에 느낍니다. 또 익숙했던 무언가를 잃는 듯한 상실감을 함께 경험하기도 합니다. 예를 들어 어린 아이의 경우 곧 동생이 태어날 예정이라면 이제는 엄마 아빠의 사랑을 독차지할 수 없다는 생각에 마음이 무거워질 수 있습니다.

또 어떤 변화는 아이에게 특별히 좋은 점이 없고, 그저 힘겹게만 느껴질 수도 있습니다. 예컨대, 출장이나 기타 사정으로 부모 중 한 명과 떨어져 살아야 하는 상황, 정들었던 돌보미와의 갑작스러운 이별, 손꼽아 기다리던 캠프나 소속된 스포츠팀의 경기가 취소되는 일, 혹은 가장 친한 친구의 전학 등은 아이의 마음에 큰 파장을 일으킬 수 있습니다.

이러한 변화들은 어른이 보기에는 사소해 보일지 모르지만, 아이에게는 예상치 못한 큰 걱정과 정서적 혼란을 불러올 수 있습니다. 변화의 크고 작음을 떠나, 아이가 그것을 어떻게 받아들이고 있는지 부모가 세심하게 살펴보는 것이 무엇보다 중요합니다.

빡빡한 일정

아이들은 놀이를 좋아합니다. 이 사실은 누구도 부정할 수 없을 것입니다. 그러나 우리 어른들은 때때로 아이들에게 자유롭게 놀 시간을 마련해주는 것을 잊곤 합니다. 요즘 아이들은 학교 수업, 방과 후 활동, 학원 숙제 등을 하느라 아침에 눈 떠서 밤에 잠들 때까지 편히 쉴 시간이 거의 없습니다.

아이들에게는 자유롭게 노는 시간이 필요합니다. 놀이는 단지 오락이 아니라, 감정을 조절하고 주변에서 일어나는 일을 이해하는 데 중요한 수단입니다.

한밤중에 갑자기 열이 나 응급실에 다녀온 일곱 살 엘리는 자기 방을 '아프거나 다친 인형을 치료하는 응급실'로 꾸몄습니다. 그리고 놀이를 통해 당시 느꼈던 두려움과 불안을 자연스럽게 풀어내고, 스스로 그 경험을 이해해갔습니다. 어린아이뿐 아니라 청소년에게도 놀이 시간은 필요합니다. 추리물에 푹 빠져 있거나, 땀 흘리며 경쟁적으로 운동하는 것도 세상과 관계를 맺는 과정입니다. 아이가 어떤 방식이든 몰입해서 놀 수 있는 시간을 꼭 허락해 주세요.

양육지원 모임에서 대기업에 다니는 한 아버지가 자신의 어린 시절에 관한 이야기를 나눴습니다. 그는 매우 엄격한 분위기의 가정에서 자랐고, 놀이 시간은 거의 없었으며, 온 가족이 함께 웃었던 기억조차 많지 않다고 말했습니다. 그래서인지 지금도 잠깐 한가한 시간이 생기면 오히려 마음이 불편하고 어찌할 바를 모르겠다고 했습니다. 이야기를 들은 많은 부모님이 공감하며 고개를 끄덕였습니다.

온종일 바쁘게 지내는 부모님도 자신만을 위한 '힐링타임'을 가져보길 권합니다. 아이와 부모 모두 쉬는 시간을 가져야 몸과 마음이 회복됩니다.

불규칙한 일과

아이들은 앞으로 어떤 일이 일어날지 알고 있을 때 비로소 마음의 안정을 느낍니다. 물론 인생에서 모든 상황을 예측하고 통제할 수는 없습니다. 하지만 아이의 일과가 지나치게 들쭉날쭉하고 불규칙하면, 아이는 그 자체로 스트레스를 받게 됩니다.

일과가 자주 바뀌는 아홉 살 노아는 이렇게 말했습니다.

"하루에 해야 할 일이 자주 바뀌지 않았으면 좋겠어요. 엄마가 아침마다 계획을 바꿔서, 하루하루가 엉망이 되는 기분이에요."

하루의 흐름이 꼭 똑같을 필요는 없지만, 한 번 정해진 일정이 갑작스럽게 바뀌면 아이는 불안함을 느낍니다. 예를 들어 집에 오기로 한 돌보미가 갑자기 못 오게 되었거나, 자주 늦는다면 아이는 점점 예민해지고 불안해질 수 있습니다.

또한 아이가 엄마와 아빠로부터 서로 다른 이야기를 듣거나, 부모가 기대하는 바와 규칙이 날마다 달라진다면 아이는 더욱 혼란스럽고 불안해집니다. 가끔은 특별한 날 밤늦게까지 깨어 있어도 좋다고 허락하는 일이 아이에게 기쁨이 될 수는 있지만 이런 예외가 자주 반복되면, 아이는 어느 순간부터 일상이 예측 불가능하다고 느끼게 됩니다.

●

불안의 원인 3
: 충격적인 경험

트라우마

어느 가정이나 힘든 시기를 겪기 마련입니다. 어쩌면 지금 여러분의 가정도 그런 시간을 지나고 있을지 모릅니다. 아이에게 영향을 미치는 일 중에는, 부모로서도 어찌할 수 없는 상황이 분명 존재합니다. 이런 현실을 인정한다는 건 결코 쉬운 일이 아니지요. 하지만 그 과정에서 아이가 겪는 정서적 충격과 트라우마를 이해하려는 노력이 있다면, 아이가 그 시간을 더 건강하게 보내는 데 도움이 될 것입니다.

트라우마란 충격적인 사건이나 고통스러운 경험으로 인해 마음에 새겨진 정서적·심리적 상처를 말합니다. 트라우마를 겪은 아이는 절망과 두려움 속에서 지속적인 심리적 고통을 경험합니다. 이런 경우 마음을 차분히 유지하기 어렵고, '싸우거나, 도망치거나, 얼어붙는' 반응을 보입니다. 그 결과 늘 주변을 경계하고, 긴장을 풀지 못하며, 불안에 사로잡힌 상태로 지낼 수 있습니다.

| 사고·재해·가정폭력

예를 들어, 개에게 물리는 사고나 교통사고를 직접 겪거나, 누군가 다치는 장면을 목격하는 것만으로도 아이는 깊은 상처를 입을 수 있습니다. 그리고 나중에 비슷한 상황이나 소리를 접했을 때, 당시의 두려움이 다시 떠오르기도 하지요.

여섯 살 시드니는 네 살 때, 할머니가 구급차에 실려 가는 장면을 본 이후로 지금도 사이렌 소리가 들리면 겁에 질려 가족 한 사람 한 사람에게 어디가 아픈 건 아닌지 확인하곤 합니다.

자연재해, 혹은 가정의 경제적 어려움도 아이에게는 커다란 트라우마로 남을 수 있습니다. 특히 이런 상황을 이해할 정도로 자란 아이라면, 그 충격은 더 클 수밖에 없습니다. 또한 부모의 방임, 가정 내 갈등과 폭력, 학교폭력 등 반복적으로 겪는 문제들도 아이의 마음에 오래도록 상처를 남깁니다.

| 차별·편견

사회적 차별이나 편견 역시 아이에게는 감당하기 어려운 현실입니다.

피부색, 억양, 체형 등 외적인 특징 때문에 차별받거나 놀림을 당하면, 아이는 자신이 잘못된 존재인 것처럼 느끼게 됩니다. 상담 중에도 '내가 위협적으로 보이는 건 아닐까' '겉모습 때문에 미움받는 건 아닐까' 하는 걱정을 털어놓는 아이들을 자주 만납니다.

이런 불안이 반복되면 아이는 고립감을 느끼고, 결국에는 '나는 원래 이런 대접을 받을 만한 사람'이라는 잘못된 믿음을 갖게 될 수도 있습니다. 지속적인 차별과 배척 속에 노출되면, 아이의 몸과 마음은 장기적으로 큰 타격을 받을 수밖에 없습니다.

| 체벌·성적 학대

체벌은 그 형태를 막론하고 장기적인 트라우마와 심각한 불안을 유발할 수 있습니다. 수많은 연구가 체벌의 해로움을 입증해왔고, 부모가 자녀와의 공감과 소통을 바탕으로 훈육하는 것이 바람직하다는 점을 일관되게 강조하고 있습니다.

성적 학대 역시 심각한 불안을 야기합니다. 성적 학대를 당한 아이는 지속적인 공포에 시달리게 되는데, 이러한 트라우마를 제때 치료하지 않으면 장기적으로 우울증, 심지어 자살 충동과 같은 극단적 문제로 이어질 수 있습니다. 부모로서 아이가 성적 학대를 당했다는 사실을 인정하는 것은 매우 고통스러운 일입니다. 특히 부모가 '내가 잘못해서 이런 일이 벌어졌나?'라고 죄책감을 느끼거나, 자신도 어릴 적 비슷한 경험이 있었다면 그 기억이 되살아나 더 혼란스러울 수도 있습니다. 하지만 괴롭고 힘든 진실이라 해도, 직면하고 인정해야만 제대로 된 해결이 가능합니다. 혹시 자녀가 성적 학대를 당하고 있다는 의심이 들거나, 그런 사실을 알게 되었다면, 가능한 한 빠르게 트라우마 치료를 전문으로 하는 심리 전문가에게 상담을 받으시길 강력히 권합니다.

부모의 이혼

부모의 이혼은 아이들의 삶을 송두리째 뒤흔드는 충격적인 사건이 될 수 있습니다. 이혼이 원만하게 이루어진 경우에도, 아이들은 큰 혼란과 스트레스를 겪습니다. 우리 양육지원 모임에 참석한 한 어머니는 전 부인과 큰 갈등 없이 원만하게 헤어졌음에도 불구하고, 아이들이 앞으로는 잠자리에서 누가 책을 읽어줄지부터 새로 이사한 엄마 집에 친구를 초대할 수 있을지까지, 아주 사소한 것도 하나하나 걱정하며 불안해한다고 말했습니다.

심지어 아이들은 부모가 이혼할 가능성이 거의 없는 상황에서도 걱정할 수 있습니다. 여덟 살 벤은 어느 날 밤, 엄마가 비싼 주차 위반 딱지를 떼인 것 때문에 아빠와 싸우는 소리를 듣고 부모님이 곧 이혼하리라고 생각했습니다. 그래서 아빠에게 이렇게 물었습니다.

"엄마가 집을 나가지 않게 하려면 제가 어떻게 하면 돼요?"

때로는 부모의 이혼으로 아이들이 불필요한 죄책감이나 책임감을 느낄 수도 있습니다. 일곱 살 클로이는 어느 날 아빠에게 자신이 여동생과 다투지 않고 더 사이좋게 지냈더라면 아빠가 집을 나가지 않았을 것이라고 말했습니다.

어린아이들은 뇌 발달상 아직 일의 인과 관계나 인간관계의 복잡성을 완전히 이해하지 못하고, 세상을 자기중심적으로 해석하는 경향이 있기 때문에 부모의 이혼을 자기 탓으로 여길 수 있는 것이지요.

가족의 투병

부모나 가까운 가족이 병을 앓고 있다면, 아이가 걱정하는 건 어찌보면 당연한 일입니다. 특히 부모가 자주 입원하거나 만성 질환을 앓고 있다면, 아이는 부모의 상태가 악화할까 봐, 심지어 부모를 잃게 될까 봐 깊은 두려움을 품게 됩니다. 정신 질환도 마찬가지입니다. 심지어 부모가 아픈 이유가 자신 때문이라고 자책하기도 하지요.

우리 양육지원 모임에는 암, 식이장애, 만성 통증, 고혈압, 조울증, 편두통 같은 건강 문제를 겪고 있는 분들이 많이 있습니다. 중독 문제로 고통받는 분도 있고요. 하지만 이런 문제가 있다는 건 부끄러운 일이 아닙니다. 병 또한 삶의 한 부분이며, 그 자체로도 받아들여야 할 현실입니다. 다만 중요한 것은, 아이가 부모의 아픈 모습을 받아들이고 적응할 수 있도록 따뜻한 도움이 필요하다는 점입니다.

부모로서 아이에게 아픈 모습을 보여주기 꺼려질 수 있습니다. 하지만 당신의 건강을 지키는 일 역시 아이를 돌보는 것만큼이나 소중합니다. 자기 자신을 잘 돌볼 때, 아이도 비로소 안심할 수 있다는 사실을 잊지 마세요.

가까운 사람의 죽음

열 살 하루토는 친한 친구의 형이 어렸을 때 뇌수막염을 앓았다는 사실을 알게 된 이후, 자신이나 부모님도 병에 걸려 아프거나 죽을지도 모른다는 생각에 잠을 이루지 못했습니다. 여덟 살 발레리아는 유명한 농구 선수 코비 브라이언트가 딸과 함께 헬리콥터를 탔다가 사고로 비극적으로 사망한 뉴스를 듣고, 비행기 타는 것을 극도로 두려워하게 되었습니다.

할머니, 할아버지 등 가까운 친척이나 아끼던 반려동물의 죽음은 아이들에게 매우 충격적이며, 때로는 감당하기 힘든 일입니다. 또 비슷한 불행이 자신이나 부모에게 일어날지 모른다는 두려움을 느끼게 됩니다. 죽음은 때로 어른들도 받아들이기 힘든 주제입니다. 아이들은 말할 나위 없겠지요. 죽음을 접하게 된 아이들은 인간은 누구나 언젠가는 죽음을 맞이한다는 사실을 배우고, 때로는 범죄와 같은 악의적인 행동이 죽음을 초래할 수 있다는 점도 깨닫게 됩니다. 누군가가 다른 사람에게 고의로 나쁜 행동을 저지를 수 있다는 사실은 아이들에게 극도의 두려움을 안겨줄 수 있습니다.

●

불안의 원인 4
: 부모와의 불안정한 관계

아이가 일상에서 여러 혼란을 겪으면 불안과 걱정이 커집니다. 이러한 혼란 중에는 아이의 일과나 시간표 변동처럼 부모가 어느 정도 통제할 수 있는 것도 있지만, 갑작스럽게 발병한 질병, 이혼, 교통사고와 같이 부모가 통제하기 어려운 것도 있습니다. 그러나 다행인 것은 부모와 따뜻한 공감을 주고받는 관계를 맺고 있는 아이는 집 안팎에서 어떤 어려움에 직면하더라도 마음의 평온을 잘 유지한다는 점입니다. 부모와의 유대감이 깊은 아이들은 심리적으로 안정되어 있습니다. 이는 아이가 세상을 더 자신 있게 탐험할 수 있게 하는 힘이 되지요.

아이들은 본능적으로 부모의 인정과 지지를 갈망합니다. 그래서 부모의 말과 행동을 세심히 관찰하며, 부모가 무슨 생각을 하는지 알고 싶어 합니다. 그만큼 부모는 아이들에게 중요한 존재입니다. 비록 아이가 당신에게 폭 안기지 않거나 뽀뽀하려는 당신을 홱 밀어내더라도 너무 서운해하지는 마세요. 부모에게 살갑지 않은 아이도 부모가 항상 곁에 있음을 인지하면 어려운 일이 닥쳐도 잘 헤쳐나가기 마련입니다.

그런데 아이들이 불안한 이유가 늘 바깥에만 있는 것은 아닙니다. 부모가 무심코 했던 말과 행동이 아이의 불안 원인이 되기도 합니다.

이제부터는 부모와 아이 간의 친밀한 유대감을 저해하고 아이의 불안을 키우는 상황들에 대해 살펴보겠습니다.

부모가 자신과 아이의 다른 점을 받아들이지 못할 때

지난겨울 한 양육지원 모임에서, 한 어머니가 학창 시절 이야기를 들려주었습니다. 그분은 학교 연극에 빠짐없이 참여하며 주연도 자주 맡았고, 그 시간이 삶에서 가장 소중한 추억 중 하나였다고 했습니다. 그런데 자신의 딸은 아무리 권유해도 연기에는 관심이 없고, 무대 기술팀에서 조명과 무대 디자인을 맡고 싶어 한다며 이렇게 말했습니다.

"저는 노래하고 춤추고 친구들과 어울리는 게 정말 즐거웠는데, 제 딸은 조명이나 무대 디자인처럼 지루한 걸 더 좋아한다니 이해가 안 돼요!"

이처럼 아이의 관심사나 재능은 부모와 다를 수 있습니다. 부모는 아이가 스포츠를 좋아하길 바라지만, 아이는 비디오 게임에 더 관심이 많을 수 있고, 모험심을 기대하지만 아이는 따뜻한 이불 속에서 《마법의 시간 여행》(미국 작가, 메리 폽 오즈번Mary Pope Osborne이 쓴 어린이 모험 소설 시리즈-옮긴이) 같은 책을 읽는 시간이 더 즐거울 수 있습니다.

아이의 체형 역시 부모의 어린 시절이나 현재 모습과 다를 수 있습니다. 이럴 때는 아이가 자신의 몸을 긍정적으로 받아들일 수 있도록 따뜻하게 격려하는 것이 중요합니다. 아이는 가족 중에 공부나 운동, 사회성이 뛰어난 누군가가 있으면 그와 비교당하는 걸 민감하게 받아들입니다. 실제로 많은 아이들이 부모나 선생님의 기대에 부응해야 한다는 압박을 토로하곤 합니다. 아이가 좋아하거나 편안해하는 것을 억지로 바꾸려 하거나, 너무 어렵게 느끼는 일을 반복적으로 강요하면, 아이는 오히려 위축되고 새로운 시도를 두려워하게 됩니다.

한편 아이는 사랑받지 못할까 봐 자신의 정체성을 숨기기도 합니다. 이렇게 자기를 감추는 행동은 아이 안에 수치심과 자기혐오를 키우고, 극단적으로는 자해나 자살 같은 비극적 선택으로 이어질 위험도 있습니다. 아이가 신체적·정서적으로 건강하게 성장하려면, '있는 그대로의 나'를 부모가 인정하고 지지한다고 느껴야 합니다.

부모가 지나치게 비판적일 때

질은 자신의 어머니에 대해 이렇게 말했습니다.

"말도 마세요. 우리 엄마는 정말 '통제광'이었어요. 엄마가 옆에 있으면 저는 제가 제대로 할 줄 아는 게 하나도 없는 사람처럼 느껴졌어요. '똑바로 앉아, 그렇게 구부정하게 앉으면 바보 같잖아. 그렇게 빨리 먹지 마, 누가 쫓아오기라도 하니? 신발 신어, 아니 그 신발 말고, 그건 너무 지저분하잖아.' 아직도 엄마의 다그치는 목소리가 귀에 쟁쟁해요."

질의 어머니는 양육 스트레스를 딸을 향한 비판적인 말과 행동으로 표출했으며, 이는 어린 딸에게 깊은 상처를 남겼습니다. 부모가 마치 현미경으로 아이를 들여다보듯 세세하게 지적하고, 모든 일을 완벽하게 해내길 기대하면, 아이는 그 기대에 미치지 못할까 봐 늘 조마조마한 마음으로 하루하루를 살아갑니다. 질은 시간이 지날수록 자신감을 잃었고, 어머니가 곁에 없을 때조차도 누군가와 대화를 할 때 말실수가 두려워 말을 아꼈다고 고백했습니다. 이렇게 자신을 부끄러워하는 감정은, 부모에게서 반복적으로 비판과 질책을 받은 아이들에게서 자주 나타납니다.

지나치게 비판적인 환경에서 자란 아이는 다른 어른들과의 관계에서도 위축되기 쉽고, 인정받지 못할까 봐 늘 경계심을 가집니다. 감정을 솔직하게 표현하지 못한 채, 걱정과 외로움에 더 깊이 빠져들게 되지요. 꼭 기억해주세요. 아이의 실수를 지적하고 부족함을 바로잡는 일보다 훨씬 더 중요한 것은, 아이와의 관계에서 신뢰와 안정감을 지키는 것입니다. 반복되는 비판은 아이의 불안을 키울 뿐입니다.

부모가 불안해할 때

걱정은 쉽게 전염됩니다. 한 사람의 불안이 주변 사람들에게 그대로 번지는 것이지요. 아이들은 특히 주변 어른들의 표정, 말투, 분위기를 예민하게 읽으며 자신이 안전한지를 판단합니다. 그래서 걱정이 많은 부모는, 본인의 의도와는 상관없이 아이에게도 불안을 전하기 쉽습니다.

한 어머니는 걱정이 많은 부모님 밑에서 자란 자신의 어린 시절을 이렇게 회상했습니다.

"우리 엄마는 항상 가족들의 안전을 걱정했어요. 누가 우리 집에 침입하진 않을까, 아빠가 무슨 일로든 집에 못 들어오진 않을까, 늘 불안해했죠. 지금 돌이켜보면, 우리 집에는 언제든 무슨 일이 닥칠 것 같은 긴장감이 감돌았던 것 같아요."

부모가 늘 불안한 상태에 있으면, 아이는 세상이 안전하지 않은 곳이라고 느끼게 됩니다. 더 나아가 불안해하는 부모를 위로하고 돌보는 일이 자신의 몫이라 여길 수도 있지요. 이런 아이는 정작 자신의 감정을 돌볼 여유를 갖지 못한 채, 늘 긴장 속에 살게 됩니다.

한 어머니는 양육지원 모임에서 이렇게 털어놓았습니다. 요즘 관리비가 계속 오르고, 딸의 발레와 탭댄스 공연을 준비하느라 의상비까지 부담이 되지만, 그런 불안을 아이에게는 숨기려 했다고 말입니다.

"딸아이에게는 이렇게 말했어요. '엄마가 야근해서 번 돈으로 산 의상이니까 소중히 입어야 해.' 그런데 사실은 학원비도 감당이 안 돼서 끊을 뻔했어요. 그 얘긴 안 했죠. 아이한테까지 그런 걱정을 안기고 싶지 않았거든요."

아이에게 일부러 걱정을 전가하려는 부모는 없을 것입니다. 하지만 아무리 선한 의도에서 비롯된 걱정이라 해도, 지나치면 아이의 정서에 깊은 영향을 미칠 수 있습니다. 부모가 걱정하는 내용이 현실적인 문제든, 개인적인 두려움이든, 또는 어린 시절 경험에서 온 것이든, 아이는 그 불안을 고스란히 흡수합니다. 그리고 이렇게 흡수된 불안은 아이가 성인이 될 때까지 영향을 끼칠 수 있습니다.

부모가 어려운 대화를 회피할 때

부모가 어떤 문제를 숨기려 할 때, 아이는 의외로 그 분위기를 빠르게 감지합니다. 부모는 아이를 걱정에 휘말리게 하고 싶지 않아 자신의 건강 문제나 부부 갈등에 대해 말을 아끼곤 하지요. 하지만 아이가 뭔가 이상하다고 느끼고 있는데도 아무런 설명을 듣지 못하면, 오히려 더 불안해질 수 있습니다.

열두 살 나탈리는 이렇게 말했습니다.

"제가 초등학교 2학년 때였어요. 아빠가 며칠씩 집에 안 들어오곤 했는데, 엄마는 왜 그런지 아무 말도 안 해줬어요. 기다리면 아빠가 언젠가는 돌아오긴 했지만, 저는 아빠가 없는 밤이 정말 싫었어요. 또 언제 돌아올지 몰라서 걱정하는 것도 너무 힘들었고요."

부모가 어려운 이야기를 피하는 이유는, 본인도 어린 시절에 그런 대화를 어떻게 해야 하는지 배워본 적이 없어서일 수 있습니다. 하지만 복잡하고 예민한 문제일수록, 아이가 혼자 상상하며 오해하기 전에 먼저 나이에 맞는 언어로 솔직히 이야기해주는 것이 필요합니다. 부모가 용기를 내어 대화를 시작하면 아이는 오히려 안심합니다.

부모가 화내고 짜증 낼 때

한 아버지는 어릴 적 자주 화를 내던 부모님 밑에서 자라 상처가 많았음에도, 자신 역시 아이들에게 쉽게 화를 낸다고 고백했습니다.

"저도 모르게 아이들에게 화를 내요. 아이들이 저 때문에 상처받는 게 싫은데도 제 감정이 제어가 안 될 때가 많아요. 사실 저도 어릴 때 부모님이 화내실 때마다 정말 무서웠는데…."

그는 집안 어른들 대부분이 다혈질이었다며 자신도 그런 성향을 물려받았고, 그 영향이 아이들에게까지 전해지고 있는 것 같다고 말했습니다.

아홉 살 티모시는 미술치료 시간에 자신이 그린 그림을 한참 바라보더니 심리치료사에게 이렇게 말했습니다.

"저는 절대 아빠처럼 안 될 거예요. 아빠는 너무 무서워요. 엄마가 그러셨어요. 제가 아빠처럼 기분이 왔다 갔다 하지 않아서 다행이라고요."

그러곤 조심스럽게 말을 이었습니다.

"근데… 저 이런 얘기 했다고 아빠한테 말하면 안 돼요. 약속해주세요."

만약 당신이 아이 앞에서 자주 고함을 지르거나 예측하기 힘든 분노를 드러내 험악한 분위기를 만들고 있다면, 아이는 늘 긴장한 채로 일상을 버티고 있을지도 모릅니다. 아이는 언제 또 무서운 일이 벌어질지 몰라 늘 스스로 경계하게 되고, 부모를 무서운 존재로 인식하게 됩니다. 이건 부모가 그리는 자녀와의 이상적 관계가 아닐 것입니다.

부모가 아이 앞에서 배우자를 험담할 때

아이 앞에서 남편이나 아내를 깎아내리거나 험담하지 않도록 각별히 주의해야 합니다. 예를 들어, 엄마가 아이 앞에서 아빠에 대한 불만을 털어놓을 때 그 순간에는 아이와 감정을 나누며 가까워진 것처럼 느껴질 수 있습니다. 하지만 이런 대화는 실상 아이를 어른들의 갈등 한가운데로 끌어들이는 일이 되고 맙니다. 아이는 사랑하는 두 사람 사이에서 누구 편도 들 수 없는 상황에 놓이며 큰 혼란을 겪지요.

부모는 '우리 부부 사이가 좀 안 좋아도, 아이는 우리가 자기를 변함없이 사랑한다는 걸 잘 알고 있을 거야'라고 생각할 수 있습니다. 하지만 아이는 부모가 생각하는 것만큼 단순하지 않습니다. 오히려 '내가 엄마에게 아빠 편을 드는 것처럼 보이면 어떡하지?' '엄마가 나까지 싫어하게 되진 않을까?' 같은 복잡한 감정에 휩싸이곤 합니다.

겉으로는 아무렇지 않은 척 지내지만, 아이는 속으로 아빠를 지켜주고 싶은 마음이 들 수도 있고, 엄마가 하는 말에 억지로 동조하지 않으려 애쓸 수도 있습니다. 때로는 자신이 아빠와 닮았다는 이유로 '엄마는 내 이런 모습까지도 싫어하게 될까?'라는 불안감을 느끼기도 합니다. 결국 부모의 갈등은 아이의 내면 깊은 곳에 파문을 남기며 자존감 형성에도 안 좋은 영향을 미친다는 사실을 기억하세요.

·····

지금 여러분은 아이가 불안해하는 이유를 찾는 여정에 있습니다. 그 과정이 버겁고 어렵게 느껴질 수도 있습니다. 하지만 원인을 정확히 이해하는 것이야말로 불안을 완화하는 데 가장 중요한 출발점임을 다시 강조하고 싶습니다. 양육지원 모임에 처음 오시는 부모님께도 우리는 늘 같은 조언을 드립니다.

"해결보다 먼저 원인을 살펴보세요."

아이가 최근 어떤 환경에 놓여 있었는지, 무슨 말을 들었고 어떤 상황을 겪었는지를 주의 깊게 들여다보는 것부터 시작해보세요. 아마도 아이는 집안에서 고성이 오가는 걸 듣고 있거나, 학교에서 반 친구들과 문제가 있을지도 모릅니다. 혹은 뉴스의 헤드라인에 공포를 느꼈거나, 자신이 한 사소한 행동으로 인해 친구들에게 놀림을 받고 있을 수도 있습니다.

앞서 언급했듯이, 어느 정도의 불안은 성장 과정의 자연스러운 일부분입니다. 아이들은 자라면서 새 선생님, 새 친구들, 각종 시험, 급격한 신체 발달 등 다양한 변화를 겪습니다. 이러한 변화 속에서 아이의 불안이 특히 커지는 순간에 SAFER 양육법을 적용해볼 것을 권합니다. 아이의 불안을 완화하는 데 큰 도움이 될 것입니다.

지금까지 아이가 불안해하는 다양한 원인을 살펴보았습니다. 다음 장에서는 아이가 불안해하고 있다는 신호를 어떻게 알아차릴 수 있는지 살펴보겠습니다.

그 전에, 1장의 내용을 정리하며 부모 자신에게 몇 가지 질문을 던져보는 시간을 가져보면 좋겠습니다. 다소 회의적인 마음이 들더라도, 일단 한번 시도해보세요. 아이를 공감과 연민의 눈으로 바라보듯, 스스로 그렇게 바라봐주세요. 이것은 더 성숙하고, 더 평온한 부모로 나아가는 여정의 시작입니다. 여러분은 분명 잘 해낼 겁니다.

더 깊이
생각해보기

- 당신의 가족 관계를 되돌아보세요. 가족 내 갈등이나 스트레스 요인이 아이를 불안하게 하고 있지는 않나요?

  _____

  _____

- 최근 혹은 과거에 아이에게 중대한 영향을 미친 변화나 상실, 혹은 트라우마가 있었나요?

  _____

  _____

- 아이에게 영향을 미치고 있는 뉴스, 게임, 또는 미디어의 종류는 무엇인가요?

  _____

  _____

- 부모로서 당신이 하는 행동 중 어떤 것이 아이를 불안하게 할까요? 혹시, 아이에게 지나친 강요를 하거나 아이가 감당하기 힘든 기대를 하고 있지는 않나요?

  _____

  _____

- 아이가 곧 겪게 될 변화가 있는지 생각해보세요. 아이가 이 변화에 잘 대비하도록 어떤 것을 미리 알려줘야 할까요?

  _____

  _____

2장

아이의 불안을
알아차리는 방법

아이의 불안은 다양한 형태로 나타납니다. 아이가 차 뒷좌석에서 "이제 다 왔어요?"라고 벌써 일곱 번째 묻고 있다면, 이는 일부러 당신을 짜증 나게 하려는 것이 아니라 자신의 불안을 진정시키기 위한 행동입니다. 아침에 분명히 "유치원 갈거야!"라고 했으면서, 막상 도착하니 안 들어가겠다고 울며 떼쓰는 경우도 마찬가지지요. 투정을 부리는 게 아니라 뭔가 나쁜 일이 생길까 봐 두려운 겁니다. 아이 행동이 앞뒤가 맞지 않는다고 느낄 때, 그것은 사실 아이가 불안을 느끼고 있다는 신호일 수 있습니다.

SAFER 양육 프로그램에 2년째 참여하고 있는 한 어머니는 이렇게 말했습니다.

"남편과 저는 딸아이가 불안 때문에 그렇게 행동하는 줄은 꿈에도 몰랐어요. 우리는 아이가 하기 싫은 걸 안 하려고 떼를 쓴다고만 생각했거든요. 그런데 그 행동들이 사실 불안에서 비롯된 것이었다는 걸 알고 나니 딸을 훨씬 더 깊이 이해하게 됐어요. 그리고 딸이 발표나 과제 때문에 몹시 불안해할 때도, 제가 옆에서 차분하게 도와줄 때가 더 많아졌어요."

우리는 지난 수년간 많은 가족을 상담하면서, 아이가 불안해할 때 가장 흔히 나타나는 증상이나 행동의 패턴을 파악할 수 있었습니다. 이 불안의 징후는 알아차리기 쉬운 경우도 있지만, 위 예처럼 전혀 뜻밖일 때도 많습니다. SAFER 양육 원칙을 실천하기 위해 먼저 '아이의 불안을 알아차리는 방법'을 배워야 하는 이유이지요. 알아차림을 통해 아이의 필요에 더 세심하게 반응할 수 있고, 궁극적으로 아이에게 평온함을 줄 수 있습니다.

편도체와 전전두엽의 기능

아이의 뇌, 특히 편도체와 전전두엽이 아이의 감정에 어떤 영향을 미치는지 이해하면 아이를 더 효과적으로 도울 수 있습니다. 편도체는 뇌 부위 중 인류 진화 역사상 매우 오래된 영역 중 하나로, 일종의 경보 시스템처럼 작동합니다. 우리가 생명의 위협을 느낄 때 맞서 싸우거나, 재빨리 도망치거나, 혹은 그 자리에 얼어붙게 하는 반응은 편도체의 역할이지요. 이것은 수백만

년 동안 수렵·채집인으로 살았던 인류에게 필수적인 생존 전략이었습니다. 우리의 뇌는 수렵·채집 시기와 크게 달라지지 않았기 때문에 오늘날의 상황에도 편도체가 같은 반응을 보일 수 있습니다. 예를 들어 개학식 날이나 무대 공연 날에도 편도체 활성화에 따른 스트레스 반응이 자동으로 나타나 아이 마음에 어려움을 초래할 수 있다는 이야기입니다.

한편 전전두엽은 이마 바로 뒤쪽에 위치한 전두엽의 전방 영역으로, 뇌에서 고등 인지 기능을 담당합니다. 충동 조절, 논리적 의사 결정, 불안 진정 등의 역할을 하지요. 그런데 이 영역은 약 25세가 되어야 완전히 발달합니다. 20대 초중반까지는 스트레스를 받을 때 논리적으로 사고하기가 어렵다는 뜻입니다.

부모가 편도체와 전전두엽의 반응 원리를 이해하면 아이가 왜 그렇게 행동하는지 알아차릴 수 있습니다. 예를 들어, 불안해하는 아이를 보면서 '편도체가 과하게 활성화되었군'이라고 생각하고 차분하게 대처할 수 있겠지요.

우리는 부모님들에게 마치 탐정처럼 적극적으로 아이를 관찰하라고 코칭합니다. 아이의 스트레스가 항상 명백하게 드러나지는 않기 때문에, 말투나 행동, 신체적 증상을 관찰해 파악할 수 있습니다. 만약 아이가 오랫동안 걱정과 불안으로 힘들어하거나 불안 때문에 일상생활이 힘들 정도라면 전문가의 도움을 받아 근본 원인을 알아보길 권합니다. 아이의 불안 상태를 정확히 이해하고, 전문가의 도움을 효과적으로 활용하기 위해서는 아이가 불안 신호를 얼마나 자주 보이는지 '기록'하는 것이 중요합니다. 불안 신호가 매일 관찰되는지, 일주일에 서너 번 보이는지, 언제부터 관찰되기 시작했는지 등을 기록해보세요.

또 부모의 즉각적인 개입이 필요한 행동을 보이지는 않는지 주의 깊게 살펴보세요. 부모가 보기에는 얼마 안 된 증상처럼 보일지라도 문제가 이미 심각한 수준으로 진행되었을 가능성도 있습니다. 아이들은 자신의 속마음을 부모에게 곧잘 숨기며, 속마음을 털어놓을 때쯤이면 상황이 이미 위급해져 있을 수 있습니다.

이 책은 불안을 중점적으로 다루고 있지만, 일부 증상들은 자폐 스펙트럼이나 ADHD의 신호일 수 있으며, 신체적 질환과 관련이 있을 가능성도 있습니다. 때때로 약물의 부작용일 수도 있습니다.

괜히 여러분을 걱정시키려는 게 아니라, 오히려 걱정을 덜기를 바라는 마음에서 강조하는 것입니다. SAFER 양육을 실천하면서 아이가 보내는 신호 중 어떤 것을 눈여겨봐야 하는지 살펴보세요.

●

말로 나타나는 불안 신호

아이들은 대부분 걱정이 있으면 부모에게 털어놓습니다. 아이들이 성장하면서 어느 정도 불안을 느끼는 것은 지극히 자연스러운 일이지만 아이가 얼마나 자주 걱정을 표현하는지, 그리고 그 걱정이 아이에게 얼마나 큰 영향을 미치는지는 반드시 파악해야 합니다.

불안은 다양한 상황에서 나타날 수 있습니다. 어려운 도전에 직면할 때, 온종일 조용히 지내며 생각이 많아질 때, 혹은 아무 이유 없이 갑작스럽게 불안이 찾아올 수 있습니다. 아이의 불안이 특정 주제나 상황에 머무르지 않고 다른 문제로 빠르게 전환되거나 지나치게 불안해 보인다면, 도움이 필요하다는 신호일 수 있습니다.

자, 이제 아이가 하는 말속에서 어떻게 불안을 감지할 수 있는지 살펴봅시다.

생각이 지나치게 많다

열한 살 맥심은 가장 친한 친구와 싸웠던 일을 주말 내내 곱씹으며 이렇게 말했습니다.

"걔가 다시는 나랑 안 놀 것 같아요. 난 걔랑 계속 친구 하고 싶은데."

맥심은 친구와 화해한 후에도 몇 주 동안 계속 그 일을 생각하며 밤마다 걱정하느라 잠을 이루지 못했습니다. 맥심과 같은 성향의 아이들은 불안을 느끼면 과거의 실수나 후회되는 일을 되풀이해서 생각합니다. 그리고 미래에도 일이 잘 풀리지 않을 거라 예상하며 걱정합니다. 불안을 이렇게 표현하기도 합니다.

"난 학교 숙제를 제시간에 끝낼 수 없을 거야. 조사할 건 너무 많고 시간은 너무 부족해."

혹은 지금까지 한 번도 일어나지 않은 일을 걱정하며 이렇게 말하기도 합니다.

"엄마, 마트에서 내가 엄마를 놓치고 못 찾으면 어떡해요?"

아이들은 특정 생각을 계속 곱씹으면서도, 그 생각에 매달리는 이유가 불안 때문이 아니라고 완강히 부인하기도 합니다. 일곱 살 제이든은 할아버지가 돌아가신 이후로 죽음에 대해 매우 궁금해하며, 만나는 사람마다 붙잡고 이렇게 물었습니다.

"사람이 죽으면 뇌도 작동을 멈춘다는 거 알아요? 정말 이상하지 않아요?"

제이든은 죽음에 관한 생각을 한시도 떨쳐내지 못했습니다. 곁에서 이를 지켜보던 제이든의 엄마가 "혹시 죽음에 대해 걱정하고 있니?"라고 묻자, 제이든은 "아뇨, 절대 아니에요"라고 부인했습니다. 하지만 제이든의 머릿속은 여전히 죽음에 대한 두려움으로 가득 차 있었습니다.

특정 생각에 집착한다

아이가 특정 주제나 아이디어에 집착하는 것도 불안을 느낀다는 신호일 수 있습니다. 아이들은 자신에게 실제로 위협이 되든 아니든 상관없이 걱정합니다. 그래서 부모가 '아이가 왜 갑자기 쓰나미를 걱정하는 걸까? 우리가 사는 곳에서는 쓰나미가 일어날 가능성이 없는데, 왜 그러는 거지?'라고 의아해할 수도 있습니다.

어떤 아이들은 자신의 과거 경험으로 인해 걱정하기도 합니다. 예를 들어, 스텔라는 마이애미에 있는 친척 집에 가는 것을 불안해했습니다. 예전에 마이애미의 한 호텔에서 아파서 토한 경험이 있어서 '마이애미'하면 아팠던 경험이 떠올라 또 아프게 될까 봐 두려웠던 것입니다.

또 아이가 충격적인 사건을 겪거나 무서운 이야기를 들은 뒤 그 사건이나 이야기를 계속 언급한다면, 그것 때문에 불안을 느낀다는 신호입니다.

때로는 자신의 일정이나 지각하는 것에 대해 지나치게 걱정하기도 합니다. 지금 몇 시인지, 언제 무슨 일이 있을지 끊임없이 묻고, 계획이 변경되면 눈에 띄게 불안해합니다. 어떤 아이들은 외출 전에 밖에서 정확히 무슨 일이 일어날지, 누구를 만나게 될지, 혹시 자신이 해야 할 일이 있는지 미리 알아야 마음이 놓입니다.

"할머니는 무슨 요일에 오세요?"

"내일 그 친구랑 놀기로 한 거 정말 취소되지 않은 거 맞아요?"

아이는 쉴 새 없이 질문합니다. 부모가 계속해서 답을 해줘도 아이의 질문은 멈출 줄 모릅니다. 같은 질문을 몇 번씩 반복하는 아이는 아이대로 힘들고, 부모는 부모대로 몹시 지칠 수 있습니다.

아이는 걱정되는 현실을 받아들이는 것이 두려워 이를 회피하려고 다른 것에 집착하기도 하지요. 자신이 그렇게 하고 있다는 사실조차 깨닫지 못한 채로요. 아홉 살 티파니는 누군가 집에 침입할지도 모른다는 불안에 사로잡혀 있었습니다. 티파니의 부모님은 이혼소송 중이었는데, 아이의 마음은 온통 '과연 우리 집이 안전할까?'라는 걱정에 쏠려있었습니다. 사실 티파니가 불안해하는 근본적인 원인은 부모님의 이혼이었지만, 아이는 '부모님의 이혼'이 아니라 '밤중에 도둑이 창문으로 들어와 자신을 납치'할 것이라는 생각에 집착했습니다.

아이들이 침대 밑에 괴물이 숨어있다고 믿거나 무서운 TV 프로그램을 보며 두려워하는 것은 성장 과정에서 흔히 나타나는 자연스러운 현상으로, 시간이 지나면 서서히 사라집니다. 그러나 아이가 특정 두려움을 극복하는 데 어려움을 겪거나, 스스로 불안을 가라앉히기 힘들어하거나, 평소보다 훨씬 더 불안해 보인다면 부모나 전문가의 적극적인 도움이 필요할 수 있습니다.

아주 사소한 것까지 모두 걱정한다

아이들은 네댓 가지 상황, 혹은 그보다 더 많은 것에 대해 한꺼번에 걱정하기도 합니다. 오늘 학교에서 있을 일, 수요일에 친구와 만나기로 한 약속, 금요일의 피아노 수업, 주말에 있을 캠핑까지 아이의 머릿속에는 여러 가지 걱정과 불안이 뒤엉켜 있습니다. 또 어떤 한 가지 일을 걱정하다가도 금세 다른 일로 초점을 옮겨 걱정하기 시작합니다. 별다른 스트레스 요인이 없는 상황에서도 걱정이 끊이질 않는 경우도 있습니다. 이러한 성향의 아이들은 언제든 무언가 잘못될 수 있다고 상상하며, 이렇게 묻곤 합니다.

"가는 길에 차가 막히면 어떡하지? 신호등이 고장나 있으면 어떡하지? 저번처럼 도로가 또 공사 중이면 어떡하지? 아 맞다, 엘리베이터가 갑자기 멈추면 어떡하지?"

'만약 이런 일이 생기면 어떡하지?'라며 계속 불안해하고 걱정하는 아이들은 실제로 위험 요소가 없어도 마음속에 두려움이 지속됩니다.

일의 원인과 결과를 엉뚱하게 연결짓는다

아이들은 때때로 자기의 생각이나 행동, 상상이 마치 마법처럼 특정 사건에 영향을 미치거나 그 사건을 변화시킬 수 있다고 믿습니다. 담요를 뒤집어쓰면 어른들이 자신을 볼 수 없다고 상상하기도 하지요. 이런 엉뚱한 상상은 성장 과정에서 나타나는 자연스럽고도 귀여운 모습입니다. 하지만 나쁘거나 좋은 일이 일어나는 원인이 자신의 행동과 관련이 있다고 믿는 것은 불안의 신호일 수 있습니다. 체이스는 집 앞 도로에서 주운 돌멩이 두 개를 가지고 다니면 놀이터에서 절대 다치지 않을 거라고 믿었고, 소피아는 자신이 행운의 귀걸이를 착용한 채로 수업을 들은 덕분에 A를 받았다고 확신했습니다.

아이들은 때때로 특정한 행동을 해야만 위험을 피할 수 있다고 믿거나, 자신이 의도하지 않았음에도 무의식적으로 '나쁜' 행동을 할 수도 있다는 두려움에 사로잡히기도 합니다. 여섯 살 마이는 자신도 모르게 누군가를 해칠까 봐 두려워했습니다. 한 예로 마이의 머릿속에는 '넌 친구 얼굴을 할퀴고 말 거야!'라는 생각이 끊임없이 떠올랐습니다. 마이는 실제로 다른 사람의 얼굴을 할퀸 적이 한 번도 없었지만, 자신이 정말 그런 행동을 했을지도 모른다는 걱정과 극심한 두려움에 시달렸습니다. 이런 증상이 지속된다면 강박장애(obsessive-compulsive disorder, OCD)의 신호일 수 있습니다. 반드시 심리치료사와 상담하시기 바랍니다.

최악의 상황만 상상한다

아이들은 어떤 일이 잘못될 가능성을 과장되게 상상하며, 최악의 상황이 일어날 거라고 믿기도 합니다. 열 살 콜튼은 가족과 함께하는 바닷가 여행을 오랫동안 고대해왔는데, 막상 떠나는 날이 코앞으로 다가오자 아빠에게 이렇게 말했습니다.

"여행 중에 갑자기 천둥 번개가 치면 여행을 완전히 망칠 거고, 재미도 없을 거야. 차라리 여행을 안 가는 게 낫겠어요."

걱정 많은 아이들은 최악의 가상 시나리오를 쓰기도 합니다. 열두 살 카일은 아침 식사 도중 엄마에게 이렇게 말했습니다.

"난 시합에서 1점도 못 딸 거야. 우리 팀은 결국 나 때문에 지고, 친구들은 날 싫어하게 될 거야."

그리고 저녁 식사 중에는 이렇게 말했습니다.

"난 오디션을 망칠 게 뻔해. 그러면 절대 영화감독이 될 수 없을 테고 내 인생은 완전히 망가질 거야."

비현실적으로 이상적인 목표를 세운다

아이가 목표를 향해 열심히 노력하는 것은 긍정적인 일입니다. 하지만 그 노력이 지나쳐 완벽주의 성향을 보인다면, 아이가 과도한 걱정을 하고 있다는 신호일 수 있습니다.

어떤 아이들은 작은 실수에도 쉽게 좌절합니다. 그리고 셔츠에 묻은 얼룩이나 꾸깃꾸깃한 바지 주름, 얼굴에 생긴 주근깨 같은 사소한 결점에 지나치게 신경을 씁니다. 학교 시험에서는 항상 100점을 받아야 만족하며, 혹여나 98점을 받으면 깎인 2점에 집착합니다.

미술 시간에 바닥에 떨어진 작은 종잇조각도 재활용함에 넣어야 직성이 풀립니다. 이러한 아이들은 과제 수행에 과도한 시간과 노력을 들이면서도 '이만하면 됐다'라고 만족하는 법이 거의 없고, 완벽주의 성향 때문에 과제를 끝내 완성하지 못하는 경우도 종종 있습니다. 아홉 살 조던은 학교 숙제를 하다가 사소한 실수를 하면 화를 내며 처음부터 다시 시작하기 때문에 항상 숙제에 지나치게 많은 시간을 소모합니다.

이런 아이들은 실패를 두려워하며, 실패할 가능성이 거의 없는 상황에서도 자기 자신을 과도하게 채찍질합니다. 열한 살 체조선수인 아리아나는 대회에서 1등을 했음에도 연습했던 루틴을 완벽히 해내지 못했다며 자신을 질책했습니다. 대회를 마치고 집으로 돌아오는 내내 엄마에게 이렇게 말했습니다.

"엄마, 나 대회를 완전히 망쳤어요. 왜 도약 동작이 제대로 안 됐을까? 이제 체조를 그만둬야 할까 봐. 아멜리아가 나보다 훨씬 더 잘하는 것 같아요."

<u>스스로 달성하기 어려운 목표를 세우는 경향이 있는 아이는 실패할까 봐 새로운 도전을 꺼리는 경우가 많습니다.</u> 이러한 아이는 남들의 피드백을 받아들이는 것 또한 어려워합니다. 또 부모님의 기대나 자신의 기대에 미치지 못한다는 사실을 받아들이기 힘들어합니다. 이러한 성향의 아이를 둔 부모님들은 아이가 부모의 말을 오해하거나 사소한 일에도 지나치게 예민하게 반응한다고 이야기합니다. 예를 들어, 부모가 "이 부분만 살짝 고쳐 보자"라고 말하면, 아이는 "엄마는 내가 싫죠?"라고 반응하기도 합니다. 우리가 상담했던 한

아버지는 딸에게 과학 공부를 열심히 한다고 칭찬했더니, 딸이 "그럼 전에는 열심히 안 했다는 말이에요?"라고 대답했다고 합니다.

자신을 부정적으로 평가한다

아이들이 자신을 부정적으로 평가하는 말을 하면, 듣고 있는 부모 마음이 너무 아프지요.

후안의 엄마가 후안에게 "너는 정말 총명한 아이야. 모두가 너를 사랑하고 있단다"라고 말해줘도, 후안은 그렇게 생각하지 않았습니다. 어느 날은 이렇게 말한 적도 있습니다.

"그 친구는 그냥 예의상 나를 초대한 거예요. 정말로 날 초대하고 싶어서 초대한 게 아니라고요."

아이가 자신의 성취를 평가절하하거나 과소평가하지는 않는지 유심히 살펴보세요. 엘리는 수학 시험에서 B를 받았을 때, 이렇게 중얼거렸습니다.

"난 항상 실패만 하고, 성적이 오르는 일은 결코 없을 거야."

그 후에 수학에서 A를 받자, 이번엔 이렇게 말했습니다.

"이번엔 그냥 운이 좋았을 뿐이야. 이번 시험에서는 누구나 A를 받을 수 있었을 거야."

이러한 성향의 아이들은 자신의 신체를 비판하기도 합니다.

"나는 너무 뚱뚱해! 다리는 코끼리 다리 같고, 얼굴에는 기름이 좔좔 흐르고, 턱은 툭 튀어나왔어!"

또는 자신의 능력을 끊임없이 의심하며 자신을 가혹하게 대할 수도 있습니다.

"연극에서 내가 주인공을 맡을 일은 없어. 그 정도로 예쁘지 않잖아."

아이가 자기 자신에 대해 이렇게 비관적으로 생각한다는 사실을 부모가 못 알아챌 수도 있습니다. 자신에 대한 부정적인 생각을 겉으로 표현하지 않고 마음속에 꼭꼭 숨기는 아이도 있기 때문입니다. 이런 생각을 겉으로 표출하든 속으로 감추든, 비관적 자기 평가는 아이에게 큰 고통을 안겨줍니다. 불안과 걱정, 자기 의심의 악순환을 부추기기도 하지요.

아이가 끊임없는 자기비판에서 헤어 나오지 못한다면, 이는 불안, 우울증, 또는 신체이형장애body dysmorphic disorder, BDD(흔히 외모 강박증으로 알려진 정신 질환으로, 자신의 외모를 지나치게 부정적으로 여기는 증상-옮긴이)의 신호일 수도 있으며, 전문가의 도움이 필요할 수 있습니다.

●

신체 반응으로 나타나는 불안 신호

우리 몸 안에서 벌어지는 일들은 신체 반응으로 나타납니다. 아이들의 경우 더 선명하지요. 예를 들어, 배고픔을 느끼는 아이의 몸은 저녁 식사 때까지 가만히 기다리지 않습니다. 배에서 꼬르륵 소리가 나고, 짜증, 어지러움까지 나타날 수 있죠.

스트레스를 받을 때도 다양한 신체적 반응이 나타납니다. 아이가 "아, 너무 힘들어!"라고 말로 표현하지 않아도, 부모는 알아차릴 수 있습니다. 아이 얼굴이 빨갛게 상기되거나 심장 박동이 빨라지는 것을 보면 스트레스를 받고 있다는 것을 알 수 있습니다. 이는 '싸우거나, 도망치거나, 얼어붙는' 스트레스 반응이 신체적으로 발현되는 모습입니다.

몸이 보내는 불안 신호

아이들은 때때로 배가 아프다거나, 속이 울렁거린다거나, 목에 뭔가 걸린 것 같다고 이야기합니다. 갑자기 배가 뒤틀린다면서 급하게 화장실로 뛰어가야 할 때도 있습니다. 무거운 물체에 짓눌린 것처럼 옴짝달싹할 수 없는 기분이 든다고도 합니다. 일곱 살 브랜든은 불안할 때는 아주 작은 소리나 옅은 불빛도 굉장히 거슬린다고 말합니다. 아이의 불안이나 걱정이 어떤 신체 신호로 나타나는지 주의 깊게 살펴보세요.

평소에 걱정이 많은 아이들은 왔다갔다하거나 가만히 앉아 있지 못할 수도 있습니다. 열 살 안젤라는 항상 불안하다며 아빠에게 이렇게 말했습니다.

"저도 모르게 다리를 계속 흔들게 돼요. 심장이 빠르게 두근거리고, 수업 시간에 집중이 잘 안 돼요. 나도 내가 정말 부끄러워요."

걱정은 아이들의 몸속에 불필요한 에너지를 만들어내는데, 아이가 이를 스스로 진정시키기는 쉽지 않습니다. 주변의 도움이 꼭 필요합니다.

불안 발작

아이의 몸에 스트레스가 지나치게 많이 축적되면, 갑자기 불안 발작이나 공황 발작이 나타날 수 있어요. 극심한 불안이 갑자기 한꺼번에 몰려와 공포를 느끼는 겁니다. 만약 당신이 불안 발작을 겪어 본 적이 있다면, 그것이 얼마나 끔찍하고 견디기 어려운 기분인지 잘 알 겁니다.

불안 발작이 나타나면, 속이 메스껍거나, 온몸이 마비되는 듯하고 저릿저릿한 느낌이 들 수 있습니다. 열두 살 마이크는 불안 발작이 일어났을 때를 이렇게 묘사했습니다.

"너무 어지럽고 숨을 쉴 수가 없었어요. 그러다가 온몸이 덜덜 떨리고 머릿속이 너무 복잡했어요. 멈추고 싶었지만 잘 안 됐어요."

불안 발작 중에서도 정도가 가장 심한 공황 발작이 일어나면, 아이가 갑자기 얼어붙은 것처럼 보일 수도 있습니다. 몸이 전혀 움직이지 않고, 아무것도 할 수 없는 상태가 되지요. 어느 날, 양육지원 모임에서 한 어머니는 딸에게 공황 발작이 일어났던 당시 상황을 이렇게 회상했습니다.

"딸의 몸이 극도로 경직된 게 확연히 눈에 보였어요. 몸은 얼어붙었지만 손은 미세하게 떨렸고, 얼굴이 창백했어요. 제가 무슨 말을 해도 아이가 아무런 반응을 하지 않는 거예요. 정말 너무 놀랐죠."

아이가 불안 발작을 겪는 순간에는 부모도 두려움에 떨 수밖에 없습니다. 혹시 아이에게 불안 발작이 일어난다면, 이 책에서 소개하는 방법을 사용해보세요. 그리고 이러한 발작 증상이 계속된다면 의사나 심리치료사와 같은 전문가의 도움을 받아보시기를 바랍니다.

반복적인 움직임

아이의 신체 반응이 주는 메시지를 유심히 살펴보세요. 특히 아이가 계속해서 반복적인 움직임을 보인다면, 이는 아이가 불안을 느끼고 있으며 도움이 필요하다는 신호일 수 있습니다. 예를 들어 반복적으로 얼굴을 찡그리거나, 목을 계속 스트레칭하거나, 관절을 꺾는 등의 행동을 할 수 있습니다. 어떤 아이들은 계속해서 손톱을 물어뜯거나 눈을 깜빡이며, 목청을 가다듬거나, 특정한 소리를 내기도 합니다. 이러한 행동들은 스트레스로 인해 무의식적으로 나타나는 반응일 수 있습니다. 의도적이 아닌 비자발적인 행동이지요.

부모는 이런 반복적 행동이 멈추지 않을까 봐 걱정되어 아이에게 그만하라고 하기도 합니다. 하지만 아이 역시 멈추고 싶어도 멈출 수 없을 가능성이 큽니다. 예를 들어 손톱을 물어뜯는 아이도 사실 이 행동을 멈추고 싶어 하고, 다른 사람들의 손톱이 깔끔하고 예쁘다는 것을 알고 있을 겁니다. 하지만 내적인 불안을 달래기 위해 무의식적으로 하는 스트레스 반응이라 스스로 멈추기가 쉽지 않습니다.

아이가 무대 공연 시작 전에 이리저리 바쁘게 움직이거나 뚝뚝 소리를 내며 손가락 관절을 꺾는다면 부모는 "그만해!"라고 소리치고 싶을 수도 있습니다. 그러나 인간의 몸은 매우 영리해서, 특정 행동을 억제하면 또 다른 행동으로 불안이 표출될 수 있습니다. 아이가 자신의 불안을 조절할 수 있는 메커니즘을 스스로 마련하기 전까지는 이런 반복적인 행동이 계속될 가능성이 큰 것이지요.

한 어머니는 아이의 반복 행동이 다양한 양상으로 나타나는 상황을 이렇게 묘사했습니다.

"아, 완전히 두더지 잡기 게임 같았어요! 딸아이가 어느 날부터인가 두피를 잡아 뜯기 시작했어요. 그래서 우리가 '계속 그렇게 두피를 뜯으면, 옷에 비듬이 잔뜩 묻을 거야'라고 말해서 겨우 그 행동을 멈추게 했죠. 그랬더니 그다음엔 얼굴을 잡아 뜯고 눈썹까지 뽑기 시작했어요! 그러다가 그 행동을 멈추고, 이번에는 이를 악물기 시작했죠. 그제야 우리는 이 모든 행동의 원인이 바로 불안과 스트레스였다는 것을 깨달았어요."

아이의 불안과 걱정이 신체적 반응으로 나타난다는 것을 인지하고 주의 깊게 살펴보면, 중요한 메시지를 알아차리는 데 도움이 됩니다.

한편 아이가 자기 몸을 진정시키기 어려워하는 현상은, 질병이나 장애가 진행되고 있다는 신호일 수 있습니다. 신체적 질병이나 신경다양성neurodivergence(자폐 스펙트럼, ADHD, 학습장애 등을 병리적인 관점에서만 보는 것이 아니라, 인간 뇌의 발달과 기능이 다양한 방식으로 나타날 수 있다는 점을 긍정적으로 인정하고 수용하는 개념-옮긴이)과 같은 신경학적 차이가 그 원인일 수도 있는 것이지요.

여섯 살 카밀라는 늘 피곤해하는 데다가 종종 가슴이 답답하고 숨쉬기가 어렵다고 했습니다. 처음에는 아이가 스트레스를 받았다고 생각했던 부모는 소아과 진료를 받고 나서야 이러한 신체적 반응이 천식에서 비롯되었다는 것을 알게 되었습니다.

여러분의 아이에게 이 장에서 언급한 증상이 갑자기 보이기 시작하거나 지속된다면 병원 진료를 받아보는 게 좋습니다.

행동으로 나타나는 불안 신호

부모들은 종종 잔뜩 굳은 표정을 하고 깊은 한숨을 내쉬며 우리를 찾아와 이렇게 말합니다.

"우리 아이 행동이 도통 제어가 안 돼요."

하지만 이야기를 자세히 들어보면, 아이의 '금쪽이' 같은 태도 이면에 깊은 불안이 자리 잡고 있을 때가 많습니다. 아이에게 이런 행동이 나타나는지 관찰해보세요.

회피

아이가 특정 상황에 대해 불안을 느끼면, 그 불안을 줄이기 위해 상황을 회피하려고 할 수 있습니다. 예를 들어, 코딩 수업에 등록해 달라고 부모를 졸라대던 아이가 첫 수업 날 아침에 별안간 "나 오늘 코딩 안 가! 절대 안 갈 거야!"라고 소리를 지르며 떼를 쓸 수도 있습니다. 평소에 롤러코스터를 타보고 싶다고 노래를 부르던 아홉 살 제임스는 축제에 놀러 가 드디어 롤러코스터를 타기 위해 줄을 섰습니다. 그런데 갑자기 불안이 엄습해 온몸이 얼어붙은 듯 꼼짝도 할 수 없었습니다. 가장 친한 친구가 옆에서 "야, 이거 진짜 재밌어!"라고 말해도 별 소용이 없었습니다. 제임스의 아빠는 양육지원 모임에서 실망감을 감추지 못하며 이렇게 말했습니다.

"제임스가 4주 내내 줄곧 그놈의 롤러코스터 얘기만 하더니, 막상 탈 기회가 생기니까 뒤로 내빼더라고요!"

그러자 옆에 있던 제임스가 고개를 들어 아빠에게 말했습니다.

"저도 정말 타고 싶었다고요. 그런데 막상 롤러코스터를 가까이에서 보니까 차마 탈 수 없었어요."

아이가 어떤 상황을 자꾸 회피한다면 내면의 불안을 줄이기 위한 전략일 수 있습니다. 라일리의 부모는 아이가 며칠 동안 등교를 거부하는 이유를 몰랐다가, 뒤늦게 특정 친구와 마주치는 것이 두려웠기 때문임을 깨달았습니다.

아이들은 창피당하는 게 두려워 학교에서 질문하거나 도움을 요청하는 것을 피하기도 합니다. 불안으로 인해 점점 말수가 줄고 내성적으로 변하기도 하지요. 이런 상황에서는 아이에게 집 밖에서 새로운 경험을 해보라고 설득하기조차 어려울 수 있습니다. 부모는 아이가 다양한 활동에 도전하기를 바라지만, 아이는 배가 아프다거나 머리가 지끈거린다며 갖가지 핑계를 대곤 합니다.

분리불안

뭔가를 회피하려는 행동과 부모 곁에 가까이 있고 싶어 하는 욕구는 종종 동시에 나타납니다. 어떤 아이들은 등교 시간이나 취침 시간에 부모가 곁을 떠나는 것을 견디기 힘들어하고, 부모와 떨어져 있는 동안 부모에게 끔찍한 일이 일어나지는 않을까 걱정합니다. 열한 살 리아는 아빠가 확실히 귀가하는지 확인하려고 아빠가 저녁 모임에 참석하는 동안 한 시간마다 문자를 다섯 번씩이나 보내 모임이 언제 끝나는지 물었습니다.

아이들은 특히 새로운 것을 시도할 때 부모가 가까이 있기를 원합니다. 그래서 재미있는 학교 행사에서 좋아하는 게임에 참여하는 것도 마다하고 부모 옆에 찰싹 달라붙어 있기도 합니다. 또는 부모가 자기 외에 다른 것에 주의를 기울이거나 다른 공간에 있는 것도 참기 어려워합니다. 부모가 자기 대신 다른 사람들과 시간을 보내면 질투를 느끼거나 심지어 화를 내기도 하지요.

수면 문제

몇 년 전, 초등학교 3학년 학생들 35명과 그 부모들을 대상으로 마음 챙김에 관한 강의를 한 적이 있습니다. 강의 중에 "밤에 잠을 이루기 힘든 분이 있나요?"라고 묻자, 그 자리에 있던 거의 모든 사람이 손을 들었습니다. 선생님들도 예외는 아니었습니다. 그 후 200여 명의 부모님이 참석한 양육지원 워크숍에서도 같은 질문을 했는데, 똑같은 반응이 나왔습니다.

아이가 걱정이 많은 편이라면 특히 잠자리에 드는 시간을 힘들어합니다. 잠자는 시간은 부모와 가장 오래 떨어져 있는 시간을 의미하기 때문입니다. 부모가 잠자리에 들기 전에 "잘 자"라고 인사하고 나면, 아이는 밤새 부모와 떨어져 혼자 있어야 합니다(미국 등 서양권에서는 아이와 분리수면을 하는 문화가 정착되어 있다-옮긴이). 형제자매와 한방에서 같이 자더라도 힘들긴 마찬가지입니다. 이런 성향의 아이들은 종종 한밤중에 깨어나 부모의 침대로 쏙 들어오곤 합니다. 또 쉽게 잠들지 못하거나 잠들지 않으려고 일부러 시간을 끌기도 합니다.

부모는 조금이라도 빠른 '육퇴'를 바라지만, 아이들에게 밤이란 걱정이 하나둘씩 떠오르는 시간이거든요. 부모에게 그 걱정에 관해 이야기하고 싶어 하지요. 어둠이 무서울 수도 있고, 한밤중에 들리는 소음이 겁날 수도 있습니다. 또 야경증 night terrors(주로 아이들에게 나타나는 수면 장애로, 깊은 수면 중 갑작스러운 공포 발작을 일으키며 깨어나 울거나 소리를 지르지만, 이후 이를 기억하지 못하는 증상-옮긴이)으로 인해 이른 새벽이나 한밤중에 잠에서 깨어나기도 합니다. 부모는 아이의 이런 행동을 반항이나 퇴행으로 오해하기도 하지만, 심리치료사들은 이를 아이의 불안 신호로 이해합니다.

과민반응

와이엇은 열심히 독후감 발표를 준비하고 있었습니다. 하지만 발표 연습 중 실수로 말을 더듬으면 갑자기 화를 내며 소리를 지르거나 공책을 내던졌습니다. 와이엇의 아버지는 아들의 이런 행동을 도무지 이해할 수 없었습니다.

"아내와 저는 우리가 어쩌다가 우리 아들을 부모 앞에서도 버럭버럭 화를 내는 '버릇없는 녀석'으로 키웠는지 모르겠다고 한탄하곤 해요. 아이를 예의 바르게 키우려고 항상 노력했는데 말이에요."

그런데 아이가 갑자기 성질을 부리는 행동이 단순히 무례하고 버릇없어서가 아니라, 심리적 불안 때문임을 알게 되면 많은 부모님이 당황스러워합니다. 와이엇의 아버지도 양육지원 모임에 참여한 후, 와이엇이 버럭 화를 낸 이유가 실수에 대한 두려움 때문이었다는 것을 깨닫게 되었습니다. 부모가 아이의 분노를 바라보는 시각을 바꾼다면, 아이의 불안을 이해하고 해소하는 데 결정적인 전환점을 마련할 수 있습니다.

불안은 아이의 뇌 기능을 일시적으로 마비시킬 만큼 강력한 영향을 미칩니다. 이는 마치 Wi-Fi가 끊기면 인터넷이 멈추는 것과 비슷합니다. 이런 상황에서 아이들은 갑작스레 소리를 지르거나 화를 낼 수 있습니다. 혹은 반대로, 눈에 띄게 움츠러들며 말수가 급격히 줄거나, 갑자기 왜 화를 내는지 부모가 물어도 '몰라요'라는 말만 되풀이해 부모를 답답하게 하기도 합니다. 이렇게 갑자기 불안이 치솟고 나면, 뇌 기능이 다시 정상적으로 회복되기까지는 상당한 시간이 걸립니다.

아이들은 스트레스를 관리하고 자기감정을 말로 표현하는 데 서툽니다. 특히 추론을 담당하는 뇌 영역(전두엽)이 아직 완전히 발달하지 않았다는 사실을 기억하시기 바랍니다. 아이가 갑자기 화를 내거나, 왈칵 눈물을 쏟거나, 입을 꾹 다물고 아무 말도 하지 않는다면, 이는 종종 불안이 원인인 경우가 많습니다. 부모로서 이러한 순간에 차분하기란 쉽지 않지요. 마치 아이가 부모에게 반항하는 것처럼 느껴지기 때문입니다. 하지만 사실은 신경계에 과부하가 걸려 이런 극심한 과민 반응이 나타나는 것뿐입니다. 순간 화가 나더라도 '아이는 지금 불안한 상황에서 적절히 대처하는 법을 배우고 있구나'라고 되뇌어보세요.

강박적 의식

만약 아이가 물건을 정리할 때 한 치의 오차도 없이 정렬을 맞춰야 하고, 툭 삐져나온 물건은 반드시 제자리로 집어넣어야 하며,

루틴을 수행할 때 반드시 특정 순서를 지켜야만 한다고 고집을 부리나요? 이는 아이가 심각한 불안을 겪고 있다는 신호일 수 있습니다.

어느 날, 부모님 두 분이 딸을 걱정하며 우리를 찾아왔습니다.

"우리 딸아이는 화장실에서 나올 때 손 씻고 불을 껐다 켜는 행동을 꼭 네 번씩 반복해야 해요. 누군가 그 의식을 중간에 방해하면, 딸아이는 '방해하지 마요!'라고 소리를 빽 지르고는 처음부터 다시 시작해요."

아이가 특정 패턴이나 루틴을 따른다고 해서 반드시 불안이 그 원인이라고 볼 수는 없습니다. 하지만 자신만의 의식을 방해받을 때 지나치게 괴로워보인다면 심각한 불안을 겪고 있을 가능성이 큽니다.

잠자리에 들기 전에 알람이 제대로 설정돼있는지 여러 번 확인하거나 한쪽 팔을 긁은 후 '균형을 맞추려고' 다른 쪽 팔도 긁는다거나, TV 채널 번호를 홀수로만 설정해야 한다고 고집을 피울 수도 있습니다. 이러한 유형의 불안을 겪는 아이는 특정 행동을 여러 번 반복하거나 어떤 일을 특정 순서대로만 하려고 합니다. 내면의 불안을 진정시키고 싶지만 이를 스스로 조절하거나 해결하기 어려운 것이지요. 따라서 자신이 통제할 수 있는 외부 환경을 정리하거나 조정함으로써 간접적으로 마음을 안정시키려 하며, 이 과정에서 이러한 강박적 의식이 나타날 수 있습니다. 지금 이 글을 읽으면서 당신의 아이가 떠오른다면 혹시 강박장애가 있는지 전문가의 상담을 받아보시길 바랍니다.

퇴행

때로는 아이가 아기 시절의 습관이나 행동으로 일시적으로 되돌아갈 수 있습니다. 예를 들어, 어릴 때 가지고 놀던 곰 인형을 창고에서 꺼내오거나, 칫솔질하는 방법을 '까먹었다'며 엄마에게 해달라고 부탁할 수도 있습니다. 이러한 퇴행은 아이의 삶 전반에 걸쳐 흔히 일어나며, 특히 새로운 것을 배우거나 스트레스를 받을 때 자주 나타납니다.

부모로서는 아이의 퇴행이 당혹스러울 수 있습니다. 아이에게 퇴행이 일어나면, 축구 수업 시간에 엄마가 곁에 없어도 아무 문제 없던 아이가 갑자기 엄마에게 이제 수업 중에 딴 데 볼일 보러 가지 말고 축구장에 같이 있어 달라고 부탁할 수도 있습니다. 또는 여름 내내 수영장 다이빙 보드에서 백플립 점프를 하던 아이가 갑자기 다이빙 보드에서 점프하는 게 무섭다고 할 수도 있습니다. 어떤 아이는 갑자기 아기 목소리로 말하거나, 잠자리에서 자기가 잠들 때까지 옆에 있어 달라고 하거나 불을 끄지 말라고 하는 등 안 하던 행동을 할 수도 있습니다.

'예전에는 아이가 혼자 친구네 집에 잘 놀러 다녔는데, 요즘엔 왠지 친구네 집에 잘 놀러 가지도 않고 나한테 해달라고 하는 일도 부쩍 늘었어.'

만약 이런 생각이 든다면, 이는 당신의 아이가 불안을 겪고 있다는 신호일 수 있습니다.

트라우마로 인한 스트레스

아이들이 극심한 압박감, 과도한 스트레스, 혹은 외상적 사건 traumatic event을 경험하면, 무의식적으로 자신을 방어하기 위해 해리解離, dissociation(고통스러운 자극에서 자신을 보호하기 위해 감정, 기억, 인식 등을 분리시키는 심리적 방어 반응-옮긴이) 현상을 보일 수 있습니다. 해리 증상이 가벼운 경우에는 잠시 멍해지거나 공상에 빠지는 증상으로 나타날 수 있지만, 심한 경우 넋이 나간 듯 보이거나, 시간관념이 둔해지기도 합니다. 이는 정신적인 도피의 하나로, 아이가 현실로부터 분리된 듯한 느낌을 받을 수 있습니다.

이러한 현상이 갑작스럽게 발생하거나 혹은 빈번하게 반복된다면, 이는 과거에 경험한 트라우마가 원인일 가능성이 있습니다. 특히, 아이가 과거에 겪었던 특정 사건과 관련해 악몽이나 플래시백 flashback(과거의 외상적 사건을 생생하게 재경험하는 심리적 반응-옮긴이), 또는 공황 발작을 반복적으로 경험한다면 이는 외상 후 스트레스 장애의 증상일 수 있으니 전문가의 도움을 받아보시길 권합니다.

●

위급한 경고 신호

아이의 불안이 일상생활에 지장을 줄 만큼 심해진다면 양육자의 즉각적인 개입이 필요합니다. 아이의 행동이 단순한 반항인지, 불안의 신호인지 잘 구분해야 합니다. 특히 사춘기에 접어든 아이가 가출이나 무단결석을 한다면, 이를 심한 '반항'이라고만 단정짓지 말고, 도움 요청의 신호일 수 있음을 기억하세요. 다음은 아이가 극심한 불안으로 고통받고 있음을 보여주는 주요 경고 신호들입니다.

자해

아이가 과도한 스트레스를 받으면, 해소 방법으로 위험한 길을 택할 수도 있습니다. 다소 극단적이지만 술이나 약물에 손을 대거나, 위험한 성관계를 하거나, 심지어 자해를 시도하는 예도 있습니다. 집에서 흔히 사용하는 연필깎이나 가위, 면도날 같은 물건을 사용하기도 합니다. 브루클린은 자해를 시도했던 당시를 이렇게 회상했습니다.

"5학년 때 허벅지 안쪽에 칼로 작은 선을 긋기 시작했어요. 그렇게 하면 잠시나마 나를 괴롭히는 생각들을 떨쳐낼 수 있을 것 같았거든요. 그 행동이 저한테 해롭다는 걸 알면서도 멈출 수가 없었어요."

아이 몸에 멍, 화상, 꼬집힌 자국과 같은 상처가 있는지 주의 깊게 살펴보세요. 이는 아이가 자해를 하거나 주변 어른에게 신체적 학대를 받고 있다는 신호일 수 있습니다. 아이 몸에서 상처를 발견하면 따뜻하고 애정 어린 말투로 상처가 어떻게 생겼는지 물어보는 것이 중요합니다.

자살 생각

'자살'이라는 주제를 내 아이와 연관 짓는 것은 생각하기조차 싫은 일이지요. 하지만 어린 나이에도 자살을 생각하는 경우가 그리 드물지 않다는 게 현실입니다. 부모가 아이의 극단적인 생각을 빠르게 인지하고 적절히 대응한다면, 위급한 상황에서 아이의 생명을 구할 수 있습니다. 아이가 사람들을 멀리하거나 비관적인 태도로 말하는 등 언뜻 보면 사소해 보이는 행동도 즉각적인 도움이 필요하다는 신호일 수 있습니다. 따라서 이러한 신호를 주의 깊게 살피는 것이 절대적으로 중요합니다.

어떤 아이들은 "내가 그냥 사라져 버리면 좋겠어"라고 말하거나, 고통스러운 감정을 감추기 위해 자신의 죽음을 농담처럼 이야기할 수도 있습니다. 이럴 때는 침착하게 아이에게 죽음을 생각해 본 적이 있는지 물어보세요. 만약 아이가 그런 생각을 해봤다고 대답하면, 스스로 목숨을 끊을 계획이 있는지 또는 그 방법을 알고 있는지 물어보세요. 두 질문 중 하나라도 "응"이라고 대답한다면, 이는 긴급 상황이므로 즉시 전문가의 도움을 받으세요. 괜히 겁주려고 하는 말이 아닙니다. 당신이 아이를 안전하게 보호할 수 있도록 돕기 위해 조언하는 것입니다. 집에 있는 날카로운 물건이나 위험한 약품을 즉시 안전한 장소로 옮기고, 소아정신건강의학과 전문의에게 데려가길 권합니다. 무엇보다 가장 중요한 것은 부모가 아이의 이야기를 귀 기울여 듣는 것입니다. 아이와 죽음이나 자살에 관해 솔직한 대화를 나눈다고 해서 상황이 악화하지 않으며, 오히려 아이에게 큰 위로가 됩니다.

몸, 음식, 운동에 대한 집착

자신의 신체 치수나 체형에 대해 과도하게 걱정하는 아이는 부정적인 신체 이미지를 가지고 있다는 신호일 수 있습니다. 이런 경우 아이는 자신의 외모를 비하하거나 특정 신체 부위가 싫다고 말하기도 합니다. 때로는 음식의 열량에 지나치게 집착하거나, 거울을 계속 들여다보며 자신의 모습을 확인하거나, 자신의 몸을 수치스럽게 여겨 수영과 같은 활동을 꺼릴 수도 있습니다. 엘리는 겨우 아홉 살 때 살찌는 것이 두려워 밤마다 가족 몰래 윗몸 일으키기를 했습니다. 열 살밖에 안 된 톰은 집에 있는 부모님의 운동 기구를 사용해 근육을 키우겠다며 웨이트 트레이닝을 했습니다.

때로는 아이가 특정 음식을 꼭 먹어야 한다고 고집을 부리거나, 반대로 절대 먹지 않겠다고 거부하기도 합니다. 음식의 질감이나 냄새, 맛에 대해 지나치게 예민하게 반응할 때도 있습니다. 어떤 아이는 살찔까 봐 무서워서, 혹은 음식이 오염돼서 먹으면 배탈이 날 것 같다며 특정 음식이나 식품군 전체를 피합니다. 심지어 음식을 먹지 않고 배고픔을 참으려는 극단적인 행동을 보이는 예도 있습니다. 언뜻 보기에는 '음식'을 가리는 것처럼 보이지만 실제로 이러한 문제의 근본적인 원인은 음식 그 자체에 있지 않습니다.

아이들은 체중 변화를 숨기기 위해 헐렁한 옷을 입거나, 자신이 거의 먹지 않는다는 사실을 숨기기 위해 식사 시간 내내 음식을 잘게 조각내거나 접시에서 이리저리 옮기기만 할 때도 있습니다. 여덟 살 카슨은 자주 폭식을 했는데, 하루는 엄마에게 이렇게 말했습니다.

"한 번 먹기 시작하면 도저히 멈출 수가 없어요."

어떤 아이들은 부모가 이러한 행동을 용납하지 않을 것을 알기 때문에, 혹은 창피하거나 굴욕을 당할까 봐 이를 숨기려고 합니다. 앨리스는 찬장에서 몰래 다이어트 차를 꺼내다가 엄마에게 들키자, 이렇게 말했습니다.

"엄마도 먹잖아요. 나도 좀 더 날씬해지고 싶다고요."

간혹 통통한 아이들이 적게 먹거나 탄수화물과 같은 특정 식품군을 제한하면 칭찬받기도 합니다. 열한 살 디마가 섭식 장애를 겪게 된 것도 이런 이유에서였습니다. 디마는 조금 통통한 편이었는데, 부모님은 음식 열량을 일일이 계산하는 아이의 행동을 바람직한 습관으로 여겨 위급한 경고 신호였음을 전혀 알아채지 못했습니다. 결국 디마는 입원 치료를 받게 되었습니다. 어린아이가 음식을 과도하게 제한하는 것은 정신 건강뿐만 아니라, 자라나는 신체에도 해로운 영향을 미칠 수 있습니다.

만약 이러한 행동이 점점 더 심해지거나 일상생활에 지장을 준다고 느껴진다면, 혹은 아이의 체중이 최근에 급격히 변했다면 즉시 섭식 장애를 전문적으로 다루는 전문가의 진료나 상담을 받으세요. 섭식 장애 치료에 대한 전문성을 갖추지 않은 의사는 특히 통통한 아이들의 섭식장애 행동을 간과할 수 있으니, 유의하시기 바랍니다.

어떤 아이들은 자신이 잘못된 몸에 들어와 있다고 느끼거나, 출생 시 지정된 성별과 자신이 느끼는 성 정체성이 서로 다르다고 생각해 심각하게 고민합니다. 이러한 아이들은 트랜스젠더이거나 논바이너리(성 정체성이 남성이나 여성 같은 이분법적 성별에 속하지 않거나, 이를 넘어서 다양한 성 정체성을 가지는 사람-옮긴이)일 수 있습니다.

이 아이들은 자신의 몸에 대한 불편함이나 성별 불쾌감$^{gender\ dysphoria}$(출생 시 지정된 성별과 자신이 느끼는 성 정체성이 일치하지 않아 발생하는 불쾌감이나 괴로움, 불행한 감정-옮긴이)을 완화하기 위해 음식 섭취를 제한하거나 운동 습관을 바꾸기도 합니다. 또 자기 몸에서 벗어나고 싶다거나, 자신의 감각을 무디게 하고 싶다거나, 자신이 느끼는 성 정체성에 맞게 몸을 바꾸고 싶다고 말하기도 합니다.

하지만 대부분의 아이는 부모에게 이런 이야기를 꺼내는 것조차 주저하므로, 특히 사춘기에는 아이가 이런 행동을 보이지 않는지 세심하게 관찰해야 합니다. 전문가의 도움을 구할 때는 반드시 트랜스젠더에 대한 충분한 이해와 지식을 갖추고 그들의 정체성을 존중하며, 성별 불쾌감을 전문적으로 다루는 전문가인지 먼저 확인하시기 바랍니다.

전문적인 치료의 중요성

부모들은 "아이가 심하게 불안해한다고 해서 꼭 전문적인 상담을 받아야 하나요?"라고 물으며 고민하기도 합니다. 앞서 말했듯 불안이라는 감정은 누구나 겪을 수 있지만, 그 빈도나 강도가 일상생활에 지장을 줄 정도라면 전문가의 도움이 필요합니다. 예를 들어 대인 관계를 지속해서 피하거나, 집 밖으로 나가는 것 또는 밀폐된 공간에 있는 것에 대해 극심한 공포를 보인다면 상담 교사, 아동 심리치료사와 같은 전문가의 상담을 받아야 합니다. 상담을 받을 때는 평소 관찰하거나 기록해둔 아이의 주요 행동 변화를 반드시 전문가와 공유하세요.

아이가 스트레스를 받을 때 보이는 행동은 단순히 일시적 반응이 아니라 불안 장애의 신호일 수 있습니다. 전문가와 상담 후에 불안, 우울증, 섭식장애 등 여러 진단을 동시에 받을 수도 있습니다. 이러한 진단을 받는 것을 부끄러워할 필요는 없습니다. 오히려 부모와 주변 사람들이 아이를 도울 방향을 잡는 중요한 출발점이 될 수 있습니다. 아이에게 꼭 맞는 심리치료사를 찾거나, 학교에 적절한 지원을 요청하거나, 필요하다면 약물 치료를 고려하는 등 아이에게 가장 효과적인 도움이 무엇인지 파악하게 되지요.

아이가 현재 겪고 있는 불안이 영원히 계속되는 것은 아닙니다. 적절할 때 도움을 받으면, 불안 증상을 완화하는 방법을 부모와 함께 찾아가면서, 아이가 앞으로 자신의 정신 건강을 스스로 돌볼 수 있습니다.

……

지금까지 아이들이 어떤 이유로 불안을 느끼는지, 그리고 그 불안을 어떻게 알아차릴 수 있는지 살펴보았습니다. 다음 장부터는 SAFER 양육 철학을 자세히 알아볼 것입니다. SAFER 양육법을 실천하려면 부모의 꾸준한 노력과 성찰, 그리고 인내심이 필요합니다. 이 세상의 좋은 것들은 모두 이러한 덕목을 요구하기 마련이지요. 중요한 부분에 밑줄을 긋고, 메모하며, 새로 알게 된 내용에 관해서는 친구나 가족과 함께 이야기해보세요.

SAFER 양육법을 읽다가, '아, 이건 내가 이미 실천하고 있는 건데'라는 생각이 들 수도 있습니다. 그렇다면 정말 멋진 일입니다! 이와 반대로, 당신이 무심코 한 행동이 아이를 더 불안하게 했음을 깨달을 수도 있지요. 이 또한 좋은 일입니다. 이 깨달음을 계기로 자신을 돌아보고 성장할 수 있으니까요.

하지만 너무 조급해하지는 마세요. 변화는 하루아침에 이루어지지 않습니다. 매일 조금씩 시도해보고, 한 번에 한 가지 방법을 연습해보세요. 우리 양육지원 모임의 부모들도 새로운 양육법을 능숙하게 실천하기까지 몇 주에서 몇 달, 때로는 몇 년이 걸리기도 합니다. 새로운 접근법에 익숙해지기까지는 여러 번의 시행착오를 거쳐야 할 수도 있습니다. 이 과정을 반복하다 보면, 여러분은 아이의 불안을 차분하게 진정시키는 SAFER 부모가 될 수 있습니다.

더 깊이 생각해보기

잠깐 숨을 고르며 휴식을 취하면 언제나 마음이 가벼워집니다. 다 같이 잠시 호흡을 가다듬으며 마음의 여유를 찾고, 성찰해봅시다. 이번 장에서는 아이의 불안이 예상치 못한 말, 신체 반응, 행동으로 나타날 수 있다는 점을 살펴보았습니다.

다음 질문들은 이 장에서 알게 된 내용을 당신과 아이의 상황에 적용할 기회를 줍니다. 질문에 대해 깊이 생각해보고, 아이의 불안을 이해하는 출발점으로 삼아보세요.

- 아이의 불안을 암시하는 신호가 있나요? 예를 들어, 아이가 갑자기 평소와 다른 행동을 하거나, 손톱을 물어뜯거나, 불면증이나 두통을 호소한 적이 있나요?

  _____

  _____

- 아이가 불안을 느낄 때 보이는 행동이 당신이 현재 또는 어린 시절에 스트레스를 받을 때 보이던 행동과 비슷한가요?

  _____

  _____

- 아이가 계속해서 걱정하는 특정 문제가 있나요? 아이의 불안이 어떤 상황에서 특히 두드러지나요? 의사나 심리치료사와 상담한다면 어떤 점을 가장 먼저 상의하고 싶나요?

  _____

  _____

- 아이가 친구들과 어울리는 것이나 행사에 참여하는 것, 학교 과제를 완수하는 것을 힘들어하나요? 만약 그렇다면, 이러한 변화가 나타난 지는 얼마나 되었나요?

  _____

  _____

- 아이 내면의 어떤 감정이 이러한 불안 증상을 유발하는 걸까요? 아이가 불안 증상을 보일 때, 당신은 아이에게 공감해주기 위해 어떤 노력을 하나요?

  _____

  _____

2부   SAFER 양육

3장

차분한 태도 유지하기

(Set the Tone)

　아이가 공포심이나 불안감에 휩싸일 때, 부모가 어떻게 대응하는지에 따라 아이의 감정은 더 악화하거나, 혹은 차분하게 진정될 수 있습니다. 다음의 예시를 함께 살펴봅시다.
　엄마는 컴퓨터 앞에 앉아 작업 중입니다. 갑자기 아이의 울음소리가 정적을 깨고, 곧이어 아이 친구의 목소리가 들립니다.
　"그렇게 높은 데서 뛰어내린 것도 아닌데…."
　아이가 코피를 흘리며 집 안으로 뛰쳐 들어오자, 울음소리가 점점 가까워집니다. 2년 전 아이의 팔이 부러졌던 날이 엄마의 뇌리를 스치며 가슴이 덜컥 내려앉습니다.
　'어머, 어떡해!'
　엄마는 허둥지둥 소리가 나는 쪽으로 달려 나갑니다.

"무슨 일이야? 머리 다쳤니? 아니면 또 팔이 부러졌어? 다친 데가 어디야? 응?"

엄마의 다급한 목소리가 온 집안을 가득 메우자, 상황은 걷잡을 수 없이 심각해집니다. 집 뒷마당에서 벌어진 가벼운 사고는 순식간에 위급 상황으로 바뀝니다.

만약 이 상황에서 엄마가 다른 방식으로 대처했다면 어땠을까요? 엄마는 다친 아이를 보고 순간 놀랐지만, 이럴 때일수록 차분해야 한다는 것을 알고 있습니다.

'아이 상태가 심각할까 봐 너무 불안하지만, 나까지 당황하면 상황이 더 나빠질 뿐이야.'

엄마는 아이에게 다가가며 속으로 이렇게 되뇝니다.

'괜찮아, 난 이 상황에서 잘 대처할 수 있어. 난 할 수 있어!'

그러고 나서 아이를 보며 차분하게 말합니다.

"아들, 괜찮아. 엄마가 옆에 있으니까, 아무 걱정하지 마."

아이는 혼란스럽고 무서운 상황에서 엄마가 차분하게 대처하는 모습을 보고 안도합니다. 상황은 그렇게 차분하게 마무리됩니다.

어린아이들은 부모를 보며 감정을 조절하고 표현하는 법을 배웁니다. 마치 새끼 호랑이가 어미 호랑이를 유심히 관찰하듯, 아이도 부모를 관찰하며 배우지요. 자신의 불안을 물려주고 싶어하는 부모는 세상 어디에도 없겠지만, 부모가 불안해하는 모습을 계속 보고 자란 아이는 결국 그 정서를 고스란히 흡수합니다.

아이의 감정 조절 능력을 키우는 가장 효과적인 방법은 바로 부모가 내면의 평정심을 유지하는 모습을 보여주는 것입니다. '공동 조절co-regulation'이라고도 널리 알려진 이 방법을 사용하면, 부모가 자신의 차분함을 공유함으로써 아이가 안정감을 되찾도록 도울 수 있습니다. 공동 조절은 마치 마법이라도 부리듯 아이의 긴장과 불안을 효과적으로 완화합니다. 부모의 차분함이 하품처럼 전염되어 아이들도 스스로 평온함을 되찾는 것이지요.

두려운 상황에서는 표정이나 태도 같은 비언어적 요소가 특히 중요한데, 이 때 침착한 표정과 태도를 유지해보세요. 아이들은 안전하게 보호받고 있다는 느낌과 함께 심리적 안정을 느낍니다.

물론 말이 쉽지, 육아하면서 늘 평정심을 유지하는 일은 상당히 어렵습니다. 극심한 스트레스에 시달려 차분함을 잃는 게 다반사지요. 이 장에서는 부모가 스트레스 상황에서도 강인한 통제력을 발휘해 일관성 있게 대처할 수 있는 감정 조절 방법을 알아봅니다.

●

부모의 평정심을 흔드는
감정의 소용돌이

앞으로 SAFER 양육 철학의 각 원칙과 그 실천을 방해하는 요인들을 함께 살펴볼 것입니다. 많은 부모가 이러한 방해 요인을 접하면, 바로 본인의 이야기라며 공감합니다.

부모도 AI가 아닌 사람인데, 아이를 양육하다 보면 감정이 격해질 때가 있습니다. 그럴 때 어떤 부모는 화를 내고, 어떤 부모는 슬퍼하며, 또 어떤 부모는 불안을 느낍니다. 아직 아침 식사도 하기 전인데, 벌써 화, 슬픔, 불안이라는 감정을 모두 겪으셨나요? 그렇더라도 너무 자책하지 마세요. 이 책을 계속 읽어나가다 보면, 자신의 감정을 인식하고 조절하는 법을 배우게 될 것입니다.

먼저 침착한 태도 유지를 방해하는 요인부터 알아보겠습니다.

화

먼저 '화'라는 감정이 있습니다. 아이에게 화내지 말자, 결심해도 어느새 소리를 지르고 있는 자신의 모습을 발견할 때가 많을 겁니다. 아이들은 부모가 화를 낼 때 어떻게 느낄까요? 저희가 상담했던 한 아이의 이야기를 들려드리겠습니다.

하퍼는 열두 살 때 상담 치료를 받기 시작했습니다. 하퍼의 아빠는 하퍼가 학교생활부터 친구 관계, 심지어 반려견의 예방접종 여부까지 아주 사소한 것까지 지나치게 걱정한다고 말했습니다. 하지만 상담 중 하퍼가 털어놓은 이야기는 다소 충격적이었습니다.

"제가 실수로 시리얼을 쏟기라도 하면, 아빠는 항상 불같이 화를 내요. 아빠가 소리를 지를 것만 같아서 늘 조마조마해요. 심지어 아빠가 없을 때도 시리얼을 부을 때마다 손이 덜덜 떨려요."

부모가 습관적으로 화를 내고 아이를 자주 혼내면, 아이들은 별다른 일이 없어도 두려움 속에서 살아갑니다. 또 자신을 부정적으로 바라보거나, 나쁜 일이 생기면 자신을 탓하기도 합니다. 여덟 살 카일은 이렇게 말했습니다.

"우리 엄마는 맨날 화가 나 있어요. 내가 아무리 노력해도 엄마 기분이 안 좋아져요. 엄마가 화내는 게 다 제 잘못인 것 같아요."

때로는 아이에게 화를 내는 것이 부모의 진지함을 전달하는 가장 확실한 방법처럼 느껴질 수 있습니다. 화내는 그 순간에는 아이가 부모의 말을 잘 따르는 것처럼 보이겠지만, 실제로는 두려움에 사로잡혀 스트레스를 받습니다. 그러면 생존 모드에 돌입해 싸우거나, 도망치거나, 얼어붙는 반응을 보이기도 합니다. 그리고 어린 마음에 이렇게 생각합니다.

'엄마는 내게 이 세상에서 가장 소중한 사람인데 이제는 날 사랑하지 않을까 봐 너무 무서워.'

아이는 이러한 불안과 두려움에서 한시라도 빨리 벗어나고 싶은 절박한 마음에 부모의 말에 즉각적으로 순종하게 됩니다. 하지만 아이들은 두려움에 사로잡힌 상태에서는 아무것도 배우지 못한다는 사실을 기억해주세요. 부모의 분노는 훈육의 효과를 거두지 못한 채 아이의 자존감만 깎아내릴 뿐입니다. 부모가 겉으로 표출하는 화뿐만 아니라, 속으로 억누르는 화 역시 같은 결과를 초래합니다. 그 감정이 고스란히 아이에게 전달되기 때문입니다. 열 살인 나오미는 이렇게 말했습니다.

"우리 엄마는 화가 나면 항상 문을 쾅 닫거나 혼잣말을 중얼거려요. '나 지금 화났어'라고 말하진 않지만, 가족들은 다 엄마가 화난 걸 알고 엄마를 피해요. 엄마가 화나면 정말 무섭거든요."

화를 다스리는 법을 배우는 데는 많은 시간과 노력이 필요합니다. 특히 화를 자주 내는 부모 밑에서 자랐다면 더욱 어렵습니다. 아이 앞에서, 혹은 아이에게 자주 화내는 부모님이 있다면 아래 사항을 지켜주세요.

- 아이가 보는 앞에서 소리를 지르거나 욕을 하거나 다른 사람을 험담하지 마세요.
- 아이에게 쌀쌀맞게 대하거나 소리 지르거나 겁주기보다는, 왜 화가 났는지 차분히 설명해주세요.
- 아이가 보는 앞에서 다른 사람에게 무례하게 대하지 마세요. 아이에게 불안감을 줄 수 있습니다.
- 만약 자신이 너무 자주 분노를 표출한다고 느껴진다면 심리치료사의 도움을 받아보시길 권합니다.

위 방법들을 실천하는 것은 결코 쉬운 일이 아닙니다. 매일같이 화를 내던 사람이 이 책을 읽었다고 해서 하루아침에 달라지지는 않습니다. 우리가 상담했던 부모들 중 아이에게 화내는 것을 즐기는 사람은 아무도 없었습니다. 그냥 어느 순간 욱하는 경우가 많았습니다. 이럴 때 필요한 것이 바로 감정 조절법입니다. 자세한 방법은 뒤에서 살펴보겠습니다.

우울감

두 아이를 둔 페넬로페는 어느 날 양육지원 모임에서 이렇게 말했습니다.

"저는 늘 피곤해요. 아이들이 제 말을 듣지 않으면 짜증이 나고,

그럴수록 저 자신이 더 한심하게 느껴져요. 항상 눈꺼풀이 무겁게 느껴지고 매일 눈물이 날 것만 같아요."

평소 말수가 적었던 프란체스카도 어렵게 입을 열었습니다.

"최근 유산의 아픔을 겪은 뒤 자꾸 우울해져요. 그럴 때마다 아이들 말을 듣지도 않고 그냥 '네 맘대로 해'라고 말해버리는 저 자신이 너무 싫어요."

우울감이 깊어지면, 아이들은커녕 자기 자신조차 돌보기 힘들어집니다. 하지만 우울감을 느낀다고 해서 꼭 나쁜 부모가 되는 것은 아닙니다. 오히려, 우울감을 극복하려고 애쓰면서도 아이들을 보살피려고 노력한다면, 노력하는 그 자체가 좋은 부모라는 증거입니다.

가끔 우울감을 느끼는 것은 자연스러운 일입니다. 하지만 그 우울감이 개인적인 감정을 넘어 집안 전체의 분위기로 자리잡으면 문제가 됩니다. 부모가 늘 우울한 모습을 보이면, 아이들은 세상이 온통 잘못된 것투성이라고 느끼고 혼란스러워하며, 심하면 불안이나 우울감을 겪을 수도 있습니다.

아이들에게 부모의 우울감보다 더 무서운 것은, 부모의 기분을 나아지게 해주고 싶어도 자신이 할 수 있는 일이 아무것도 없다고 느끼는 무력감입니다. 켈시는 양육지원 모임에서 초등학교 시절을 떠올리며 이렇게 말했습니다.

"늘 우울해하는 아빠를 조금이라도 기쁘게 해주고 싶어서 저는 온종일 집 안 구석구석을 치우고 정리했었어요."

아이들은 때때로 부모에게 큰 위로가 되어주고, 놀라운 지혜를 보여주기도 합니다. 그렇다고 해서 부모가 아이에게 기대어 눈물을 보이거나 감정적으로 의지하는 것은 지양해야 합니다. 아이는 자기가 노력해도 부모가 나아지지 않으면 '나는 부모님을 행복하게 해드릴 수 없어'라고 자책하거나 부모의 감정을 감당하기 버거운 짐으로 받아들이기 때문입니다. 부모가 자신의 슬픔을 스스로 감당할 수 있으며, 부모의 감정을 돌보는 것은 아이들의 책임이 아님을 분명히 알려주세요.

돌봄과 지나친 걱정은 종이 한 장 차이

어느 날 한 부모 교육 세션에서, 폴라는 이렇게 말했습니다.

"저는 온갖 것을 다 걱정해요. '내가 가정통신에 회신했었나? 내일 저녁은 뭐 해 먹지? 아이가 어젯밤에 기침하던데 병원에 안 데려가도 될까?' 이런 걱정들로 잠을 설칠 때가 많아요. 그러다 보니 아이에게 자꾸 신경질적으로 대하게 되고 온종일 정신없이 이리저리 뛰어다니게 돼요."

또 다른 어머니가 폴라의 말에 공감하며, 얼마 전 있었던 일을 들려주었습니다.

"하루는 아이가 선생님께 꾸중을 듣고 속상해하며 집에 왔어요. 저는 그 얘기를 듣자마자, '뭐라고? 엄마가 선생님께 전화할까? 네가 숙제를 더 잘해가면 상황이 좀 나아지지 않을까?'라고 말했죠. 지나고 보니, 그때 제가 너무 흥분했던 것 같아요. 아마 아이는 제가 차분하게 들어주길 바랐을 거예요."

이렇듯 아이를 보호하는 것과 지나치게 걱정하는 것은 종이 한 장 차이인데, 순간적으로 그 선을 넘기 쉽습니다. 아이들은 부모가 지나치게 걱정하는 모습을 보면, 어딘가 위험이 도사리고 있는 것만 같아 긴장하게 됩니다.

한 어머니는 자신의 어린 시절 경험을 들려주었습니다.

"저희 아빠는 외출할 때마다 차 열쇠를 못 찾아서 허둥대며 욕을 하곤 했어요. 지금은 이렇게 웃으며 이야기할 수 있지만, 어릴 때는 그런 아빠 때문에 외출할 때마다 스트레스를 받았어요."

부모의 불안한 에너지를 고스란히 흡수한 아이들은 과민 반응을 보이기도 합니다. 예를 들어, 친구 생일 파티에 가져가려고 주문한 선물이 제때 도착하지 않으면, "선물이 아직도 안 왔어! 오늘은 내 인생 최악의 날이야!"라고 말하며 화를 참지 못합니다.

어느 날, 양육지원 모임에서 아이들이 스트레스를 받는 과정에 관해 이야기하던 중, 한 아버지가 걱정스러운 표정으로 말했습니다.

"저는 매사에 철저하게 계획하고 준비하려는 성향이 강해요. 아이들의 미래를 지나치게 걱정하는 편이고, 이미 결정된 사항도 여러 번 되짚어보곤 하죠. 이런 제 성향이 분명 아이들에게 안 좋은 영향을 미치고 있을 거예요."

앞서 말했듯 부모가 불안을 다루는 방식은 아이에게 큰 영향을 미칩니다. 부모의 모습에 따라 작은 일에도 스트레스를 받는 아이로 자랄 수도, 큰 일 앞에서도 평정심을 잃지 않는 아이로 자랄 수도 있습니다. 우리 대부분은 걱정이 많은 부모 밑에서 자랐고, 그러한 부모님의 성향을 그대로 물려받은 경우가 많습니다. 우리 아이들에게는 더 이상 대물림하지 않아야겠지요. 우리가 노력하면 아이들이 삶의 불확실성에 더 건강하게 대처하도록 도울 수 있습니다. 이제부터는 부모가 불안하거나 긴장될 때 평온함을 유지할 방법을 살펴보겠습니다.

불안한 상황에서도
침착함을 유지하는 법

여러 명의 자녀를 둔 한 어머니가 이렇게 질문했습니다.

"오늘 아침에 아홉 살 딸아이가 실수로 제 노트북에 물병을 엎질렀어요. 저도 모르게 화를 버럭 냈죠. 이런 상황에서는 도대체 어떻게 해야 차분함을 유지할 수 있을까요?"

어른들의 시선으로 볼 때 화가 나는 게 당연해 보이지만, 아이들은 어른들이 받는 스트레스를 이해하지 못합니다. 그저 뭔가 잘못되었다고 느낄 뿐입니다. 물론 스트레스 상황에서 부모가 감정을 완전히 숨기고 가식적으로 행동해야 한다는 뜻은 아닙니다. 최대한 침착함을 잃지 않고 이야기하려고 노력하는 게 중요합니다.

우리의 감정은 대부분 무의식적으로 나타나므로, 부모로서 자신의 감정을 조절하려면 먼저 마음을 가다듬고 자신의 행동 패턴을 인식해야 합니다. 부정적이고도 강렬한 감정은 순간적으로 솟구쳐올라 통제 불가능해 보이지만, 사실 그렇지 않습니다. 차분하게 마음을 가라앉힐 방법은 분명히 있습니다. 익숙하지 않을 뿐이지요. 천천히 심호흡하거나, 스트레스 볼을 꽉 쥐어보는 등 다양한 방법을 통해 평온함을 유지할 수 있습니다. 감정 조절에 익숙해지기 위해 아래처럼 해보세요.

나를 화나게 하는 원인을 파악하세요

잠시 시간을 내어 솔직하게 자신을 돌아보세요. 지난 며칠 또는 지난 한 주를 돌아보며 다음 질문에 대해 생각해보세요.

이성을 잃었던 순간이 언제였나요? 그 순간의 화는 혹시 이런 이유 때문은 아니었나요?

- 아이가 징징대거나 말을 듣지 않았다.
- 집안일을 하는 방식에 대해 배우자가 잔소리를 했다.
- 가족 모임에서 시부모님 때문에 기분이 상했다.
- 직장에서 기분 나쁜 일이 있었다.

때로는 이 모든 일이 복합적으로 작용해 더 예민해지기도 합니다. 다음으로, 그런 스트레스 상황에서 자신의 몸이 어떻게 반응했는지 곰곰이 떠올려보세요. 화가 났을 때 어떤 신체적 변화가 나타났나요?

- 심장 박동이 빨라졌다
- 나도 모르게 어금니를 꽉 깨물었다
- 얼굴이 벌겋게 달아올랐다

- 어깨에 잔뜩 힘이 들어갔다

마지막으로, 그 순간 당신이 어떤 행동을 했는지 되짚어보세요.

- 아이에게 소리를 질렀다.
- 배우자에게 비꼬듯이 쏘아붙였다.
- 가족들에게 20분 동안 아무 말 없이 침묵으로 응했다.

단순히 자신의 신체 반응과 행동 패턴을 인식하는 것으로부터 의미 있는 변화가 시작됩니다. 마음을 가다듬고 무의식적으로 튀어나오는 반응을 알아차리면, 똑같은 상황에서 완전히 다른 방식으로 대처할 수 있습니다.

아이가 사소한 일에도 지나치게 예민하게 반응하거나 불안해할 때 어떻게 도와줄 수 있을지에 대해서는 이후에 다룰 예정입니다. 지금은 부모인 당신의 감정과 반응을 돌아보는 것부터 먼저 시작해보겠습니다.

잠깐 멈추세요

갑자기 화가 나거나 불안이 몰려온다면, 아이나 배우자, 또는 (시)부모님에게 어떤 말이나 행동을 하기 전에 어떻게든 잠깐 멈추세요. 화나 불안과 같은 감정이 올라오는 순간, 이를 인지하고 즉시 반응을 멈추는 것이 중요합니다. 그리고 지금 내가 느끼는 감정이 정확히 무엇인지, 내 몸의 어느 부위에서 스트레스를 느끼고 있는지 파악해보세요.

예를 들어, 이렇게 생각할 수 있습니다.

'나는 지금 아이가 깜빡하고 집에 두고 간 숙제를 학교에 가져다주는 길이야. 아, 오늘 회사에 지각하게 생겼네. 너무 스트레스받고 화가 나. 가슴이 답답하고, 울고 싶다.'

그다음, 부모로서 그동안 다짐했던 것을 떠올려보세요.

'나는 아이가 실수하더라도 따뜻하게 격려해주고 싶어. 그런데 내가 이렇게 화가 나 있으면, 아이에게 어떤 도움도 안 돼.'

그리고 지금 느끼는 감정에 이름을 붙여보세요. 분노에는 '버럭이', 불안에는 '걱정이' 등 단순히 감정을 명명하는 것만으로도 더 차분해질 수 있고 더 나은 선택을 할 수 있습니다.

연구에 따르면, 머릿속으로라도 감정을 명명하면 이성과 논리를 담당하는 뇌 영역이 활성화하고, 뇌의 위험 경보 시스템인 편도체의 활동은 줄어든다고 합니다. 모호하고 불쾌한 감정에 이름을 붙여 분노나 불안을 일시 정지해보세요.

차분함을 되찾으세요

우리는 지난 수년간 내담자들과 함께 차분함을 되찾는 다양한 방법을 실천해왔습니다. 이 방법들은 몸을 이완시켜 아이를 대할 때 감정을 더 잘 조절하도록 도와줍니다. 어떤 습관이든 익숙해지려면 반복적인 연습이 필요합니다. 다음은 우리가 내담자들과 함께 활용했던, 차분함을 되찾는 방법들입니다. 더 많이 실천할수록 더 큰 효과를 얻을 수 있을 것입니다.

| 감정을 글로 표현하세요

감정을 일기에 적어보세요. 하루에 한 문장이라도 괜찮습니다. 또는 친구에게 전화나 문자로 당신의 감정을 공유해보세요. 이렇게 감정을 표현하는 것만으로도 감정 조절에 큰 도움이 됩니다.

| 잠시 휴식을 취하세요

따뜻한 물로 목욕이나 샤워를 하면서 '나만의 시간'을 가져보세요. 거실에서 가벼운 운동이나 스트레칭을 해도 좋습니다. 식물을 가꾸거나, 설거지를 하거나, 스도쿠 퍼즐을 풀거나, 공예 활동을 해보세요. 차분한 음악을 듣는 것도 도움이 됩니다. 만약 헤비메탈이 위안이 된다면, 그것을 들어도 좋습니다. 되도록 핸드폰은 멀리하고, 진정한 나를 되찾을 수 있는 즐거운 활동을 찾아보세요.

만약 기운이 없거나 우울해서 마음이 불편하다면, 아이에게 이렇게 말해보세요.

"오늘은 엄마가 기운이 좀 없네. 너 때문이 아니니까 걱정하지 마. 좀 쉬면 곧 괜찮아질 거야."

부모가 자신의 상태를 솔직하게 표현하면, 아이는 불필요하게 불안해하지 않습니다. 아이와 함께 마음이 차분해지는 활동(퍼즐 맞추기 등)을 해보는 것도 좋은 방법입니다. 잠깐 짬을 내 함께 하늘을 보며 구름 속에서 동물 모양을 찾아보는 활동도 도움이 됩니다.

| 오감에 집중하세요

자신의 오감에 최대한 집중해보세요. 창문을 열고 바깥에서 들리는 소리에 귀를 기울이는 겁니다. 아침에 내리는 커피, 차의 향을 맡아보세요. 눈을 감고 아이가 유치원이나 학교에서 만들어 온 미술 작품을 손끝으로 느껴보세요. 감각을 인식하고 이를 묘사하는 활동은 현재에 집중할 수 있어 내적 불안을 줄이고 마음을 차분하게 가라앉히는 데 도움이 됩니다. 만약 아이가 지금 당신을 필요로 한다면, 이 연습을 아이와 함께 하는 것도 좋습니다. 그 순간에 느껴지는 감각을 하나씩 말해보세요.

| 심호흡하세요

수많은 연구에서 심호흡이 신경계에 강력한 영향을 미친다는 사실이 입증됐습니다. 심호흡하는 순간 심박수가 느려지고 위기 상황에서 신체를 안정시키는 부교감 신경계가 활성화됩니다.

부모 코칭 프로그램에 참여하는 많은 부모가 처음에는 종종 이렇게 말합니다.

"저는 심호흡을 해도 별 효과가 없는 것 같아요."

하지만 심호흡을 꾸준히 시도해보면, 생각이 달라질 겁니다. 직접 경험해보기 전에는 그 효과를 실감하기 어렵습니다. 계속 연습하다 보면, 결정적인 순간에 단 한 번의 심호흡으로 아이와의 부정적인 상호작용이 긍정적으로 바뀌는 것을 경험하게 될 겁니다.

스트레스를 받거나 불안할 때, 간단하지만 강력한 '4-7-8 호흡법'을 시도해보세요. 이 호흡법의 순서는 다음과 같습니다.

① 4초 동안 천천히 숨을 들이마십니다.
② 7초 동안 숨을 멈춥니다.
③ 8초 동안 천천히 숨을 내쉽니다.

이 과정을 몇 번 반복해보세요. 이 호흡법은 언제, 어디서든 할 수 있습니다!

| 산처럼 단단히 중심을 잡으세요

화가 나거나 두려움이 엄습할 때, 여러분 자신이 '거대한 산'이라고 상상해보세요. 상상이 잘 안 되더라도 한 번 시도해보세요. 당신이라는 산은 단단하고 흔들림 없는 기반 위에 서 있으며, 산 정상이 구름을 뚫고 우뚝 솟아 있습니다. 주변의 바람과 강물, 하늘이 끊임없이 변해도, 당신은 흔들림 없이 같은 자리에 묵묵히 서 있습니다. 해와 달이 당신 위에서 춤추며, 어둠이 지나면 반드시 새로운 하루가 시작된다는 것을 일깨워줍니다. 당신의 아이가 강한 바람과 폭우를 피해, 이 산의 나무 아래에서 편안하게 쉬고 있다고 상상해보세요. 당신은 아이에게 늘 변함없이 든든한 존재입니다. 이렇게 산처럼 깊고 고요한 안정감을 품으면, 어떤 어려운 상황에서도 차분함을 유지할 수 있습니다.

만약 감정이 복받쳐오른다면, 잠시 가만히 앉아 숨을 깊이 들이마십니다. 그리고 스스로 이렇게 말해보세요.

"나는 내 아이에게 우뚝 서 있는 산처럼 든든한 존재야."

그다음 숨을 내쉬면서 당신의 머리는 높은 산봉우리, 두 팔은 산의 양쪽 능선, 두 다리는 넓고 단단한 기반이라고 상상해보세요. 이렇게 '산 호흡법'을 여러 번 반복하면서, 몇 번 만에 마음이 차분해지는지 느껴보세요.

이 호흡법이 효과가 있을 것이라고 완전히 믿지 않아도 괜찮습니다. 처음에는 억지로라도 따라 해보세요. 하면 할수록 당신은 점점 더 산처럼 굳건한 존재가 될 것입니다. 자, 다 함께 말해봅시다.

"나는 거대하고 웅장한 산이다. 내 감정은 절대 나를 흔들지 못한다. 계절은 계속 변해도, 나는 내 아이 곁에서 한결같이 평온한 부모로 존재할 것이다."

우리가 산 호흡법을 소개했을 때 부모님들은 다양한 반응을 보였는데, 그중에서도 비앙카의 반응이 가장 인상적이었습니다. 그녀는 스스로 차분함을 유지하는 습관과는 거리가 멀다고 인정했습니다.

"처음에 산처럼 단단히 중심을 잡으라고 하셨을 때 저는 속으로 '뭐처럼 중심을 잡으라고? 대체 내가 왜 여기서 이런 황당한 말을 듣고 있는 거지?'라고 생각했어요."

하지만 이렇게 말하면서도 자신의 기본적인 반응 패턴이 분노와 짜증이라고 솔직하게 인정했습니다. 비앙카는 특히 마감에 쫓기거나 극도로 피곤할 때 감정이 쉽게 격해지는 경향이 있었습니다. 그녀는 자신의 어린 시절에 관해서도 이야기했습니다.

"우리 가족은 감정을 차분하게 가라앉히는 법에 관해 한 번도 이야기한 적이 없어요. 저는 뉴욕에서 태어나 자랐고, 우리 가족은 이탈리아계예요. 우리 가족은 늘 빨리빨리 움직이고, 차분하게 말할 때보다 소리 지를 때가 더 많죠. 제 언니나 여동생이 제가 부모 코칭을 받고 있다는 걸 알면, 뭐라고 할지 안 봐도 뻔해요."

비앙카는 그동안 감정 조절을 잘 해왔지만, 지난주에는 그러지 못했습니다. 마감 기한을 앞두고 재택근무를 하던 중 이성을 잃고 말았죠.

"애들이 제 방문을 두드리는 순간, 저는 완전히 폭발해버렸어요. 그래서 애들한테 '엄마 지금 통화 중인 거 안 보여? 제정신이야? 당장 나가! 대체 몇 번을 말해야 알아듣니?'라고 소리 질렀어요."

비앙카의 이야기에 잠시 침묵이 흘렀습니다.

"저도 알아요." 그녀는 한숨을 푹 내쉬며 말을 이었습니다.

"그 순간 저는 아이들에게 차분한 태도를 보이지도 못했고, 잠깐 멈추지도 못했어요. 말 그대로 거친 폭풍 같았죠. 그런데 며칠 후 중학생 딸아이가 숙제 때문에 극심한 스트레스를 받는 모습을 보고 마치 머리를 한 대 얻어맞은 듯한 기분이 들었어요. 아이는 이러다 나중에 대학에 못 가면 어떡하냐고 불안해하더라고요. 이제 겨우 중1인데 말이에요. 당장 그다음 날까지 숙제를 제출해야 하는데 바로 그 전날 밤에 아이가 눈물을 뚝뚝 흘리면서 여태 한 숙제를 갈기갈기 찢어버리더라고요! 그 모습을 보는데, 딸아이가 이러는 게 저 때문은 아닐까 하는 생각에 가슴이 찢어지는 것 같았어요. 돌이켜보면, 제가 아이들과 충분한 시간을 함께하지 못한다는 죄책감 때문에 화를 내고 짜증을 냈던 것 같아요."

우리는 비앙카의 깨달음을 듣고 무척 반가웠습니다. 보통 자신이 차분함을 유지하지 못하는 이유를 스스로 알아차리지 못하기 때문입니다. 그녀는 당시 상황에 대해 계속 이야기했습니다.

"딸이 숙제를 찢어버리는 모습을 보고, 제 감정이 부글부글 끓어올랐어요. 그런데 갑자기 제 머릿속에 그 바보 같은 산이 떠올랐어요. 순간 피식 웃음이 났고, '아, 진정해야겠다'라는 생각이 들었죠. 그래서 배운 대로 숨을 깊게 들이마셨어요. 그래서 딸에게 소리 지르는 걸 피할 수 있었죠. 대신 속으로 '아, 애를 그냥 저 멀리 화성으로 보내버리고 싶다'라고 생각했어요."

물론, 비앙카가 진심으로 딸을 어디론가 보내고 싶었던 건 아니에요. 단지 자기감정을 솔직하게 표현한 것뿐입니다.

"그다음 제가 딸에게 물었죠. '엄마가 어떻게 도와줄까?' 좀 웃긴 얘기지만, 그 산 호흡법이 확실히 효과가 있었어요. 딸아이도 더는 울지 않았고, 잠자리에 들기 전에 아이와 함께 숙제를 어떻게 끝낼지 계획을 세웠어요. 다음 날 아침, 딸아이는 일찍 일어나 숙제를 끝냈고, 저는 아이 등교 전까지 아이 숙제를 검토할 수 있었어요. 이제는 정말 확실히 알겠어요. 제가 소리를 질러봤자, 상황은 더 나빠지기만 한다는 걸요."

자, 여러분도 한 번 시도해보세요! 이 호흡법은 특별한 도구도 필요 없고, 많은 시간을 들일 필요도 없습니다.

차분해지는 루틴을 만들어보세요

평소에 차분해지는 연습을 꾸준히 하면, 짜증이나 걱정을 상당히 줄일 수 있습니다. 아침에 아이들이 깨기 전에 책을 몇 페이지 읽는 등 자신만의 작은 루틴을 만들어보세요. 물론 아이를 돌보면서 시간을 내기가 쉽지 않겠지만, 당신의 몸과 마음을 돌보는 일은 매우 중요합니다. 자신에게 맞는 방법을 찾아 하루에 단 몇 분만이라도 시도해보세요. 시간 내기가 정 힘들다면, 하루에 심호흡을 다섯 번 하는 것부터 시작하는 것도 좋은 방법입니다.

불안감을 키우는 말 vs. 안심시키는 말

걱정되는 일이 있더라도 아이와 함께 있을 때는 두려움을 불러일으키지 않는 긍정적인 방식으로 이야기하는 것이 중요합니다. 앞서 살펴보았듯이, 부모의 감정 상태는 아이에게 전이될 수 있습니다. 걱정이나 두려움을 표현할 때 좀 더 신중해져야 하는 이유이지요.

어느 날, 한 아버지가 상담 중에 아내와 아들에 대해 이야기했습니다.

"제 아내는 사람이 많은 곳을 정말 싫어해요. 그리고 그걸 아이 앞에서 그대로 표현하죠. '사람들이 붐비는 곳에서는 누가 옆에서 재채기라도 하면 감기에 걸릴 수 있어. 또, 소매치기를 당할지도 몰라.' 항상 이런 식으로 말해요. 그러다 보니, 우리 아들은 이제 사람이 많은 곳에는 아예 갈 생각도 안 해요."

실제로 그 아들은 몇 달 전에 예매해 둔 여름 콘서트에 가족과 함께 가는 것도 내키지 않는 듯했습니다. 아이는 언제, 어디서나 마치 즉각적인 위험이 도사리고 있는 것처럼 말하는 부모의 표현 방식에 크게 영향받고 있었습니다. 우리는 이러한 표현 방식을 '불안감을 키우는 말하기'라고 부릅니다.

예를 들어, 운전 중에 갑자기 어떤 차가 끼어들었다고 가정해보세요. 그럴 때, 당신은 이렇게 말할 수 있습니다.

"어휴, 방금 저 차 때문에 사고 날 뻔했어! 우리가 정말 크게 다칠 수도 있었다고!"

이런 식의 말하기보다는 '안심시키는 말하기'를 해보세요. 똑같은 상황에서도 이렇게 말할 수 있습니다.

"큰일 날 뻔했네! 저 운전자가 앞을 제대로 안 보고 있었어."

이처럼 불안감을 조장하지 않고, 객관적으로 차분하게 상황을 설명하는 것이 중요합니다.

다음은 여러 상황에서 불안감을 키우는 말하기와 안심시키는 말하기가 어떻게 다른지 비교한 예시입니다.

상황1 밤중 외출

불안감을 키우는 말하기

"밤에 밖에 나가는 건 너무 위험해. 길에서 누군가를 잘못 쳐다봤다가 괜히 시비가 붙어서 큰일 날 수도 있어. 게다가 밤에는 보행자 사고가 자주 일어나거든."

안심시키는 말하기

"해가 지기 전에 집에 들어오는 게 안전해. 밤 늦게까지 밖에 있어야 한다면, 핸드폰을 잘 챙기고 주변을 잘 살펴야 해. 그리고 항상 주변을 경계하면서 밝은 곳에 있는 게 좋아."

상황2 근처에 발생한 화재

불안감을 키우는 말하기

"최근에 근처에서 화재가 일어났어. 생각만 해도 끔찍해. 자칫하면 한순간에 모든 걸 잃을 수도 있잖아. 실제로 집과 모든 재산을 잃은 가족들도 있다더라."

안심시키는 말하기

"근처에서 화재가 발생했는데, 소방관들이 신속하게 대응했어. 이렇게 믿을 수 있는 긴급 대응 시스템이 있어서 참 나행이야."

상황3 엄마의 해고

불안감을 키우는 말하기

"엄마가 직장을 잃은 건 우리한테 아주 큰 타격이야. 가정 경제에 큰일이 났네. 이번 여름에 여행을 못 갈지도 몰라."

안심시키는 말하기

"엄마가 직장을 그만두게 됐지만, 엄마 친구들이 도와주고 있고 곧 새로운 직장을 찾을 거야. 우리 가족 모두 힘을 합쳐 이 상황을 잘 헤쳐나가자."

어려운 주제에 관해 아이와 대화하는 법

아이에게 설명하기 어려운 주제나 상황과 맞닥뜨리는 일은 생각보다 자주 일어납니다. 예를 들어, 어느 날 열한 살 먹은 아이가 인터넷에서 우연히 학교 총격 사건 영상을 클릭했다가 충격을 받고 눈물을 흘릴 수도 있습니다. 또, 할머니 댁에 놀러 가서 TV를 보다가 핵 위협 관련 뉴스를 접할 수도 있습니다. 혹은, 오랫동안 알고 지내던 부모님의 친구분이 암 투병으로 인해 창백하고 병색이 완연한 모습으로 집을 방문할 수도 있습니다.

이런 상황에서 아이들이 어떤 주제든 부모에게 편하게 이야기할 수 있다고 느끼게 해주는 것이 무엇보다 중요합니다. 부모가 "엄마(아빠)는 언제든 네 이야기를 들을 준비가 되어있어. 어떤 이야기든 솔직하게 말해도 절대 혼내지 않을게"라고 말하면, 아이들은 자신의 고민을 부모에게 더 쉽게 털어놓을 수 있습니다. 아이들이 포르노나 음주, 약물 같은 주제에 대해서 질문하더라도 당황하거나 움

쩔하지 마세요. 부모의 말과 행동으로 '세상 밖은 때때로 무섭고 혼란스럽지만 너는 내게 언제든, 무엇이든 안전하게 이야기할 수 있어'라는 메시지를 전해야 합니다.

어느 날 저녁에 열린 양육지원 모임에서 한 어머니가 이렇게 질문했습니다.

"마약 문제나 청소년 자살처럼 논란이 되는 주제에 대해서는 어떻게 해야 할까요? 아이들에게 언제, 어떻게 이야기해야 할지 모르겠어요. 너무 어린 나이에 이런 것들을 접하게 하고 싶지는 않기도 하고요."

하지만 현실은 냉정합니다. 이런 주제에 관해 부모가 이야기하지 않더라도, 결국 다른 누군가가 언급할 게 분명합니다.

이제부터는 어려운 주제에 대해 아이와 좀 더 편하게 대화하는 방법을 5단계로 살펴보겠습니다.

1단계 대화 전에 미리 준비하고 차분함 유지하기

아이와 대화를 나누기 전에 먼저 주변의 다른 어른과 연습해보세요. 이렇게 하면 아이에게 이야기할 때 덜 어색하고 자연스럽게 말할 수 있습니다. 거울을 보며 연습하는 것도 좋습니다. 이 방법들은 특히 말하기 어려운 주제일수록 더 도움이 됩니다. 또는 대화 전에 가볍게 산책을 하거나, 친구에게 속마음을 털어놓으면서 감정을 정리해보세요. 심호흡하는 것도 잊지 마세요. 심호흡은 언제, 어디서든 마음을 가다듬는 데 큰 도움이 됩니다. 그리고 가능하다면, 당신이 편안함을 느끼는 장소에서 대화를 나누세요. 편안한 장소 역시 차분함을 유지하는 데 도움이 됩니다. 그 대화를 하루 중 어느 시간대에 할지도 신중하게 선택하세요. 아이들은 대화 후에 복잡한 정보를 소화할 시간이 필요합니다. 아이가 최대한 잘 받아들일 수 있는 상태에서 대화하는 것이 중요합니다.

아이가 잠자기 전이나 등교하기 전에는 무거운 주제의 대화를 피하세요. 아이의 수면을 방해하거나, 수업에 집중하기 어렵게 만들 수 있습니다. 부득이하게 준비되지 않은 채로 어려운 대화를 해야 하는 상황이 발생하면, 물 위에 떠 있는 백조를 떠올리세요. 물 위에서는 평온하고 우아하지만, 물속에서는 치열하게 발을 움직이고 있는 백조처럼, 마음속으로는 불안하고 혼란스럽더라도 겉으로는 최대한 차분한 태도를 유지하는 겁니다.

부모가 자신감 있는 태도로 차분하고 따뜻한 어조로 이야기하면 아이들이 더 안정감을 느낀다는 점을 기억하세요. 이야기해야 할 내용이 아무리 무거워도, 부모가 당황하지 않고 차분하게 말하면 아이들도 덜 불안해합니다.

2단계   사실을 말해주고 아이의 생각 물어보기

한 아버지가 상담 중에 딸에 대한 고민을 털어놓았습니다.

"제 딸은 늘 예상치 못한 질문을 해서 저를 당황하게 해요! 예를 들어 전쟁은 왜 일어나는지, 사람들은 왜 서로를 괴롭히는지 묻곤 해요. 지난주에는 미술 수업 시간에 친구에게서 가택 침입 강도 사건에 대해 듣고 와서 저한테 그게 뭔지 물어보더라고요. 솔직히 말해서, 딸아이가 하는 질문 중 절반 정도는 뭐라고 답해야 할지 도무지 모르겠어요."

이런 상황에서는 다음과 같은 방법으로 접근해 보세요.

- 사실을 정확하게 전달하되, 불필요한 세부 사항까지 지나치게 상세히 말하지는 마세요. 아이의 나이에 맞는 언어를 사용하고, 아이에게 과도한 부담을 주지 않도록 주의하세요. 즉, 아이의 인지 수준을 고려해 말할 내용의 양과 난이도를 조절해야 합니다. 예를 들어, 당신이 어릴 때 지갑을 도둑맞은 경험을 들려준다면, 그 도둑이 당시 총을 가지고 있었다는 등의 자극적인 내용은 생략하는 것이 좋습니다.

- 아이가 쉽게 이해할 수 있는 일상적인 경험을 예로 들어 설명해 주세요. 예를 들어, 병원에 입원한 가족에 대해 이야기할 때는 이렇게 말할 수 있습니다.

  "의사 선생님이 이모의 몸에서 병이 난 부분을 고쳐주실 거야. 마치 아빠가 저번에 네 자전거에서 고장 난 체인을 고쳤던 것처럼 말이야."

- 불안감을 드러내기보다 차분한 태도를 보여주세요. 부모가 얼마나 많이 스트레스를 받고 있는지 아이에게 구체적으로 이야기하지는 마세요. 부모가 힘들어하는 모습을 보이면 아이들은 부모보다 더 걱정하거나, 부모를 도와줘야 한다는 부담을 느낄 수 있습니다. 또는 힘든 부모에게 자신의 불안을 내색하면 안 된다고 생각할 수도 있습니다.

- 한 번에 한 가지 주제만 다루세요. 여러 가지 주제를 한꺼번에 이야기하면, 아이가 부담을 느낄 수 있습니다. 예를 들어, 약물 오남용에 관해 이야기한다면 그것만으로도 충분히 어려운 주제이므로, 기후 변화 같은 다른 주제까지 함께 다루지 않는 게 바람직합니다.

어떤 주제에 관한 대화든, 이렇게 시작해보세요.

"우리 딸(아들)이 이 주제에 관심을 갖다니 정말 기특하네. 한번 이야기해 볼까?"

먼저, 아이가 해당 주제에 관해 무엇을 알고 있는지, 그리고 어떤 생각을 하고 있는지 물어보세요.

"그 주제에 대해 무엇을 알고 있니?"
"그것에 대한 네 생각은 어떠니?"

서두르지 말고 천천히 질문하면서 아이가 생각할 시간을 충분히 주세요. 아이의 답변을 듣고, 잘못된 정보가 있다면 부드럽게 바로잡아주세요. 아이가 별다른 답변을 하지 않아도 괜찮습니다.

"친구들은 이 주제에 대해 뭐라고 이야기하니?" 또는 "선생님은 어떻게 말씀하시니?"와 같은 질문을 해보세요. "혹시 헷갈리거나 혼란스러운 부분이 있니?"라고 물어보면서 아이가 편하게 이야기할 수 있도록 대화의 물꼬를 터주세요. "엄마(아빠)한테 더 물어보고 싶은 게 있니? 지금 물어봐도 되고, 나중에 생각나면 언제든 이야기해도 돼"라고 말해주면, 아이가 더 편안한 마음으로 질문할 수 있습니다.

아이의 질문에 바로 답하기 어렵거나, 어느 정도까지 설명해야 할지 모르겠다면 이렇게 말해보세요.

"좋은 질문이구나. 엄마(아빠)가 좀 더 알아보고 나중에 다시 이야기해줄게."

잠시 시간을 갖고 이 질문에 대한 정보를 찾아보거나, 다른 어른과 상의해본 뒤 다시 아이와 이야기 나누세요. 며칠 후, 아이에게 그 주제에 관해 다시 물어보는 것도 좋습니다. "그때 이야기했던 거 말인데, 혹시 궁금한 점이 더 생겼니?"라고 물어보면, 아이는 편하게 추가 질문을 할 수도 있습니다. 아이가 하는 모든 질문에 즉각적으로 답을 해줘야 한다는 부담을 느낄 필요는 없습니다.

3단계 편안하게 감정을 표현할 수 있는 분위기 조성하기

대화하는 동안 아이의 감정과 반응을 세심하게 살펴보세요. 또 아이의 표정이나 몸짓도 주의 깊게 관찰하세요. 아이의 표정이 어두워 보이나요? 아니면, 아이가 초조한 듯 발끝으로 바닥을 탁탁 두드리나요? 만약 아이가 불안해 보인다면, 잠시 멈추고 이렇게 말해주세요.

"이 대화 주제가 생각보다 어렵지? 잠깐 쉬었다가 이야기할까?"

어떤 아이들은 이런 대화를 나누다가 공황 상태에 빠질 수도 있습니다. 그럴 땐, 다음 장에서 소개하는 마음을 진정시키는 방법 중 아이가 좋아하는 방법을 활용하세요. 또한, 아이가 편안하게 감정을 표현할 수 있는 분위기를 조성하는 것도 중요합니다.

"기분이 어떠니? 혹시 이 주제와 관련해서 걱정되는 게 있니?"

이렇게 물어본 후, 아이가 어떤 감정을 표현하든 판단하지 말고 그대로 공감해주세요. 만약 아이가 "대화 내용이 너무 무서워요"라고 하거나 "마음이 불안해졌어요"라고 한다면, "그래, 그렇게 느낄 수도 있어"라고 말하며, 아이의 감정을 있는 그대로 인정해주세요. 그리고 아이가 안심할 수 있도록 마지막에는 이 말을 꼭 덧붙이세요.

"하지만 걱정하지 마. 엄마(아빠)가 항상 네 곁에 있을게."

모든 아이가 이렇게 불안해하거나 두려워하는 반응을 보이지는 않습니다. 아이에 따라 짜증을 부리거나, 갑자기 웃기려고 하거나, 갑자기 입을 꾹 다물고 아무 말도 안 할 수도 있습니다. 그렇다고 해서 아이가 공감 능력이 부족하다고 단정 짓지는 마세요. 이해하기 어렵거나 불편한 감정을 다루기 힘들어서 나오는 반응일 수 있습니다.

한 아이가 아인슈타인에 관한 어린이 책을 읽다가 '홀로코스트'

라는 단어를 접하고 아빠에게 질문했습니다. 그 아버지는 열 살 난 아들에게 어떻게 홀로코스트를 설명해야 할지 걱정이 이만저만이 아니었습니다. 일단 깊이 숨을 들이마신 뒤, 아들과 함께 책에서 2차 세계대전의 참상을 어린이의 눈높이에 맞게 설명한 부분을 읽어나갔습니다. 아이는 아버지의 예상과 달리, 전쟁 중 희생된 수많은 사람에 대해 질문하지 않고, 갑자기 고개를 들어 신기한 듯 이렇게 물었습니다.

"아빠, '2차 세계대전(World War II)'을 쓸 때 '2차'를 로마 숫자로 써야 하는 거였어요?"

이러한 주제는 어린아이가 감당하기에는 너무 버거울 수도 있습니다.

4단계 아이가 안전하다고 느끼도록 도와주기

아이에게 믿을 수 있는 어른이 누구인지 알려주세요. 학교에서 어떤 선생님이나 교직원에게 도움을 요청할 수 있는지, 그리고 주변에 신뢰할 만한 어른들이 누구인지 함께 이야기해보세요. 위험에 처하더라도 주변에 아이를 도와줄 다양한 사람들과 시스템이 존재한다는 점을 알려주세요.

아이에게 사실을 정확히 알려주고 위험을 과장하지 않도록 주의하고, 부모가 그런 위험으로부터 보호해줄 것이라는 믿음을 갖게 해주세요.

여덟 살 빅토리아는 학교 화장실에 누군가 낙서를 해놨다는 얘기를 듣고, 혹시 자신이 했다는 누명을 쓸까 봐 불안해하며 엄마에게 이렇게 물었습니다.

"그거 제가 한 것도 아닌데 선생님이 저를 의심하면 어떡해요? 억울하게 혼나거나 학교에서 문제아처럼 보이면 어떡하죠?"

엄마는 차분하게 대답했습니다.

"그런 오해를 받는 건 정말 속상하고 부당한 일이야. 혹시 그런 상황이 생기면, 선생님께 네가 한 일이 아니라고 말하고 쉬는 시간에 엄마한테 바로 전화해. 엄마가 학교에 가서 선생님이랑 직접 이야기할게."

빅토리아는 안도하며 말했습니다.
"정말요? 엄마 말을 들으니까, 마음이 좀 놓여요."
엄마는 다시 한번 딸을 안심시켰습니다.

"엄마는 언제나 네 편이야."

또 위험 발생 시 아이가 어떻게 대처해야 할지 미리 알려주세요. 단순히 안심시키기 위해 거짓말을 하기보다는, 아이가 실제로 겪을 수 있는 상황을 사실대로 설명해주세요. 예를 들어, 아이가 비행기를 타기 전에 "우리가 탄 비행기가 바다에 추락할까 봐 너무 무서워요"라고 걱정한다면, 이렇게 답할 수 있습니다.

"그럴 가능성은 매우 낮아. 하지만 혹시 문제가 생기면, 산소마스크가 내려올 거야. 그럼 엄마(아빠)가 바로 네게 씌워줄게. 그다음에는 우리 모두 구명조끼를 입고, 승무원과 기장님의 안내에 따라 차분히 대처하면 돼."

그다음, 비행기에서 아이가 스스로 마음을 진정시키는 방법을 알려주세요. 이때 따뜻하면서도 자신감 있는 목소리로 설명해주세요. 부모가 안전 수칙을 신뢰하는 모습을 보이면, 아이도 더 안심합니다.

5단계 불안을 달래는 법 알려주기

아이들은 불안한 상황에서도 스스로 무언가를 해낼 수 있다고 느끼면 더 안정감을 느낍니다. 예를 들어 손을 깨끗이 씻는 법이나 감기에 걸렸을 때 마스크를 써야 하는 이유를 말해주세요. 아이가 자신이 할 수 있는 행동에 집중하면 불안한 감정을 조절하는 데 도움이 됩니다.

질병, 재난 등 충격적인 사건을 보거나 겪었을 때

일곱 살 디야는 집 근처 거리에서 텐트를 치고 생활하는 노숙인들을 보고 깊은 슬픔을 느꼈지만, 그들을 돕는 자원봉사 활동에 집중하면서 점차 감정을 다스릴 수 있었습니다. 디야의 아버지는 이렇게 말했습니다.

"디야는 그 길을 지날 때마다 눈물을 터뜨리곤 했어요. 저도 딸의 마음이 얼마나 아플지 이해가 됐죠. 그런데 자원봉사 활동을 시작하더니 디야가 슬픔에서 벗어나더라고요. 요즘은 노숙인을 위한 생필품 키트를 직접 만들어 나누어 주고, 손수 비누까지 만들어 선물하고 있어요. 아이는 자원봉사 황동을 정말 열정적으로 하고 있어요."

아이들은 극도로 두려운 상황에서도 스스로 불안을 달래는 방법을 창의적으로 생각해내기도 합니다. 예를 들어, 학교에서 총기 난사 대비 훈련을 받은 아이가 "블라인드를 내리면, 범인이 절대 우리에게 접근할 수 없을 거야"라고 말해도, 굳이 그 말을 정정해 줄 필요는 없습니다. 아이의 불안을 잠재우는 데 별로 도움이 되지 않거든요. 대신 아이가 스스로 안전 대책을 고민했다는 점을 인정해주세요. 그리고 이렇게 말할 수 있습니다.

"그래, 만약 그런 일이 생긴다면 블라인드를 내리는 것도 분명히 도움이 될 거야!"

그런 다음, 아이에게 이렇게 질문할 수 있습니다.

"학교에서 스스로 안전을 지키려면 또 어떻게 하면 좋을까?"

때때로 아이들은 충격적인 사건을 경험한 후, 더 나은 결말을 상상하며 불안을 해소하려고 합니다. 한 예로 초등학교 3학년 교실에서 끔찍한 총기 난사 사건이 발생한 후, 살아남은 아이들은 범인이 학교 정문 밖에서 끈적한 슬라임을 밟고 미끄러져 넘어지는 장면을 그림으로 표현했습니다. 아이들은 이 활동을 통해 스스로 불안을 덜어내고 마음을 안정시켰습니다. 이렇듯 아이들은 자신의 불안과 걱정을 덜기 위해 엉뚱한 장면을 머릿속에서 여러 번 떠올릴 수도 있습니다. 아이가 상상하는 장면이 비현실적이어도 괜찮습니다.

위험으로부터 자신을 지키는 법

아이에게 자신을 안전하게 지키는 방법을 알려주는 것도 중요합니다. 예를 들어, 낯선 사람이 강제로 차에 태우려 하거나, 부적절하게 신체 접촉을 시도할 때 어떻게 해야 하는지 말해주세요. 또, 위협적인 상황에서 아이가 단호하게 큰 소리로 "하지 마!"라고 말할 수 있도록 함께 연습하세요. 그리고 아이에게 이렇게 말해주세요.

"누군가가 너를 위협하면, 곧바로 가까이에 있는 믿을 만한 어른에게 도움을 요청하고 엄마나 아빠한테 전화해달라고 부탁해."

또 아이가 부모님의 전화번호를 확실히 외우도록 도와주세요.

이해하기 어려운 일을 설명할 때

아이에게 '죽음'과 같이 이해하기 어려운 개념을 설명할 때는, 이해하기 쉬운 예를 들어 설명하는 것이 중요합니다. 다음은 한 엄마가 SAFER 접근법을 활용해 학교 선생님의 죽음을 아들에게 조심스럽게 설명하는 대화입니다.

엄마	아들, 엄마가 오늘 네게 할 이야기가 있어. 내일 학교에서도 선생님께서 말씀해주실 텐데, 엄마는 우리 둘이 먼저 얘기하고 싶었어. 학교에서 1학년을 가르치시던 파텔 선생님께서 심장마비로 돌아가셨어. 우리가 전에 꽃이나 벌레가 죽으면 다시 돌아오지 않는다고 이야기했던 거 기억나니?
아들	네, 기억나요.
엄마	사람도 마찬가지야. 꽃이나 벌레처럼, 사람도 태어나서 살다가, 언젠가는 죽는단다. 죽음은 삶의 일부지만, 이해하기 어렵고 슬프게 느껴질 수도 있어. 죽음에 대해 슬픔을 느끼는 건 아주 자연스러운 일이야.

그리고 아이에게 질문할 기회를 주세요.

아들	심장마비가 뭐예요?
엄마	심장마비는 심장이 심각하게 아플 때 생기는 병이야.

	보통은 젊은 사람들에게는 잘 일어나지 않고, 건강한 음식을 먹고 꾸준히 운동하면 걱정할 필요 없어.
아들	너무 무서워요! 그럼 엄마랑 아빠도 죽는 거예요?
엄마	사람은 누구나 결국 죽게 돼. 하지만 엄마랑 아빠는 건강을 잘 챙기면서 우리 아들이랑 오래오래 행복하게 살 거야. 엄마 아빠는 우리 아들을 정말 많이 사랑한단다!

아이에게 감정을 표현할 수 있는 기회도 주세요.

엄마	사랑하는 우리 아들, 기분이 어때?
아들	파텔 선생님의 딸이 걱정돼요. 그 누나는 이제 겨우 5학년이잖아요.
엄마	맞아, 정말 안타깝고 슬픈 일이야. 그런데 말이야, 슬픔을 느낀다는 건 네 마음이 정말 따뜻하다는 뜻이야. 우리 아들은 기분이 울적할 때 그림 그리는 걸 좋아하지? 엄마가 종이랑 색연필 가져다줄까?
아들	네. 엄마도 옆에 같이 있을 거죠?
엄마	그럼, 당연하지. 파텔 선생님 가족에게 드릴 카드를 만들어 보는 건 어때? 그러면 네 마음을 전할 수 있을 거야.
아들	좋아요! 카드에 내가 제일 좋아하는 공룡도 그릴래요.

대화를 마칠 때, 아이가 필요할 땐 언제든 부모가 곁에 있을 거라는 사실을 다시 한번 알려주세요.

엄마 이건 이해하기 어려운 이야기일 수도 있어. 나중에 더 궁금한 점이 생기면 언제든 엄마한테 물어봐. 그리고 네 기분이 울적하거나, 엄마가 안아줬으면 할 때도 언제든 오렴. 엄마는 항상 네 곁에 있을 거야.

이 대화에서 엄마는 아들이 이해할 수 있는 방식으로 설명했고, 아이의 감정을 있는 그대로 공감해주었습니다. 아이는 파텔 선생님 가족에게 줄 카드를 만든 후 한동안 눈물을 흘렸지만, 그날 밤 엄마와 평소보다 더 오래 꼭 껴안고 있다가 편안하게 잠들었습니다. 그리고 엄마는 다음 날 아이가 학교에 다녀온 후에도 다시 한번 이야기를 나누며 아이의 마음을 살펴주었습니다.

지금까지 살펴본 방법들은 아이와 어려운 대화를 자연스럽게 나누는 데 큰 도움이 될 것입니다. 항상 부모가 먼저 차분함을 되찾는 게 중요합니다. 그다음, 아이에게 사실을 말해주고 아이의 생각을 물어보세요. 아이가 자신의 감정을 편안하게 표현할 수 있는 분위기를 조성한 다음, 아이가 혼란스럽거나 불안해할 때는 언제든 부모에게 기대고 의지할 수 있음을 알려주세요. 아이의 감정을 있는 그대로 공감해주는 구체적인 방법은 4장에서 소개하겠습니다.

평온한 환경 조성하기

부모가 차분한 태도를 유지하려면 아이가 생활하는 환경부터 안정적으로 조성할 필요가 있습니다. 물론 가정마다 상황이 다르므로, 현실적으로 실행하기 어려운 부분이 있다면, 할 수 있는 만큼만 시도해보세요.

아이에게 가장 중요한 존재는 바로 당신입니다. 아이를 위해 이 책을 읽으며 더 나은 부모가 되려고 노력하는 당신이야말로 아이에게 가장 큰 힘이 되는 존재입니다.

틀이나 구속이 없는 자유시간을 보내세요

다음 장면을 머릿속으로 상상해보세요. 어느 늦은 오후, 조의 아빠는 이번 주 토요일 저녁에 먹을 스파게티에 곁들일 미트볼을 만들고 있습니다. 반려견 데니스는 거실에서 꾸벅꾸벅 졸다가, 누군가 다가와 머리를 쓰다듬으면 한쪽 눈만 슬쩍 떠서 누군지 확인하고 다시 눈을 감습니다. 한편 여덟 살인 조는 거실을 어슬렁거리며 장난감 장을 살펴보다가, 몇 달째 손도 대지 않았던 훌라후프를 꺼내 듭니다. 막내 케빈은 아빠 옆에서 투덜거립니다.

"아빠, 뭘 하면서 놀아야 할지 모르겠어요. 너무 심심해요."

그러더니, 식탁 의자에 털썩 앉아 색칠 놀이를 시작합니다. 아빠가 말합니다.

"색칠 놀이하려고? 얼마나 오래 집중할 수 있을지 한번 볼까?

오늘은 뭘 색칠할 거야?"

집 안은 분주하지만 평온한 분위기 속에서, 모두가 각자 자신만의 방식으로 즐겁게 시간을 보내고 있습니다.

아이들에게는 이렇게 정해진 틀이 없는 자유 놀이 시간이 필요합니다. 이렇게 놀면서 아이들은 마음이 안정되고, 시간을 의미 있게 보내는 법을 스스로 터득합니다. 자유 놀이 시간이 끝난 후에도 가능한 한 이 느긋하고 여유로운 분위기를 유지하세요. 특히 외출할 때는 서두르지 않는 것이 중요합니다. 활동과 활동 사이에 충분한 시간을 가질 수 있도록 배려해주세요. 이렇게 편안한 전환 과정은 아이의 일상 속 불안을 줄이는 데 큰 도움이 됩니다.

집을 즐거운 공간으로 만들어주세요

요즘 아이들은 아침부터 피곤합니다. 낮 시간에는 학교에서 시간을 보내다가 방과 후에는 학원으로 향하고, 밤늦게까지 숙제를 하기도 합니다. 아이가 학교나 학원에서 집에 돌아오면 반갑고 활기차게 맞이해주세요. 집에서 아이와 보내는 시간에는 온 가족이 함께 할 수 있는 놀이를 해보세요. 걱정이나 불안을 해소하는 효과적인 방법이 될 수 있습니다. 스무고개, 숨바꼭질, 깜짝 노래 대회도 좋습니다. 가족이 모두 오른손잡이라면 왼손만 사용하는 색다른 놀이를 해볼 수도 있습니다. 빈 상자를 활용해 아이가 입을 수 있는 로봇 의상을 만드는 것도 좋은 방법입니다.

가정이 가볍고 유쾌한 분위기일수록 좋습니다. 앞으로 아이의 인생에서 진지해져야 할 일이 많습니다. 해맑게 뛰어노는 어린 시절은 단 한 번, 잠시뿐이지요. 이때의 좋은 기억은 아이가 어른이 된 이후에도, 힘든 순간마다 떠올리며 웃을 수 있는 힘이 될 수 있습니다.

아이가 접하는 콘텐츠가 나이에 적합한지 꼭 확인하세요

혼자서 잘 자던 아홉 살 딜런이 갑자기 아빠와 함께 자려고 해서 아빠는 걱정이 많습니다. 상담 중에 딜런의 아버지는 이렇게 말했습니다.

"대학생인 큰아들이 방학을 맞아 집에 왔을 때, 딜런과 함께 사탕을 잔뜩 먹으면서 해리포터 영화를 봤어요. 형제끼리 우애 좋게 함께 시간을 보내는 모습이 보기 좋더라고요."

그 말을 듣고 우리가 물었습니다.

"해리포터 영화를 몇 편이나 봤나요?"

우리가 우려했던 대로, 딜런과 형은 해리포터 시리즈 영화를 전부 몰아봤고, 그때부터 딜런은 깊이 잠들지 못했습니다. 딜런의 아버지는 이렇게 말했습니다.

"딜런은 해리포터 시리즈의 모든 책을 쉬지 않고 단숨에 완독했어요. 행복을 빨아들이는 디멘터처럼 무서운 캐릭터가 나오는 부분도 아무 문제 없이 읽었고요. 그래서 영화도 괜찮을 줄 알았어요. 그런데 아이가 해리포터 영화를 본 이후로, 볼드모트의 뱀이 위즐리 가족 중 한 명을 공격하는 장면이 계속 떠올라서 불안하대요. 솔직히 처음에는 아이가 잠을 설치는 이유가 사탕을 너무 많이 먹어서인 줄 알았어요."

안전한 가정환경을 조성한다는 것은 곧 아이가 아직 받아들일 준비가 되지 않은 콘텐츠에 노출되지 않도록 보호하는 것을 의미합니다. 아이에게 보여주고 싶지 않은 문자 메시지가 있다면, 아이가 부모의 핸드폰을 보다가 그 메시지를 보지 않도록 미리 삭제하세요. 또 성인용 영화나 드라마는 아이들이 잠든 후에 시청하시기 바랍니다. 만약 아이가 깨어있을 때 봐야 한다면 이어폰을 사용하세요. 아이가 성인 대상의 뉴스나 팟캐스트 콘텐츠에 접근하지 못하도록 주의하고, 아이에게 각종 사건 사고와 관련된 충격적인 사실을 아무런 맥락 없이 전하지 마세요. 예를 들어, "와, 그 지진으로 5만 명이나 죽었대!"와 같은 말은 아이에게 불필요한 불안감을 줄 수 있습니다.

앞서 언급했지만, 아이의 온라인 활동을 특히 주의 깊게 살펴봐야 합니다. 아이가 소셜 미디어를 사용하기 시작하는 시기는 늦으면 늦을수록 좋습니다. 또한, 아이에게 온라인상에 어떤 글이나 사진을 게시하면 안 되는지, 어떤 때 다른 사람의 계정을 차단해야 하는지와 같은 중요한 온라인 활동 수칙을 가르쳐주세요. 아이가 온라인에서 안전하게 활동하는 법을 배울 때까지, 부모가 아이의 온라인 활동을 모니터링할 수 있도록 자녀 보호 기능을 설정하는 게 좋습니다

또 아이가 어떤 콘텐츠를 시청하는지도 세심하게 살펴보세요. 예를 들어, 아이가 자신보다 겨우 두 살 많은 또래가 운영하는 소셜 미디어 채널을 즐겨 본다고 해서 무조건 괜찮다고 생각하면 안 됩니다. 두 살 차이는 아이들에게 꽤 클 수 있으며, 그 채널에서 아직 이해할 준비가 되지 않은 콘텐츠에 무분별하게 노출될 수 있습니다. 또한, 전문적인 자격이 없는 인플루언서로부터 위험한 조언을 접할 수도 있습니다. 아이의 온라인 활동이 나이에 맞게 안전하게 이루어

질 수 있도록, 적극적으로 관심을 가지고 지도해야 합니다.

온 가족이 전자기기에만 몰두하는 분위기가 되는 것은 지양해야 합니다. 예를 들어, 핸드폰 등 전자기기 없이 보내는 요일을 정하거나, 현관문 근처에 바구니를 마련해 특정 시간 동안 온 가족이 전자기기를 넣어두는 규칙을 만들어보세요. 스크린 없이 할 수 있는 가족 활동을 우선시하는 분위기를 조성하는 것이 바람직합니다.

아이의 루틴을 일정하게 유지해주세요

예측 가능성은 안정적인 가정 분위기를 조성하는 데 매우 중요한 요소입니다. 아이들이 일정한 루틴을 따른다면, 앞으로 어떤 일이 일어날지 예상할 수 있어 불안감이 줄어들고 마음이 편안해집니다.

여러분의 어린 시절 학교생활을 떠올려보세요. 하루 시간표가 정해져 있고 매일 같은 시간에 종이 울렸으며, 쉬는 시간과 점심시간도 거의 일정했습니다. 집에서의 생활이 불규칙한 아이들에게는 오히려 학교가 가장 안정적인 공간이 될 수 있습니다. 매일 같은 선생님과 친구들을 만나고, 익숙한 루틴이 반복된다는 사실이 아이들에게 큰 안도감을 줍니다. 아이들이 학습에 집중하는 데에도 도움이 되지요.

어떤 가정에서는 특정 요일을 가족과 함께 영화 보는 날로 정해놓기도 합니다. 열 살인 발렌티나는 삼촌에게 이렇게 말했습니다.

"주말에 어떤 일이 있을지 미리 알면 덜 불안해요. 우리 가족은 거의 매주 토요일 밤에 보드게임을 하고, 일요일마다 사촌들이 집에 놀러 와요."

부모가 따로 살아 아이가 두 집을 오가며 생활하는 경우, 아이에게 어느 요일에 어느 집에서 지낼지 미리 알려주세요. 또, 냉장고에 달력을 붙여 방과 후 활동이나 주말 일정 등을 표시해주세요. 이렇게 한 주 동안의 일정을 한눈에 볼 수 있으면, 아이는 스스로 준비할 수 있다고 느끼고, 앞으로의 일을 예측할 수 있어 불안과 걱정을 덜 느낍니다. 또한, 앱이나 전자 달력을 활용해 배우자와 아이의 일정이나 행사 정보를 실시간으로 공유하는 것도 좋은 방법입니다.

살다 보면 예기치 않은 변화가 생길 수도 있지만, 불가피한 경우가 아니라면 아이의 일정을 갑자기 바꾸지 않는 것이 좋습니다. 예상치 못하게 기다려야 하는 상황에서 어른들은 짜증을 느끼지만, 아이들은 불안함을 느낄 수 있습니다. 아이와의 약속 시간에 늦지 않도록 하고, 부득이하게 늦을 때는 반드시 미리 알려주세요.

아이의 방과 후 일정을 항상 일정하게 유지하는 것이 현실적으로 어려울 수도 있습니다. 그렇다면 방과 후 일정 외에 일상의 다른 부분에서라도 아이가 예측할 수 있는 루틴을 만들어주세요. 예를 들어, 에디는 매주 화요일 점심 도시락에 수제 소시지와 푸딩이 들어 있다는 걸 알고 있습니다. 또 케일라는 매일 잠자리에 들 무렵, 무슨 일이 있어도 아빠가 자기 방에 들어와 자장가를 불러줄 것이라는 사실을 알고 있습니다.

하지만 가정 내 루틴이 변화에 적응할 수 없을 정도로 지나치게 엄격한 것은 오히려 좋지 않습니다. 너무 딱딱하고 융통성 없는 일정은 아이에게 스트레스를 줄 수도 있습니다.

부모가 한마음으로 양육하세요

안정적인 가정환경을 만들기 위해 중요한 또 한 가지는 부모가 가정에서 지켜야 할 규칙을 서로 조율해 합의하는 것입니다. 부모가 서로 다른 양육 철학을 가지고 있으면, 아이는 누구의 말을 따라야 할지 고민하게 되고, 그 과정에서 혼란과 부담을 느낄 수 있습니다.

제인과 루크는 서로 완전히 다른 가정환경에서 자랐습니다. 제인은 엄격한 가정에서 자랐고, 반면 루크는 규칙이 거의 없는 집에서 자랐습니다. 두 사람은 결혼해 아이를 낳은 후, 각자 자신이 자라온 방식대로 양육했습니다. 제인은 항상 "숙제는 집에 오자마자 해야 해"라고 말했지만, 루크는 "숙제가 뭐가 중요해! 아직 초등학생인데"라며 숙제를 하지 않아도 대수롭지 않게 여겼습니다. 그는 자신을 '딸들에게는 한없이 약한 아빠'라고 표현하며, "아이들이 무슨 부탁을 해도 난 절대 거절 못 해"라고 말하곤 했습니다.

두 사람이 우리와 처음 상담을 시작했을 때, 아이들은 각각 여섯 살, 아홉 살이었는데 두 아이 모두 불안이 컸습니다. 특히 둘째는 학교에서 문제 행동을 보이고 있었습니다. 제인은 이렇게 말했습니다.

"저는 '안 되는 건 안 돼'라고 단호하게 말하지만, 남편은 늘 딸들에게 재미있는 아빠가 되려고만 해서 문제가 많아요. 제가 아이들에게 단호하게 말할 때, 남편은 절대 제 편을 들어주지 않아요. 제가 남편을 향해 눈으로 분노의 레이저를 쏘면 아이들도 눈치를 채요. 그러니 아이들이 엄마 아빠 사이의 긴장감을 느낄 수밖에 없죠."

부모가 서로 의견 차이가 크더라도, 점점 좁혀가려는 노력이 필요합니다. 아래처럼 해보세요.

- 배우자가 아이들에게 "안 돼"라고 했을 때, 되도록 같은 태도를 유지하세요. 부모가 상반되는 메시지를 주지 않는 것이 중요합니다.

- 부모 간에 서로 예의를 지키고 존중하는 태도를 보여주세요. 대화할 때는 가능한 한 부드럽고 배려하는 언어를 사용하세요.

- 부모의 의견 차이를 조율해야 할 때는 아이들이 집에 없거나, 확실히 잠든 뒤에 대화하세요. 아이들이 문 너머에서도 부모의 대화를 들을 수 있음을 명심하세요.

- 아이들이 지켜야 할 규칙과 이를 어겼을 때 따라올 결과를 배우자와 의논해서 미리 정해두세요.

부모가 한마음으로 양육하면, 아이들이 혼란을 느끼지 않고 안정감을 느낄 수 있습니다.

아이의 숙면을 최우선으로 생각하세요

어른들도 잠을 제대로 못 자면 짜증이 나고 예민해지죠. 아이들도 마찬가지입니다. 수면이 부족하면 쉽게 짜증을 내고, 과잉 행동을 보일 수도 있으며, 온종일 힘들어합니다. 또 밤이 되면 걱정과 불안에 휩싸이기도 합니다.

아이가 숙면할 수 있도록 편안한 수면 환경을 조성하고, 잠자는 시간과 일어나는 시간을 일정하게 유지해주세요. 조명을 어둡게 조절해 잠잘 시간이 다가오고 있음을 자연스럽게 알 수 있도록 하고, 밤에는 조용하고 차분한 목소리로 이야기해보세요.

아이에게 차분한 '취침 전 루틴'을 만들어주는 건 아주 바람직한 방법입니다. 잠들기 전에 명상용 고래 소리나 편안한 첼로 연주곡을 틀어줘도 좋습니다. 함께 누워 책을 몇 장 읽거나, 하루 동안 있었던 일 중 즐거웠던 순간을 이야기하며 아이의 머리를 부드럽게 쓰다듬어주세요. 이러한 작은 습관이 아이에게 안정감을 줍니다. 하지만 앞서 말했듯이, 루틴이 지나치게 엄격하면 작은 변화에도 아이가 불안해할 수 있으니, 정해진 루틴에 너무 집착하지 않아도 됩니다.

취침 전 루틴은 너무 복잡하지 않은 게 좋습니다. 매일 밤 아이 등에 글씨를 쓰고 맞히는 놀이를 하거나 그림자 인형극을 보여주는 게 습관이 되면, 이런 활동을 하지 않으면 절대 안 자겠다고 떼를 쓰는 상황이 올 수도 있습니다.

아이가 스스로 잠자리에 들 수 있다면, 자러 가기 직전에 부모와 아이가 하루 동안 감사했던 일 세 가지를 번갈아 이야기하는 루틴을 만들어보세요. 또는, 둘만의 특별한 굿나잇 인사로 함께 만든 비밀 악수를 해도 좋습니다. 이제 여덟 살이 된 션은 자러 가기 직전에 엄마와 서로 "하늘만큼 땅만큼 사랑해"라고 말하기로 했습니다. 어떤 아이들은 잠들기 전에 팟캐스트를 듣거나, 일기를 쓰며 하루를 마무리하고 싶어 하기도 합니다.

아이들이 자라면서 취침 전 루틴도 변하기 마련입니다. 그렇더라도 잠들기 최소 한 시간 전에는 스크린을 멀리하는 습관을 유지하세요. 숙면을 돕기 위해 애착 담요, 혹은 묵직한 쿠션을 활용해 포근한 분위기를 만들어보세요. 참고로, 다 큰 아이가 인형을 품에 안고 자도 전혀 이상한 일이 아니랍니다!

......

　이 세상에 완벽한 사람은 없습니다. 무슨 일이 있어도 완벽하게 감정 조절을 하는 것은 마치 새총으로 별을 맞추려는 시도처럼 어려운 일입니다. 때때로 차분함을 잃더라도 자신을 너무 다그치지 마세요. 자신에게 좀 더 너그러워지길 바랍니다. 꾸준히 노력하면 조금씩 발전해나갈 겁니다.

　오늘부터 당신이 차분한 태도를 유지하는 데 방해가 되는 걸림돌이 무엇인지 파악하고, 나만의 진정법을 하나 정해보세요. 또, 이 장에서 소개한 방법들을 활용해 말할 때 '불안감을 키우는 말'에서 '안심시키는 말'로 전환하는 연습을 해보세요.

더 깊이
생각해보기

다음 장으로 넘어가기 전에, 잠시 시간을 내어 이번 장을 읽으며 떠오른 생각들을 정리해봅시다. 당신이 부모로서 불안과 걱정에 대처하는 방식은 당신의 어린 시절과 깊은 연관이 있습니다. 이 사실을 인지하면, 상황에 반응하는 패턴을 개선할 수 있습니다. 아이에게 심리적으로 더 편안한 환경을 만들어 줄 수 있는 건 물론이겠지요. 다음 질문을 함께 생각해봅시다.

- 당신이 어렸을 때 집안 분위기는 어땠나요? 부모님이 자주 화를 내거나, 우울해하거나, 불안해하는 모습을 보였나요?

  _____

  _____

- 배우자나 아이들의 행동이 당신의 감정에 어떤 영향을 미치나요? 당신이 차분한 태도를 유지하는 데 방해가 되는 특정한 행동이 있나요?

  _____

  _____

- 자신의 행동을 솔직하게 돌아보세요. 아이 앞에서 특히 조심해야 할 반응이나 행동이 있나요? 당신의 감정이 아이와 주변 사람들에게 어떤 영향을 미친다고 생각하나요?

  _____

  _____

- 집안 분위기를 보다 차분하고 일관되게 유지하려면 어떤 노력이 필요할까요? 아이의 일상에 더 많은 재미와 즐거움을 더하려면 어떻게 하면 좋을까요?

  _____

  _____

- 당신이 좀 더 차분해지려면, 어떤 루틴이 도움이 될까요? 당신의 스트레스를 줄이기 위해 다른 사람에게 부탁하거나 도움을 받을 수 있는 일이 있나요?

  _____

  _____

4장

감정에 공감하되 행동은 가르치기
(Allow Feelings to Guide Behaviors)

어느 평범한 가정의 아침 풍경입니다. 열한 살 가브리엘라는 성실한 학생이자 축구팀 주장입니다. 오늘은 축구팀 연습이 있는 날입니다. 가브리엘라는 아침부터 허둥지둥 축구화를 찾고 있습니다. 학교 수업뿐만 아니라 팀 연습에도 제시간에 가는 것이 얼마나 중요한지 잘 알고 있기에, 시간이 흐를수록 불안감이 커집니다. 그런데 남동생은 누나의 초조한 기색은 아랑곳하지 않은 채 여유롭게 아침밥을 먹고 있습니다. 마침내 축구화를 찾은 가브리엘라는 동생에게 짜증 섞인 목소리로 외칩니다.

"빨리 좀 먹어, 멍청아! 출발해야 해!"

그러나 동생은 누나의 다그침을 무시하고, 오히려 더 느긋하게 시리얼을 더 부어 먹기 시작합니다.

가브리엘라의 엄마는 이 상황에서 어떻게 반응할지 고민합니다. 아이들에게 "그만! 둘 다 그만해! 정말 지겨워죽겠어! 둘 다 신발 신어. 지금 출발할 거야!"라고 소리를 지를 수도 있습니다. 혹은…, 잠시 숨을 고르고 어른답게 차분하게 대처할 수도 있습니다. 다행히 엄마는 후자를 선택합니다.

"우리 딸, 연습에 늦을까 봐 불안하지? 불안해하는 건 괜찮지만, 동생에게 못되게 말하는 건 옳지 않아. 그리고 아들, 얼른 먹고 그릇은 싱크대에 넣자. 3분 후에 출발할 거야."

예상치 못하게 아이의 감정이 폭발할 때가 있습니다. 부모는 이 상황이 걷잡을 수 없게 나빠지기 전에 신중하게 대응해야 합니다. 아이를 키우는 자신이 긴장감 넘치는 드라마의 주인공처럼 느껴질 때도 있지요. 이 장에서 소개하는 방법들을 실천한다면, 할리우드 영화에서나 볼 법한 육아 위기가 닥쳐도 효과적으로 대처할 수 있습니다. 이제부터, 예기치 못한 감정 변화에 맞닥뜨릴 때 아이가 스스로 감정을 조절하고, 효과적으로 대처하도록 돕는 방법을 살펴보겠습니다.

감정 조절이 중요한 이유

존 카밧진Jon Kabat-Zinn(미국의 분자생물학자이자 마음챙김 명상의 선구자로, '마음챙김 기반 스트레스 감소법Mindfulness-Based Stress Reduction, MBSR'을 개발한 인물-옮긴이)은 이렇게 말했습니다.

"파도를 멈출 수는 없지만, 서핑하는 법은 배울 수 있다."

마찬가지로, 부모가 아이의 감정 기복을 완전히 없앨 순 없지만, 아이가 감정을 더 잘 조절할 수 있도록 도와줄 수는 있습니다. 감정 조절이란 불안, 좌절, 흥분, 분노, 당혹감과 같은 강한 감정을 스스로 관리하는 것을 의미합니다.

당신의 아이가 학교에서 조별 과제를 하고 있는데, 같은 조 친구가 기분 나쁜 피드백을 줬다고 가정해봅시다. 이때 아이는 어떻게 반응할까요? 아래 몇 가지 예시가 있습니다.

감정적으로 대응한다

"너 도대체 왜 그래? 내가 너보다 일을 훨씬 더 많이 하고 있거든!"이라고 맞받아친 뒤, 자리를 박차고 나갈 수 있습니다.

자신을 탓한다

'다들 나를 싫어하는 게 분명해. 난 틀림없이 이 과제를 망치고 말 거야'라고 생각하며 위축될 수 있습니다.

감정 조절을 한다

아이는 잠시 숨을 고르고 이렇게 생각할 수 있습니다.

'지적받는 건 기분이 나쁘지만, 잠시 마음을 가라앉히고 나중에 차분히 해결해야겠다.'

감정을 조절할 줄 아는 아이는 기분이 언짢은 상황에서도 좀 더 발전적인 방식으로 반응합니다. 예를 들어, 짜증이 났을 때 동생이 아끼는 장난감을 빼앗는 대신, 자신의 감정을 말로 표현하는 법을 알지요. "짜증 나"라고 말하며 자신의 감정을 솔직하게 인정할 수도 있고, "무서워. 도움을 요청해야겠어"라고 깨달을 수도 있습니다. 아이가 자신의 감정을 인식하는 것이 감정 조절의 첫 단계입니다.

감정을 능숙하게 다루는 아이들은 스트레스에 더 잘 대처하고, 원만한 대인 관계를 형성하며, 학업에서도 좋은 성과를 거둘 가능성이 큽니다. 또 자존감이 높아질 뿐만 아니라, 또래 집단의 기대에 맞추려는 심리적 압박을 덜 느끼며, 장기적으로 정신 건강에도 도움이 되지요.

아이가 성숙한 감정 조절 능력을 가지려면, 부모가 말로 가르치는 것보다는 먼저 모범을 보여주는 방식이 가장 효과적입니다.

●

감정을 억누르면
문제 행동이 심해진다

우리는 수많은 부모와 아이들을 상담하면서, 자신의 감정을 잘 이해하고 조절할 줄 아는 아이들이 어려운 상황을 더 원만하게 헤쳐갈 수 있다는 사실을 깨달았습니다. 감정이 격해졌을 때 그 감정을 억누르기보다는 스스로 인식하고, 이해하며, 표현하는 법을 알기 때문이지요.

적절한 감정 조절법을 익히지 못한 아이들은 내면의 불안이 점점 더 커져 부정적인 행동으로 이어지고, 그로 인해 불안이 더 증폭되는 악순환이 생깁니다.

아이가 친구들이 다 갖고 있다는 이유로 비싼 전자기기를 사달라고 조른다고 가정해봅시다. 아이는 이미 열다섯 번째 조르고 있지만, 부모는 단호하게 거절합니다. 그러자 아이는 화를 참지 못하고 방문을 쾅 닫으며 자기 방으로 들어가 버립니다. 강렬한 분노가 아이의 감정을 지배하고 있는 것이지요. 이때 부모가 화를 내며 야단쳐야 할까요? 아니면 감정 조절 능력을 가르쳐야 할까요?

아이의 문제 행동은 종종 도움을 요청하는 신호일 수 있습니다. 아이들은 대개 자신의 감정을 어떻게 조절해야 할지 아직 잘 모릅니다. 칭얼거리고, 울며 소리 지르고, 말대꾸하는 것을 듣고 있으면 부모는 당연히 화가 나고 지칠 수밖에 없습니다. 하지만 '우리 아이가 정말 버릇없이 구는구나'라고 단정짓기보다 '우리 아이가 지금 내 도움이 절실히 필요하구나'라고 생각해보세요. 아이들은 어느 날 갑자기 "앞으로는 막무가내로 떼쓰지 않을게요"라고 말하며 하루아침에 바뀌지 않습니다. 따라서 부모는 아이가 분노, 슬픔, 좌절과 같은 강렬한 감정을 있는 그대로 받아들인 후, 이를 건강하게 조절하는 법을 가르쳐줘야 합니다.

아이의 감정은 인정하되, 바람직하지 않은 행동은 바로잡으려면, 이제부터 이 말을 마음에 새기도록 합시다.

"아이가 어떤 감정을 느끼든 괜찮다. 내가 바로잡아줘야 할 부분은 바로 아이의 행동이다." 거듭 강조하지만, 아이에게 감정을 억누르라고 가르쳐서는 안 됩니다.

이제 아이가 문제 행동을 보일 때 부모로서 어떻게 대처해야 하는지 살펴보겠습니다. 그전에, 부모가 아이의 감정을 있는 그대로 받아들이는 것을 방해하는 걸림돌부터 살펴보겠습니다.

●

아이의 감정에
공감하기 어려워하는 부모의 유형

우리는 부모 코치로 활동하면서, 아이의 감정을 인정하지 못하거나 받아들이지 못하는 부모들이 공통으로 보이는 세 가지 행동 패턴을 발견했습니다. 이는 부모의 타고난 성향 때문이거나, 성장 과정·과거 경험을 통해 형성된 습관인 경우가 많았습니다. 놀라운 것은 이 패턴들이 대부분 아이를 돕고 싶은 마음에서 비롯된다는 점입니다.

이러한 패턴을 보이는 부모는 무의식적으로 또는 의도적으로 아이의 감정을 억누르거나, 아이의 감정을 그대로 흡수해 부모 자신도 감정적으로 매우 힘들어합니다. 혹은, 아이가 아직 준비가 안 됐는데도 문제를 너무 서둘러 해결하려고 하기도 합니다. 이제부터 이런 행동 패턴을 하나씩 살펴보면서 여러분에게 해당하는 부분이 있는지 점검해보길 바랍니다.

유형1: 아이의 감정을 무시하고 회피한다

아이의 감정이 격해지는 모습을 지켜보는 건 어느 부모에게나 쉽지 않은 일입니다. 그래서 그럴 때마다 "긴장할 필요 없어. 이건 그냥 시험일 뿐이야" 같은 말로 안심시키며 아이의 감정을 가볍게 여기거나, "연예인 커플의 결별 소식에 네가 속상해하는 게 말이 되니?"라며 아이의 반응을 지나치게 과한 반응으로 치부하고 싶어질 수도 있습니다. 마치 롤러코스터를 타는 듯한 아이의 감정 기복에 지쳐버리면, "호들갑 떨지 마!"라고 버럭 소리를 지르거나, 이를 감당하기 힘들어 아예 침묵하게 될 수도 있습니다.

만약 당신이 어린 시절에 감정이 자주 무시당하는 환경에서 자랐다면, 아이의 감정을 온전히 받아들이는 것이 더 어려울 수 있습니다. 긍정적이든 부정적이든, 누군가가 감정을 드러내는 것 자체를 불편하게 느낄 수도 있습니다. 그런데 부모가 아이의 감정을 비판하거나 가볍게 넘기면, 아이는 무시한다고 생각하기 쉽습니다.

또 '엄마 아빠한테 내 감정은 중요하지 않구나' '나는 부모님께 실망스러운 존재인가 봐'라고 오해하게 됩니다. 이런 경험이 반복되면 부모와 아이 사이가 점점 멀어지겠지요.

에이프릴은 양육지원 모임에서 이렇게 털어놓았습니다.

"제가 어렸을 때 화를 내면 부모님은 항상 저를 제 방으로 들여보냈어요. 방에서 혼자 감정을 추스르라는 의미였죠. 그런데 그게 전혀 도움이 되지 않았어요. 그냥 방에 앉아서 부모님이 내가 화를 참지 못했다는 사실을 얼마나 창피하게 여길까 하는 생각만 했어요. 그때마다 혼자 방에서 엄청나게 울었어요."

유형2: 아이의 감정을 고스란히 흡수한다

한 어머니가 딸에 관한 고민을 들려주었습니다.

"딸아이가 학교에서 친구들에게 '선생님께 잘 보이려고 아부하는 애'라고 놀림당했다고 했을 때, 너무 속상하고 화가 나더라고요. 그 순간, 제가 어릴 때 친구들에게 괴롭힘당했던 기억이 떠올라서 너무 힘들었어요. 딸아이도 엄마가 자기와 똑같은 감정을 느끼고 있다는 걸 아는 것 같았어요."

부모는 때때로 아이의 아픔을 똑같이 느끼기도 합니다. 아무리 노력해도 세상의 모든 어려움으로부터 아이를 온전히 지켜줄 수 없다는 현실이 부모로서 받아들이기 쉽지 않습니다. 아이 대신 힘든 감정을 떠안아, 아이 마음의 짐을 덜어주려는 무의식적인 시도인 거죠.

또 다른 어머니도 비슷한 경험을 이야기했습니다.

"저도 제 딸이 학교에 가는 게 무섭다고 말할 때마다 무너져요. 불안해하는 아이를 보면서 제 마음이 이렇게 아플 줄은 몰랐어요."

아이가 불안해할 때 부모로서 공감하거나 안쓰러워하는 것은 자연스러운 반응입니다. 하지만 부모가 아이만큼, 혹은 아이보다 더 불안해하면 문제가 됩니다. 부모가 감정적으로 휘둘리면, 아이는 부모의 감정을 신경 쓰느라 자신의 감정을 제대로 이해하지 못하고, 문제를 해결할 기회를 잃게 됩니다. 무력감을 느끼며 이렇게 생각할 수도 있습니다.

'잠깐만, 엄마가 너무 불안해해서 나를 도와줄 수 없는 상태인 것 같아. 내가 걱정하는 일이 엄마도 해결할 수 없을 정도로 심각한 건가?'

공감이 지나쳐 감정적으로 휘둘리는 건 아닌지, 아이가 스스로 문제를 해결할 기회를 막고 있는 것은 아닌지 돌아보시기를 바랍니다.

유형3: 아이의 감정이 고조된 순간에 훈육한다

아이가 아침에 학교 가기 전에 눈물이 그렁그렁한 채로, "오늘 발표하는 날인데 뭘 입고 가야 할지 모르겠어요"라며 울먹인다면, 부모는 "그러니까 미리미리 준비했어야지!"라고 꾸짖고 훈계하고 싶을 수 있습니다. 하지만 마음속이 불안과 걱정으로 가득 찬 아이는 무언가를 새로 배울 마음의 여유가 없습니다. 이런 상황에서는 훈육보다 진정시키는 것이 우선입니다. 훈육은 아이 마음이 진정되고 난 다음에도 충분히 할 수 있습니다.

부모는 본능적으로 아이에게 해결책을 줘야 한다고 생각합니다. 하지만 아이의 감정이 격해진 순간에 무언가를 가르치려 하면 오히려 역효과를 낳습니다. 이런 때 아이의 뇌는 온전히 기능하지 못해 부모의 말을 이해하거나 기억하기 어렵습니다. 마음이 닫혀버릴 위험도 있지요. 나중에 똑같은 내용을 다시 설명해야 하는 상황이 벌어지면서 부모와 아이 모두에게 짜증만 유발할 뿐입니다. 지도와 훈육은 되도록 아이의 감정이 차분해진 이후에 해야 한다는 걸 기억하세요.

지금까지 아이의 감정을 공감하고 받아들이는 데 방해가 되는 부모의 행동 패턴을 살펴보았습니다. 이제 아이가 상처를 속으로 삭이거나 부정적인 방식으로 표출하지 않고, 자신의 감정을 이해하고 건강하게 표현하도록 돕는 방법을 살펴보겠습니다.

아이의 감정에 공감하는 방법

부모가 아이의 감정을 공감해주면, 아이는 자기 내면에서 어떤 일이 일어나는지 이해하고 표현하는 능력을 키울 수 있습니다. 이러한 능력은 격한 감정을 다스리는 기초 능력이 됩니다. 아이가 불안을 느낄 때, 먼저 그 감정을 인식하고 인정하도록 도와주세요. 그런 다음, 스스로 조절하는 방법을 찾게 해주세요.

다음은 그 구체적 방법들입니다.

감정 소개하기

아이에게 감정에 관해 쉽게 설명하는 방법 중 하나는 우리 마음속에 각각의 감정을 대표하는 캐릭터들이 존재하며, 이들이 한 팀을 이뤄 다양한 상황에서 우리를 도와준다고 비유하는 것입니다. 픽사 애니메이션 〈인사이드 아웃〉처럼 말이죠. 어떤 캐릭터는 기쁨을 느끼고, 어떤 캐릭터는 슬픔을 느끼며, 또 어떤 캐릭터는 불안해합니다. 이 감정 캐릭터들은 각각의 상황에서 우리가 어떤 감정을 느끼고 있으며 무엇이 필요한지와 같은 중요한 메시지를 전달합니다. 아이가 자신의 감정을 잘 이해하고 표현하는 법을 배우면, 감정적으로 힘든 순간을 조금 더 수월하게 보낼 수 있습니다.

아홉 살인 피닉스는 자신의 기분을 날씨와 도시에 빗대어 표현했습니다.

"지금 내 기분은 마치 겨울의 시애틀 같아. 어둡고 비도 와. 아무도 나한테 말 걸지 말아줘!" 기분이 좋을 때는 "오늘 기분은 화창한 로스앤젤레스 같아!"라고 말합니다.

감정 수용하기

아이가 자신의 감정을 자유롭게 표현할 수 있는 환경을 만들어주는 것이 중요합니다. 기쁜 감정이든, 속상한 감정이든, 모두 존중받고 환영받는다고 느끼도록 해주세요.

아이의 감정을 저녁 식사에 초대한 손님이라고 상상해보세요. 아이가 짜증을 낸다면, "짜증 좀 그만 내고 기분 풀어!"라고 하며 그 감정을 쫓아내기보다는, "오늘 좀 우울하구나? 엄마도 그럴 때가 있어"라고 공감해주세요.

아이의 감정을 있는 그대로 인정하는 것만으로도 부모와 아이 사이의 정서적 유대감이 깊어집니다.

아이들은 부모가 자신의 감정 중 어떤 감정을 수용하고, 어떤 감정을 불편해하는지 금세 알아차립니다. 부모가 "오늘 학교에서 재밌었어?"라고만 묻고, 아이가 힘들었던 일을 털어놓을 때 불편한 기색을 보이면 아이는 점점 속마음을 숨기게 됩니다. 대신,

"오늘 하루 중 힘들었던 순간과 좋았던 순간을 하나씩 이야기해볼까?"

이렇게 묻고 먼저 부모의 경험을 말해주세요. 그러면 아이는 속상한 일에 대해서도 부모와 함께 편하게 이야기할 수 있다고 느낄

것입니다.

> ### 아이의 감정 표현을 돕는 대화법
>
> - 감정을 표현한 아이에게 따뜻한 격려를 건네세요.
>   "이렇게 솔직하게 네 감정을 이야기해줘서 정말 고마워."
>
> - 감정에 대해 이야기하는 것이 중요하다는 걸 알려주세요.
>   "감정을 솔직하게 표현하는 건 참 용기 있는 일이고, 정말 중요한 일이야."
>
> - 부모가 언제든 곁에 있다는 걸 느끼게 해주세요.
>   "엄마(아빠)는 항상 네 이야기를 들을 준비가 되어있어. 힘든 일이 있으면, 언제든 말해도 돼."
>
> - 아이의 감정을 있는 그대로 공감해주세요.
>   "울지 마"라고 말하기보다는, "울고 나면 속상했던 마음이 조금은 가벼워질 거야"라고 말해보세요.

아이가 좌절을 극복하는 법이나 감사하는 태도를 배우는 것도 물론 중요하지만, 이러한 것을 가르칠 기회는 앞으로도 충분히 많습니다. 그러므로 아이가 감정을 털어놓는 순간만큼은, 가르치기보다 공감하는 데 집중하며 이렇게 다짐해보는 겁니다.

'나는 차분하게 아이의 모든 감정을 받아들일 수 있어.'

아이의 감정을 수용하고 있음을 행동으로만 보여주는 것이 아니라, 직접 말로도 표현해주세요. 그러면 아이는 자신의 감정이 존중받고 있음을 느끼게 됩니다.

또 아이가 느끼고 있는 그 감정의 이름을 말해주어 자신이 느끼는 감정을 스스로 이해하도록 도와주세요. 예를 들어, "실망스러웠겠네" 혹은 "정말 무서웠겠다"라고 말해줄 수 있지요.

감정을 짚어주면, 아이가 자기 마음을 더 명확하게 이해하고, 더 자유롭게 표현할 수 있게 됩니다. 평온한 분위기에서 아이와 대화할 때 자연스럽게 감정을 대화 주제로 삼아보세요. 예를 들어, 이렇게 말할 수 있습니다.

"오늘 엄마(아빠)가 병원에서 45분이나 기다려야 했는데, 기다리는 동안 엄청 답답하더라. 해야 할 일이 산더미처럼 쌓여있는데 병원에서 시간을 낭비하는 것 같아 점점 초조해지고 짜증났어."

부모가 자신의 감정을 솔직하게 이야기하면, 아이도 자연스럽게 감정을 표현하는 법을 배우게 됩니다.

하지만 부모가 자신의 힘든 감정까지 아이에게 모두 털어놓는 것은 피하는 것이 좋습니다. 힘든 감정이 올라올 때는 아이를 '꼬마 심리치료사'처럼 대하기보다는, 배우자나 친구에게 털어놓거나 다른 건강한 방식으로 해소하는 것이 바람직합니다.

감정을 존중하는 말하기

부모에게는 아주 사소하게 느껴지는 일이 아이에게는 세상이 무너지는 일처럼 느껴질 수 있습니다. 아이스크림을 먹다가 떨어뜨린 것처럼 별것 아닌 일로 속상해하더라도 부모가 그 감정에 공감하면, 아이는 부모를 어떤 이야기든 편하게 털어놓을 수 있는 '안전한 사람'으로 여기게 됩니다. 또 자신이 존중받고 이해받는다고 느끼며, 감정을 부정적인 행동으로 표출하려는 충동도 줄어들게 됩니다.

반 친구가 아파서 결석했거나, 친구들과의 놀이에서 소외된 일이 어른들 눈에는 별것 아닌 것처럼 보일 수 있습니다. 하지만 아이에게는 하루 전체를 좌우하는 중요한 사건입니다. 아이가 훌쩍이며 앞뒤가 맞지 않는 이야기를 하더라도, 경청하며 감정을 있는 그대로 존중해주세요. 아이가 동생에 대해 불만을 털어놓을 때도 이렇게 말해보세요.

"동생이 네 친구랑 같이 놀고 싶어 해서 짜증 났지? 당연히 그럴 수 있어."

마찬가지로, 아이가 화가 났을 때는

"네가 화가 많이 났구나. 이런 상황에서는 화가 나는 게 당연해."

하고 말해주세요. 아이가 사다 달라고 부탁한 물건을 깜빡 잊고 사 오지 못했을 때, 아이가 속상해하면 이렇게 말할 수 있습니다.

"미안해. 네가 실망할 만해."

또 누군가가 상처 주는 말을 하면 속상한 게 당연하며, 새로운 개념을 이해하기 어려울 때 좌절감을 느끼는 것 역시 누구나 경험하는 일이라는 점을 아이에게 알려주세요.

"사람들 앞에서 발표하는 건 정말 긴장되는 일이야."
"나도 네 나이에 체조 대회에 나갔을 때 너처럼 긴장했었어."

이렇게 부모가 비슷한 경험을 했다고 말하면 더 효과적일 수 있습니다. 아이는 부모가 자기 편이라고 느끼며 안도하게 되지요. 감정을 표현하는 것이 부끄러운 일이 아니라 자연스러운 일이라는 것, 부모와 공감대를 형성하는 과정이라는 것을 알게 해주세요.

감정 전이 이해하기

아이는 때때로 걱정하는 것과 전혀 상관없는 것에 과민 반응할 때가 있습니다. 이를 '감정 전이^{displacement}'라고 합니다. 예를 들어, 아이가 주말 내내 공들여 과제를 해갔는데, 기대보다 훨씬 낮은 점수를 받았다고 가정해보세요. 학교에서 돌아온 아이는 온종일 예민하게 굴며, 부모가 무슨 말을 해도 짜증을 냅니다. 부모가 무슨 일이 있는지 물어도 "아무 일 없어요!"라고 화를 내죠. 부모는 사실 아이가 화를 내고 싶은 상대는 선생님이지만, 더 편한 상대인 부모에게 화를 표출하고 있음을 알아차립니다. 실제로 많은 아이가 이런 방식으로 감정을 표현합니다.

마치 탐정이 된 듯, 아이가 느끼는 감정의 원인을 찾아보세요. 눈에 보이는 이유 이외에 실제 감정의 원인이 따로 있을 수 있습니다. 다음은 감정 전이의 예시입니다.

- 아이가 학교에서 친구와 다투고 집에 돌아와 엄마에게 "엄마는 세상에서 제일 나쁜 엄마야!"라고 소리를 지르며 화를 낸다.
- 스크린 타임을 제한하자 평소 가장 좋아하는 샌드위치를 갑자기 먹기 싫다며 울음을 터뜨린다.
- 중요한 수영 대회를 앞두고, 연습에 오면서 물병을 깜빡 잊고 온 것에 지나치게 집착하며 속상해한다.
- 할머니가 편찮으시다는 소식을 들은 후, 운동이나 다른 활동을 하러 나가기 싫어한다.

자신의 감정을 이해하고 표현하는 법을 배우는 과정에 있는 아이들은 자신이 무엇 때문에 속상한지 정확히 인식하지 못한 채 부모에게 엉뚱한 방식으로 감정을 표출하는 경우가 많습니다. 아이의 감정이 어디에서 비롯된 것인지 알아차린다고 해도, "너 사실은 친구와 다툰 일 때문에 화가 난 거지?"라고 꼬집어 말하기보다는, 아이가 표현하는 감정을 있는 그대로 인정해주세요. 지금 아이에게 필요한 것은 감정의 원인 분석이 아닌 공감과 수용입니다.

아이가 걱정이라는 감정을 이해하도록 도와주기

아이가 두려움을 느낀다면, 그 감정이 왜 생기는지 설명해주세요. 설명할 때, '걱정'이나 '불안'과 같은 단어를 일부러 피할 필요는 없습니다. 이런 단어를 사용한다고 해서 아이의 불안이 더 심해지는 것은 아니니까요. 오히려 자신이 느끼는 감정에 대한 정보와 대처 방법을 배우게 됩니다.

다음은 걱정이라는 감정의 이해를 돕는 대화의 예시입니다. 아이의 상황에 맞게 적절히 수정해서 사용해보세요.

"걱정은 누구나 느끼는 감정이야. 어떤 일이 걱정될 때는, 우리 머릿속의 '걱정 목소리'가 커지면서, '이러다 안 좋은 일이 생길지도 몰라!' 하고 경고해줘. 이 목소리는 곰이 너를 쫓아올 때 꼭 필요해. 곰이 쫓아오면, '빨리 도망쳐!'라고 말해줄 테니까. 길을 건널 때 이 목소리가 '조심해! 차가 빨리 달려올 수도 있어!' 하고 경고해줄 수도 있지. 그런데 가끔은 이 걱정 목소리가 너무 열심히 일할 때가 있어. 예를 들면, 네가 침대에서 편안하게 쉬고 있을 때도, 갑자기 '큰일 났어! 곧 안 좋은 일이 생길 거야!'라고 하면서 덜컥 겁이 나게 만들 수도 있어. 이럴 때, 걱정 목소리를 잠잠하게 하는 방법을 배우면, 마음이 훨씬 편안해질 수 있단다. 엄마가 걱정을 조절하는 방법을 알려줄게. 엄마랑 함께 연습하면, 나중에 걱정 목소리가 찾아와도 너 스스로 다스릴 수 있을 거야!"

이렇게 아이의 걱정을 정상적인 감정으로 받아들이면서, 이해하기 쉽게 설명하면 감정을 더 편하게 받아들일 수 있습니다.

또 아이들이 자신의 불안이나 걱정을 재미있고 유쾌한 방식으로 표현할 수 있도록 도와주세요. 어떤 아이들은 자신이 느끼는 걱정에 이름을 붙이기도 합니다. 예를 들어, 열한 살 에디는 자기 뇌에서 이성적이고 논리적인 사고를 담당하는 부분을 '아인슈타인', 불안을 담당하는 부분을 '불안이'라고 불렀습니다. 이 경우 아이가 불안해하면, 부모는 이렇게 말할 수 있습니다.

"불안이가 또 너무 불안해하고 있네? 불안이한테 괜찮다고 말해주자! 그리고 우리가 연습한 방법을 사용해서 다시 아인슈타인이 네 뇌를 조종할 수 있도록 도와주자!"

아이가 에디처럼 뇌의 각 영역에 직접 이름을 붙여보게 하세요. 이렇게 하면 아이가 불안을 자연스럽게 받아들이고, 마음을 가라앉히는 법도 배울 수 있습니다.

아이들의 풍부한 상상력을 활용하는 것 또한 도움이 됩니다. 예를 들어, 여덟 살 알렉시스는 불안할 때마다 자신만의 상상 속 도롱뇽을 떠올렸습니다. 도롱뇽을 생각하면 영화 〈마틸다〉 속 재미있는 장면이 떠올라, 무서운 감정이 사그라들곤 했지요. 알렉시스는 두려움을 느낄 때마다 두 손을 꼭 모아, 마치 손안에 도롱뇽이 있는 것처럼 감싸 쥐며 엄마에게 이렇게 속삭였습니다.

"내 도롱뇽이 다시 돌아왔어요. 발표회 시간이 다가와서 무서운

가 봐요."

이처럼 아이들이 자신의 불안을 유쾌한 방식으로 표현하면 더 좋습니다.

아이의 행동과 태도에 숨겨진 감정 파악하기

아이들은 자신의 감정을 인식하고 건강하게 표현하는 법을 아직 잘 모릅니다. 부모가 탐정처럼 아이의 행동 속에서 감정의 단서를 찾아야 할 때가 많지요. 다음은 부모가 아이의 행동과 태도를 통해 아이의 감정을 파악한 사례들입니다.

여섯 살 안드레는 소파에 웅크리고 앉아, 최근에 푹 빠져있는 SF 소설 시리즈의 여섯 번째 책에 얼굴을 파묻고 있습니다. 부모님이 이혼한 이후, 안드레는 친구들과 놀고 싶다고 말한 적이 없습니다. 안드레의 부모는 어느 순간 아이의 얼굴보다 책 표지를 더 자주 보게 된다는 걸 깨달았고, 안드레가 슬플 때 친구들과 거리를 두고 혼자 있으려 한다는 것을 알게 되었습니다.

여덟 살 시드니가 드디어 친구네 집에서 자기로 한 날이 되었습니다. 시드니는 며칠 전부터 신이 나서 짐을 싸고, 친구네 집에서 입을 잠옷까지 미리 골라두었습니다. 그런데 막상 집을 나설 시간이 되자, 갑자기 엄마에게 "배가 너무 아파"라고 말했습니다. 엄마는 이제 시드니가 새로운 환경에 적응해야 하는 시점에 배가 아프다고 말하면, 불안하다는 뜻이라는 것을 압니다.

사춘기에 접어든 열 두 살 노라는 아빠에게 화가 나면 차갑게 대하며 거리를 두었습니다. 거실을 지날 때도 헤드폰을 낀 채 아무

말 없이 지나쳤고, 아빠가 있는 쪽으로는 눈길조차 주지 않았습니다. 노라가 자신이 화가 났다고 말로 표현하지는 않았지만, 아빠는 노라의 싸늘한 태도만 봐도 노라가 지금 화가 났으며 혼자 마음을 추스를 시간이 필요하다는 것을 알아차렸습니다.

열 살 호세는 불안하거나 두려움을 느낄 때 얼굴이 창백해지고, 온몸이 얼어붙은 듯 움직이지 않았습니다. 마치 몸만 여기에 남아있고, 정신은 딴 데 가 있는 것처럼 보였습니다. 엄마가 "왜 그래? 무슨 일 있어? 엄마 말 듣고 있니?"라고 다정하게 물어도, 호세는 여전히 멍한 표정으로 반응이 없었습니다. 호세의 부모는 이제 호세가 이렇게 '얼어붙은 상태'에 있을 때는 불안감이 극도로 커져 말조차 할 수 없는 상태라는 것을 알게 되었습니다.

아이들은 감정을 말로 표현하는 대신 신체적 행동이나 태도로 드러내는 경우가 많습니다. 이러한 단서를 보고 부모는 아이의 감정을 파악하고, 아이가 자신의 감정을 이해하고 표현하도록 이끌 수 있습니다.

감정과 몸의 연결 가르치기

아이가 자신의 감정을 몸이 보내는 신호와 연결 지어 이해할 수 있도록 도와주세요. 감정과 신체 반응의 관계를 잘 인식할수록, 아이는 자신의 감정을 더 잘 이해하고 조절할 수 있게 됩니다. 우선, 아이에게 몸이 보내는 신호를 이해하는 것이 왜 중요한지 설명해주세요. 예를 들어 이렇게 말할 수 있습니다.

"우리 몸이 보내는 신호를 잘 알아차릴수록 좋아. 불안하거나 속상할 때 몸이 어떤 반응을 보이는지 알면, 그 감정을 가라앉히는 방법을 찾을 수 있거든."

그다음, 몸이 보내는 신호를 구체적으로 설명해주세요.

"어떤 사람은 긴장하면 배가 꾸르륵거리고, 신날 때는 심장이 빠르게 뛰고, 슬플 때는 눈에 눈물이 고이기도 해. 우리 몸은 우리가 느끼는 감정에 따라 다양한 신호를 보내줘. 이 신호들은 우리가 어떤 감정을 느끼는지 알려주는 중요한 역할을 하지."

그리고 부모의 경험을 예로 들어 설명해주세요.

"엄마는 스트레스를 받으면 발을 계속 까딱까딱 움직이는 버릇이 있어. 아빠는 중요한 회의를 앞두고 있으면 안절부절못하고 온 집안을 정신없이 왔다 갔다 하잖아. 엄마나 아빠가 그런 거 본 적 있어?"

이처럼 부모가 자신이나 가족을 예로 들어 설명하면, 아이는 여러 신체 반응이 감정과 연결되어 있다는 사실을 자연스럽게 깨닫게 됩니다. 아이가 불안할 땐 어떤 신체 반응이 나타나는지도 물어보세요.

"너는 불안하거나 긴장할 때 어떤 신호가 느껴지니? 몸 어딘가가

뻣뻣해지거나, 뜨거워지거나, 차가워지니?"

이 질문에는 정답이 따로 없습니다. 이 질문의 목적은 아이가 자기 몸이 보내는 신호를 알아차리도록 돕는 데 있습니다. 아이에게 종종 이 질문을 물어보고, 아이가 잘 대답하지 못한다면 이렇게 말해주세요.

"몸이 보내는 신호를 알아차리는 데는 시간이 꽤 걸릴 수도 있어. 천천히 알아차려도 괜찮아."

그다음으로는 아이에게 감정과 행동이 어떻게 연결되는지 가르쳐주세요. 예를 들어 이렇게 말할 수 있습니다.

"네가 집에서 소리 내어 책을 읽을 때 가끔 짜증을 내는 이유가 읽다가 실수하는 게 싫어서 그런 거구나. 그럴 땐 책을 덮어서 소파 밑에 밀어 넣고 싶은 기분이 들지? 실제로 가끔 그렇게 하기도 하고 말이야."

이때, 애정 어린 말투로 공감하며 이야기하는 것이 중요합니다. 또는 아이에게 이렇게 물어볼 수도 있습니다.

"네가 중요한 시합을 앞두고 잠을 잘 자지 못하거나, 물을 마시러 자꾸 일어난다는 거 알고 있니? 그건 아마 시합이 걱정돼서 그런 걸 수도 있어."

이렇게 아이가 느끼는 감정과 무의식적인 행동을 연결지으면, 자신의 감정을 더 잘 이해하고 조절할 수 있게 됩니다.

이때도 부모 자신의 경험을 예로 들어 설명하면, 아이가 자신의 행동도 자연스러운 것임을 깨달을 수 있습니다.

"넌 공포 영화 볼 때 얼굴을 찡그리더라. 무서움을 느낄 때 그렇게 얼굴을 찡그리는 것 같아. 엄마는 무서울 때 손톱 주변 살을 계속 뜯고, 말을 평소보다 빨리하는 버릇이 있어."

이렇게 이야기하면, 아이가 자신의 행동을 부끄러워하지 않고 자연스럽게 받아들일 수 있습니다. 또한, 자신의 감정을 따뜻한 시선으로 바라보게 됩니다. 이런 이야기를 하면 아이가 부끄러워하거나 불편해할 수도 있습니다. 그럴 때는 아이의 행동을 직접적으로 언급하기보다는, 부모 자신의 경험만 자연스럽게 이야기해주세요.

"엄마는 영화 보다가 갑자기 무서운 장면이 튀어나올까 봐 너무 불안해. 그래서 영화 보는 내내 쿠션을 꼭 껴안고 있는 거야."

부모의 이야기를 들으면서 '나만 그런 게 아니구나'하는 안도감을 느끼면 아이도 점차 감정에 관해 편안하게 이야기할 수 있게 됩니다.

"나는 비디오 게임을 꺼야 할 때, 너무 화가 나서 신발을 벽에 집어 던지고 싶은 기분이 들어요."

이렇게 자기감정을 솔직하게 표현하는 아이는 실제로 진흙투성이 운동화를 벽에 집어 던지지 않습니다. 오히려 심호흡을 하며 자기감정을 잘 조절할 줄 알게 됩니다.

몸의 감정 지도 그리기

아이들이 불안을 비롯한 다양한 감정과 이에 따른 신체 반응을 더 잘 이해할 수 있도록, 몸의 감각을 시각적으로 표현하는 활동을 해보세요. 앞서 언급했듯이, 감정과 몸이 보내는 신호를 연결 지어 이해하려면 연습이 필요합니다. 몸의 감정 지도를 그리는 활동을 통해 이 연습을 더욱 재미있게 할 수 있습니다.

먼저, 아이가 종이에 사람을 그리도록 합니다. 실물 크기로 만들고 싶다면, 전지를 사용할 수도 있어요. 그다음, 하나의 감정을 골라 아이에게 질문하세요.

> "네가 불안할 때 몸의 각 부분에서 어떤 느낌이 드는지 그려볼래? 불안하면 배가 아프니? 그렇다면 그걸 어떻게 표현할 수 있을까? 목이 바짝바짝 마르고 답답할 땐, 목을 어떤 색으로 표현하고 싶어?"

다른 날에는 다른 감정을 골라 같은 활동을 해보세요. 예를 들어, 분노, 기쁨, 질투, 지루함과 같은 감정을 주제로 감정 지도를 그릴 수 있습니다.

아이들은 색깔, 모양, 선, 질감 등을 활용해 감정을 표현할 수 있습니다. 예를 들어, 일곱 살 딜런은 슬픔을 표현할 때는 자신의 머리와 어깨를 파란색으로 칠했고, 분노를 표현할 때는 주먹에 진한 주황색 소용돌이를 그렸습니다.

감정 지도 그리기 활동을 할 때, 아이의 그림을 절대 수정하지 마세요. 아이가 배 주변에 보라색 칼을 그리든, 귀에서 붉은 용암이 쏟아져 나오는 모습을 그리든, 아이가 느끼는 대로 자유롭게 표현하도록 해주세요. 이 활동은 아이가 자신의 감정과 신체 감각이 밀접하게 연결되어 있음을 자연스럽게 이해하도록 도와주는 재미있고 효과적인 방법입니다.

아이의 감정 조절을 돕는 법

이제 힘든 감정을 아이 스스로 다스리고 조절하도록 돕는 실질적인 대처법을 살펴보겠습니다. 핵심은 '미리 가르치기'입니다. 아이가 스트레스를 받기 전에, 감정적으로 차분한 상태에서 이러한 감정 조절법을 익히도록 해야 합니다. 평소에 연습하고 익숙해지면, 실제로 필요할 때 자연스럽게 활용할 수 있습니다.

어떤 습관이든 새로 형성하려면 반복과 꾸준한 연습이 필요합니다. 감정 조절법을 배울 때도 마찬가지입니다. 단, 이러한 방법을 가르칠 때는 아이가 긴장하거나 감정적으로 격앙된 순간을 피하는 것이 좋습니다. 마음이 안정되고, 새로운 것을 받아들일 준비가 되었을 때 연습하는 것이 더 효과적입니다.

이런 감정 조절 연습이 왜 필요한지 먼저 설명해주세요.

"누구나 감정이 크게 흔들릴 때가 있어. 그럴 때를 대비해서 감정을 조절하는 방법을 미리 배워두면 큰 도움이 돼. 그리고 매일 양치질을 하듯이, 이런 대처법을 꾸준히 연습하면 필요할 때 더 잘 활용할 수 있단다. 네게 꼭 맞는 감정 조절법을 함께 찾아보자. 그리고 엄마도, 할아버지도, 언니도, 사람은 누구나 감정 조절법을 배울 필요가 있다는 걸 기억하면 좋겠구나."

감정에 이름을 붙이고 강도를 표시하기

아이들이 감정을 더 잘 조절할 수 있도록 자신이 느끼는 감정에 이름을 붙이는 습관을 길러주세요. 그리고 걱정과 불안은 숨기면 숨길수록 점점 더 커지지만, 부모나 친한 친구, 형제자매에게 이야기하면 훨씬 작아질 수 있다고 설명해주세요. 심지어 불안하다고 꼭 입 밖으로 말하지 않더라도, 머릿속으로 그 감정을 부르는 것만으로도 불안을 줄이는 효과가 있습니다. 예를 들어, '나는 선생님이 나를 어떻게 생각할지 너무 걱정돼'라고 속으로 말하는 것만으로도 감정을 인식하고 불안을 가라앉히는 데 도움이 됩니다.

또한, 아이들이 자신의 감정을 더 명확하게 인식할 수 있도록, 감정의 강도를 시각적으로 나타내는 '걱정 온도계'를 아이와 함께 만들어보세요. 걱정 온도계는 1단계(거의 걱정하지 않음)부터 10단계

(매우 걱정함)까지 걱정의 강도를 숫자로 표시하는 도구입니다. 아이에게 학교에서 발표하는 상황이나 높은 건물 꼭대기 층에 올라가는 상황 등을 떠올려보게 한 뒤, 그때 느끼는 걱정의 강도를 몇 단계로 나타낼 수 있을지 걱정 온도계에 표시하는 연습을 해보세요.

실제로 걱정되는 상황이 생겼을 때, 스스로 걱정 온도계에 걱정의 강도를 표시해 보도록 하세요. 예를 들어, 여섯 살 도미닉은 경찰차 사이렌 소리가 들리자 걱정 강도를 8로 표시했습니다. 하지만 저녁 식사 중에 더는 사이렌 소리가 들리지 않자, 자신의 걱정 강도를 3으로 낮췄습니다. 아홉 살 브리아나는 평소 7이었던 걱정 강도가 아빠와 공놀이를 하는 동안에는 4로 내려간다는 것을 깨달았습니다.

이 활동을 통해 아이들은 걱정과 같은 감정의 강도가 상황에 따라 달라질 수 있음을 배우고, 스스로 감정을 조절할 수 있다는 자신감도 키울 수 있습니다. 또 아무리 힘든 감정도 시간이 지나면 결국 사라진다는 사실을 깨닫게 하는 데 매우 효과적입니다.

심호흡하기

아이들은 "심호흡해보자"라는 말을 듣는 걸 별로 좋아하지 않을 수도 있습니다. 선생님들이 시끄러운 학생들을 조용하게 하려고 자주 쓰는 방법이기 때문이죠. 하지만 몇 번만 의식적으로 심호흡해도 집중력이 즉각 향상되어 발레, 토론, 심지어 레이저건 서바이벌 게임도 더 잘할 수 있게 된다는 사실을 아이들에게 알려주세요. 마이클 조던이나 케이티 페리(미국의 팝 가수로, 강렬한 퍼포먼스와 개성 넘치는 스타일로 유명하며, 'Roar' 'Firework' 등의 히트곡을 발표함-옮긴이) 같은 유명인들도 심호흡과 마음을 다스리는 연습이 실력 향상에 큰 도움이 되었다고 말한 적이 있다고 말해주면, 아이가 호흡법에 더 관심을 가질 수도 있습니다. 아이가 좋아하는 유명인 중에서 명상을 하는 사람이 있는지 검색해보세요. 생각보다 많은 유명인이 명상을 실천하고 있습니다.

매일 자기 전에 아이와 함께 세 번 심호흡하는 습관을 들여보세요. 손을 배 위에 올려놓고 숨을 들이마실 때 배가 풍선처럼 부푸는 느낌을 직접 느껴보게 하세요. 또, 손가락을 따라가며 호흡하는 방법도 있습니다. 손가락을 위로 움직이면서 숨을 들이쉬고, 아래로 내리면서 내쉬는 식으로 반복하는 것이죠. 아이가 차 안에서 신나게 노래를 부르도록 하는 것도 좋은 방법입니다. K-pop 가수처럼 배에서부터 깊게 숨을 들이쉬며 노래를 부르면, 기분이 한결 나아진다는 걸 자연스럽게 경험할 수 있습니다. 심호흡 연습을 너무 거창하게 생각하지 말고, 하루에 한 번 심호흡하는 것부터 시작해보세요. 단 한 번이라도 의식적으로 심호흡하면, 깊은 안도감을 느낄 수 있습니다.

몸을 움직이기

신체 활동을 하면 아이들 마음에 쌓인 부정적 감정이 건강하게 해소됩니다. 자전거 타기 같은 야외 활동은 스트레스 해소에 특히 효과적입니다. 거실에서 신나는 음악에 맞춰 춤을 추는 것도 좋은 방법이 될 수 있습니다. 아이가 도전적인 활동을 좋아한다면, 스톱워치를 이용해 재미있는 게임을 해보세요. 예를 들어, 팔 벌려 뛰기 다섯 번과 균형 잡기 동작 두세 개를 얼마나 빨리 완료하는지 측정하는 게임을 해볼 수 있습니다.

아이에게 스트레스 해소에 도움이 되는 다양한 신체 활동을 소개하고, 스스로 가장 효과적인 방법을 찾도록 도와주세요. 예를 들어, 이렇게 설명할 수 있습니다.

"기분이 안 좋을 때 몸을 움직이면 심장이 빨리 뛰면서, 자연스럽게 스트레스가 풀릴 수 있어."

그다음, 아이가 스트레스를 받을 때 할 수 있는 다섯 가지 신체 활동을 스스로 떠올려보게 하세요. 그리고 아이가 차분한 상태에서 실제로 한 가지씩 시도할 수 있게 도와주세요.

"오늘은 네가 스트레스받을 때 도움이 되는 활동 중 첫 번째를 해보자! 5분간 줄넘기하기!"

활동을 마친 후, 아이가 한결 차분해진 것 같다면 이렇게 말해보세요.

"너랑 킥보드를 타고 동네 한 바퀴 돌고 오니까 엄마는 기분이 한결 나아졌어. 해야 할 일이 많아서 스트레스받았었는데 이제는 좀 풀렸어. 너는 어때? 기분이 좀 나아졌어?"

아이와 함께 신체 활동을 언제 하면 좋은지도 고민해보세요. 예를 들어, 중요한 발표가 있는 날 아침에 가볍게 몸을 움직이면 마음이 한결 편안해질 수 있습니다.

오감 활용하기

앞서 3장에서 부모가 자신의 오감에 집중하면, 마음을 차분하게 가라앉힐 수 있다고 이야기했었습니다. 사실 이 방법은 아이들에게도 매우 효과적입니다. 이 방법을 언제, 어디서나, 아무도 모르게 사용할 수 있는 멋진 마술이나 비밀 초능력으로 소개하면 아이들의 흥미를 끌 수 있습니다. 아이에게 이렇게 말해보세요.

"놀라운 사실 하나 알려줄까? 너의 다섯 가지 감각 중 하나에 집중하면, 네 안의 불안이를 안심시킬 수 있어."

아이에게 다섯 가지 감각 중 하나를 골라 집중하라고 해보세요. 예를 들어, 시각에 집중해서 주변을 둘러보게 할 수 있습니다.

"지금 네 눈에 띄는 물건 세 가지를 찾아서 설명해줄래?"

어린아이들에게는 같은 색깔의 물건을 찾아보게 하는 활동이 더 적합할 수도 있습니다. 또는, 주변에서 들리는 다섯 가지 소리를 말하거나, 근처에서 만져지는 다섯 가지 촉감을 찾아보게 할 수도 있습니다.

아이에게 따뜻하거나 차가운 음료를 천천히 마시면서 온도를 느껴보게 하거나, 음식을 한 입 베어 먹으며 질감과 맛을 음미해보도록 하세요. 아이는 타닥타닥 장작불 타는 소리나 빗방울이 톡톡 지붕을 두드리는 소리를 들으며 마음이 차분해지는 경험을 할 수도 있습니다. 거품 목욕을 하거나, 반려동물이나 인형의 털을 쓰다듬는 것 역시 아이를 안정시키는 데 도움이 될 수 있습니다.

아이와 함께 감각에 집중하는 다양한 활동을 시도하며, 아이가 스스로 자신에게 가장 효과적인 활동을 찾을 수 있도록 도와주세요. 무엇보다, 자주 연습하는 것이 중요합니다. 평소 차분한 상태에서 아이의 감각과 감정 변화를 연결 지어 설명해주세요. 예를 들어, 이렇게 말할 수 있습니다.

"방금 네가 잔디 위에 누워 있었을 때, 정말 편안해 보였어!"

이렇게 하면, 아이도 감각에 집중하는 활동이 감정을 안정시키는 데 효과가 있다는 사실을 깨닫게 됩니다.

자연을 가까이하기

아이들에게는 정해진 틀에 얽매이지 않고 자유롭게 뛰어놀면서 땀 흘릴 시간이 필요합니다. 아이가 바깥에서 보내는 시간이 하루에 얼마나 되는지 점검해보고, 부족하다면 늘릴 방법을 찾아보세요.

여름방학이나 주말에 뭘 할지 계획을 세울 때 자연에서 보내는 활동에 우선순위를 두시기를 바랍니다. 예를 들어, 친구들과 실내에서 영화를 보기보다는, 잔디밭에서 피크닉을 즐기도록 권해보세요.

또는 멀리서 들리는 새 울음소리를 자장가 삼아 잠들거나 반딧불이가 신비롭게 반짝이는 장면을 감상할 수 있는 캠핑 여행을 계획해보세요.

넓은 계곡의 풍경을 감상하고, 발가락 사이로 젖은 모래를 느끼며, 출렁이는 물에 몸을 맡기는 짜릿함을 경험할 기회를 주세요. 연을 날리거나, 공을 던지며 놀거나, 자기 전에 가벼운 산책을 하는 것도 불안을 줄이는 데 큰 도움이 됩니다.

아이가 나뭇잎이 바람에 흔들리는 모습, 새들의 노랫소리, 맨손에 느껴지는 흙의 감촉 등 자연이 주는 감각에 집중하면, 지금 이 순간에 집중하게 되어 마음의 안정을 찾을 수 있습니다.

자신만의 휴식 공간에서 쉬기

집 안에 아이만의 작은 휴식 공간을 만들어주세요. 감정적으로 버겁거나 쉬고 싶을 때 그 공간으로 가 마음을 가라앉히고 한숨 돌릴 수 있습니다. 이러한 공간은, 예를 들어 방 한쪽 구석에 포근한 빈백 소파를 놓아서 마련할 수 있습니다. 야광 별 장식이나 은은한 조명을 활용하면, 더욱 편안한 분위기를 연출할 수 있습니다. 또 낡은 담요나 푹신한 슬리퍼, 편안한 옷들을 두면 이곳을 더욱 아늑하게 꾸밀 수 있습니다. 부모의 온기가 담긴 물건도 아이에게 안정감을 줄 수 있습니다. 제이다는 엄마에게서 받은 맨투맨 티셔츠에 대해 이렇게 말했습니다.

"엄마가 준 맨투맨은 엄마가 입던 흔적이 남아있어서 그런지, 너무 포근하고 좋아요. 낡아서 구멍이 난 부분까지도 다 좋아요. 전

기분이 안 좋을 때 그 맨투맨 티셔츠를 꼭 껴안고 있어요."

이 휴식 공간에서 아이와 함께 앉아 이렇게 물어보세요.

"이 공간을 더 아늑하게 꾸미려면 어떻게 하면 좋을까?"

그리고 아이가 원하는 것들을 더해 공간을 함께 꾸며보세요. 그곳이 아이에게 편안한 안식처가 될 수 있도록, 아이의 의견을 반영해 함께 만들어가는 과정도 중요합니다.

글이나 그림, 음악으로 감정 표현하기

누군가가 평가하거나 간섭하지 않는 자유로운 글쓰기는 아이들에게 큰 도움이 됩니다. 아이가 감정을 풀어놓는 일기장이 있다면, 절대 아이의 글을 몰래 읽지 마세요. 만약 아이가 이를 알게 되면 부모에 대한 신뢰가 크게 흔들릴 수 있습니다. 어떤 아이들은 부모와 함께 쓰는 일기장을 좋아할 수도 있습니다. 이러한 아이들은 부모에게 말로 이야기하는 것보다 글로 표현하는 것을 더 편하게 여깁니다. 만약 아이와 함께 일기장을 쓴다면, 일기장에 다음과 같이 아이 감정에 공감하는 문장만 적으세요.

"네가 그렇게 느끼는 게 당연해."
"정말 힘든 하루를 보냈구나…. 엄마(아빠)한테 얘기해줘서 고마워."
"하늘만큼 땅만큼 사랑해!"

이 일기장은 부모가 조언해주는 곳이 아니라, 아이가 마음을 안전하게 표현할 수 있는 공간이 되어야 합니다.

아이가 글쓰기를 썩 좋아하지 않는다면, 다른 활동을 제안해 보세요. 예를 들어 노래 만들기, 반려동물을 주제로 만화 그리기, 큰 종이를 벽에 붙이고 자유롭게 낙서하기와 같은 활동을 하면서 감정을 자유롭게 표현할 수 있도록 도와주세요. 특히, 감정을 말로 표현하는 것이 어려운 아이에게는 이러한 활동이 큰 도움이 됩니다. 이때, 아이의 창작물에 대해 절대로 평가하거나 지시하지 마세요. 그저 활동에 필요한 재료를 제공해주고, 아이가 자유롭게 표현할 수 있도록 격려해주세요. 아이가 그리는 것이 아이의 걱정과 직접적으로 관련이 있을 수도 있고, 없을 수도 있지만, 그림을 그리는 그 과정 자체가 감정을 정리하는 데 도움이 됩니다.

어떤 아이들은 '기분별 플레이리스트'를 만들면서 감정을 정리하기도 합니다. 예를 들어, 열두 살 카림은 이렇게 말합니다.

"학교에서 안 좋은 일이 있으면 들으려고 '새드 보이'라는 제목의 플레이리스트를 만들어놨어요. 학교 끝나고 집에 돌아오면 제 방으로 들어가 헤드폰을 끼고 그 플레이리스트를 듣죠. 듣고 있으면, 제가 좋아하는 가수들이 제 마음을 알아주는 것 같아서 기분이 한결 나아져요."

또 다른 열두 살 소녀 엠마는 아침마다 가족들의 기분을 띄우려고 직접 만든 '굿모닝 부스터' 플레이리스트를 틀고, 체스 대회 직전에는 긴장을 풀기 위해 '겁먹지 마, 주인공은 나야!' 플레이리스트를 듣습니다.

글쓰기든, 그림 그리기든, 음악 감상이든, 아이가 자신만의 감정 표현 방법을 찾고, 이를 통해 감정을 건강하게 조절할 수 있도록 도와주세요.

긍정 확언 되뇌기

아이가 힘든 순간마다 떠올릴 수 있도록, 긍정 확언을 가르쳐 주세요. 예를 들어, 아이가 불안해하는 순간이나 중요한 대회를 앞두고 불안해하는 시점에 다음과 같은 말을 스스로 되뇌도록 격려해보세요.

"한 번 해봤으니까, 두 번째는 더 쉬울 거야!"
"나는 할 수 있어!"
"지금은 너무 힘들지만, 이 감정도 결국엔 지나가게 돼 있어."
"내가 나쁜 상황을 상상한다고 해서, 진짜로 그런 일이 벌어지는 건 아니야."

아이가 이러한 긍정 확언을 잘 받아들인다면, 메모지에 적어 거울이나 가방에 붙여 두는 것도 좋은 방법입니다.

역할 놀이하기

아이가 걱정하는 다양한 상황에서 어떻게 말하고 행동할지 미리 연습할 수 있게 도와주세요. 예를 들어, 아이가 카페에서 음료 주문하는 걸 어려워한다면, 주방에서 역할 놀이를 할 수 있습니다. 부모가 바리스타 역할을 맡고 아이가 손님 역할을 맡아, 아이가 음료를 주문하는 연습을 하도록 해보세요. 또 학교에서 발표하는 걸 두려워한다면 식탁에서 발표 연습을 하도록 해보세요. 이때, 여러 번 심호흡하는 연습도 함께 하면 좋습니다. 이렇게 아이가 어려움을 느끼는 상황에서 어떻게 말하고 행동해야 할지 미리 역할 놀이를 통해 연습하면, 실제 상황에서 더 자신감 있고 편안하게 말하고 행동할 수 있답니다.

'마음 돌봄 상자' 만들기

아이의 마음이 복잡할 때, 조용히 몰입할 수 있는 활동은 아이의 뇌를 쉬게 하고 기분을 안정시키는 데 큰 도움이 됩니다. 아이가 감정적으로 힘든 순간에 마음을 가라앉히고 현재 순간에 집중할 수 있도록 돕는 '마음 돌봄 상자'를 함께 만들어 보세요. 상자에는 아이가 좋아하는 활동에 필요한 물건들을 넣습니다. 어떤 물건을 넣을지는 아이가 직접 고르게 하세요. 마음 돌봄 상자가 아이의 개별 맞춤 상자가 되도록 하는 것이 중요합니다. 예를 들어, 색연필과 도화지, 색칠 공부책, 레고, 인형, 슬라임, 좋아하는 책, 두뇌 퍼즐, 카드 게임 같은 것들을 넣을 수 있습니다.

어떤 아이들은 비디오 게임을 하거나 소셜 미디어 영상을 볼 때 마음이 가장 안정된다고 말하기도 합니다. 하지만 마음을 안정시키는 방법으로 스크린 사용은 피하는 것이 좋습니다. 이는 부모도 마찬가지입니다.

마음 돌봄 상자가 완성되면, 아이가 힘든 감정을 느낄 때 자연스럽게 꺼내볼 수 있도록 도와주세요.

"지금 뭔가 불안한 마음이 드는구나. 우리 마음 돌봄 상자를 한번 꺼내볼까? 거기에 네가 지금 집중해서 할만한 게 있을 거야."

이 상자를 감정적으로 힘든 순간에만 꺼내기보다는 평소에도 활용하는 연습을 하는 것이 좋습니다. 하루에 단 5분 만이라도 마음 돌봄 상자에 있는 물건을 사용하는 습관을 들이면, 감정적으로 힘든 순간이 찾아올 때 이 상자를 자연스럽게 열어볼 것입니다.

'걱정 주머니' 만들기

아이가 불안한 감정을 잠시 내려놓을 수 있는 공간을 만들어주세요. 아이가 걱정하는 것을 종이에 적어, 미리 정해둔 봉투나 주머니에 넣도록 해보세요. 이렇게 하면 걱정을 마음속에서 꺼내 잠시 내려놓는 기분이 들 수 있습니다. 아이가 원한다면 이 '걱정 주머니'를 좋아하는 스티커나 그림으로 꾸미도록 하고, 아이가 불안해할 때 이렇게 말해주세요.

"걱정되는 게 있으면 종이에 적어서 이 주머니에 넣어보자!"

이 방법은 특히 걱정이 많아 쉽게 잠들기 어려운 아이들에게 효과적입니다. 잠자기 전에 마음속 걱정을 꺼내 주머니에 넣는 과정은 마음을 가라앉히고, 편안하게 잠들 수 있도록 도와줍니다.

'걱정할 시간' 계획하기

아이가 갑자기 불안해한다면 아이와 함께 '걱정할 시간'을 계획해 보세요. 예를 들어, 이렇게 말해줄 수 있습니다.

"우리 딸(아들), 걱정이 많아 보이는구나. 엄마(아빠)한테 좋은 방법이 하나 있어! 오늘 집에 가면, '걱정하는 시간'을 가져보는 거야. 엄마(아빠)가 15분 후에 알람이 울리도록 타이머를 맞춰 줄 테니까, 그 시간 동안 마음껏 걱정하는 거야. 베개에 얼굴을 묻고 소리를 질러도 되고, 엄마(아빠)에게 걱정을 털어놓아도 좋아."

신기하게도, 아이들은 막상 집에 도착하면 걱정할 시간을 갖기로 한 것을 까맣게 잊어버리는 경우가 많습니다. 걱정할 시간을 계획하는 방법을 꾸준히 활용하면, 아이가 불안과 걱정을 스스로 조절하는 힘을 기를 수 있습니다.

감정 조절법 함께 연습하기

지금까지 언급한 감정 조절법을 온 가족이 하루에 한 가지씩 골라 일주일 동안 함께 연습해보세요. 중요한 것은 '꾸준함'입니다. 처음엔 어색하고 서툴 수 있지만, 괜찮아요. 이 과정에서 실수해도 되고, 완벽하게 할 필요도 없습니다. 연습하는 것 자체가 중요하니까요. 아이가 지금 당장은 부모가 제안하는 감정 조절법을 거부할 수도 있지만, 이러한 방법들을 기억하고 있다가 나중에 더 크면 스스로 사용할 수도 있습니다. 지금은 자기 조절력의 씨앗을 심는 과정이라고 생각하세요.

조급해하지 마세요. 언제나 그렇듯, 진정한 변화는 시간이 걸리는 법이니까요!

●

아이의 감정이 폭발한 순간
: 감정에 공감하되 행동은 가르치기

아이에게 다양한 감정 조절법을 가르쳐주었다면, 필요할 때 활용해 아이의 행동을 긍정적으로 이끌 수 있습니다. 아이들은 때때로 강한 감정을 거친 말이나 행동으로 표현할 때가 있습니다. 이때, 부모는 아이의 감정에는 공감하되, 행동에는 명확한 기준을 세워줘야 합니다. 예를 들어, 아이에게 이렇게 말할 수 있습니다.

"지금 한창 그림을 그리고 있었는데, 갑자기 밖으로 나가야 해서 속상했지? 그래, 속상할 수도 있어. 하지만 지금은 동생을 피아노 학원에 데려다줘야 해. 네가 좋아하는 로봇(인형)을 챙겨서 차에 타자. 동생을 데려다주고 나서 네 기분에 대해 다시 이야기해 보자."

아이가 힘든 감정을 건강한 방식으로 조절할 때, 긍정적인 피드백을 주세요. 스스로 불안을 가라앉혔다는 점을 짚어주면 아이는 자기의 감정 조절 능력에 점차 자신감을 갖게 됩니다. 예를 들어, 이렇게 말할 수 있습니다.

"잘했어! 동생이 쩝쩝 소리를 내며 먹을 때 짜증이 난다고 했잖아. 오늘은 그 상황에서 네가 루빅스 큐브를 집어 들었지? 짜증이 날 때 그렇게 집중할 수 있는 다른 활동을 하는 건 정말 좋은 대처 방법이야."

아이가 부모가 제안한 감정 조절법을 시도해보고 쉽게 받아들일 수도 있지만, 그렇지 않을 수도 있습니다. 또 많은 반복과 연습이 필요할 수도 있습니다. 부모는 인내심을 갖고 지속적으로 가르쳐주며 응원해야 하죠.

다음은 아이의 감정은 존중하면서도 행동의 기준은 명확히 설정해주는 대화의 예시입니다.

아이의 감정	아이의 행동	감정에 공감하되 행동은 가르치는 대화
분노	물건을 집어 던짐	"연습이 취소돼서 화가 나는 건 충분히 이해해. 하지만 그렇다고 아빠 핸드폰을 집어 던지는 건 안 돼. 우리 밖에 나가서 같이 공놀이 하면서 기분을 좀 풀어볼까? 아니면 혼자 할래? 어떤 게 좋겠어?"

버거움	아무것도 하지 않으려 함	"새 아파트로 이사 와서 낯설고 힘들지? 버거워하는 마음 충분히 이해해. 하지만 저녁밥을 거르는 건 안 돼. 와서 조금이라도 같이 먹자. 엄마 아빠랑 맛있게 먹으면 기분이 나아질 거야. 찬물로 세수를 하거나 심호흡을 세 번 해보자."
걱정	잠자기 전에 꾸물거림	"체육대회를 앞두고 걱정돼서 계속 연습하고 싶은 마음 이해해. 하지만 충분히 자야 내일 컨디션이 좋아서 더 잘할 수 있을 거야. 이제 양치하고 자자. 마음이 좀 편안해지게 같이 노래 들을까?"

 부모라면 누구나 아이와 힘겨루기를 겪습니다. 아이가 반항하며 말대꾸를 하기도 하고, 부모는 그런 아이에게 화를 내며 소리를 지르기도 합니다. 또, 급하게 어딘가로 가야 하는 상황에서 갑자기 아이가 극도로 불안해하거나, 형제자매와 심하게 다투기도 하지요. 혹은 아이가 "엄마(아빠)는 내 마음을 전혀 몰라!"라며 울분을 터뜨릴 수도 있죠. 이런 순간에는 부모가 격한 감정을 드러낼 수도 있습니다.
 아이도 짜증을 내고 부모도 버럭 화를 내버렸다면, 그 후에는 어떻게 대처하면 좋을지 함께 이야기해봅시다.

감정 폭발 이후
: 아이와의 관계를 회복하고 감정 조절 계획 세우기

아이들은 감정이 폭발한 후, 자신이 방금 한 행동을 부끄러워하거나 부모의 화가 오랫동안 풀리지 않을까 봐 걱정하는 경우가 많습니다. 이럴 때는 서로 충분히 진정한 다음 솔직하고 차분하게 대화하는 것이 중요합니다. 아이를 키우다 보면 이런 대화를 나눠야 할 일이 자주 생길 것입니다. 아이가 성장하면서 부모와 크고 작은 갈등을 겪는 일이 반복되기 때문이죠.

부모가 먼저 아이와의 관계를 회복하기 위해 노력하면, 아이와 감정적으로 단절되는 것을 막을 수 있습니다. 또 이 과정을 통해 앞으로 비슷한 상황이 반복될 때 어떻게 대처하면 좋을지 명확한 기준을 세우고, 아이가 좀 더 현명한 선택을 할 수 있도록 도울 수도 있습니다.

감정이 폭발하고 난 이후에 아이와의 관계를 회복하고, 감정 조절 계획을 세우는 법에 관해 살펴보겠습니다. 아래 단계들을 살펴보면, 대화의 초반에는 아이의 감정을 충분히 인정해주고, 대화가 끝날 무렵에는 함께 해결책을 고민하는 과정이 중요하다는 것을 알 수 있습니다.

1단계　　상황을 되돌아보고 아이의 감정에 공감하기

먼저, 아이가 감정이 격해졌던 상황에 대해 부끄러움을 느끼지 않도록 아이의 감정에 공감해주세요. 이때 앞서 살펴본 차분한 태도를 유지하는 방법과 공감하는 기술을 활용하세요. 예를 들어, 이렇게 말할 수 있습니다.

"아까 낮에, 동생이 네 자리에 앉아서 속상했지? 그래서 결국 주먹으로 동생 팔을 때렸잖아. 엄마(아빠) 옆에 앉고 싶었는데 동생 때문에 그러지 못하니까, 화가 나서 너도 모르게 그렇게 행동한 거였지?"

또는, 부모와 아이 사이에 감정이 격해졌던 상황이라면 이렇게 이야기할 수 있습니다.

"네가 아침에 등교하기 전에 우리가 감정이 격해져서 서로에게 안 좋은 말을 했잖아. 네가 엄마한테 '세상에서 제일 나쁜 엄마'라고 했을 때, 네가 얼마나 힘들었으면 엄마한테 그런 말을 했을까 싶어서 마음이 아팠어. 넌 정말 속상할 때만 그렇게 말하잖아. 아마도 엄마가 네 얘기를 제대로 들어주지 않는다고 느껴서 그랬던 것 같아."

대화를 마무리할 때는, 다음번에는 좀 더 좋은 방법을 함께 찾

아보자는 메시지를 전하세요.

"다음에 또 비슷한 일이 벌어지면, 더 좋은 방법으로 해결할 수 있도록 같이 고민해보자."

2단계 부모의 잘못 먼저 인정하기

2단계에서는 부모가 먼저 자신의 잘못을 솔직하게 인정하는 것이 핵심입니다. 부모가 자신의 행동에 책임지는 모습을 보이면, 아이도 자연스럽게 이를 배우게 됩니다. 반대로 부모가 아이의 잘못을 먼저 지적하면, 아이는 당황하거나 수치심을 느껴 마음의 문을 닫아버릴 수 있습니다. 아이들은 사과하는 법이나 자신의 행동에 책임지는 법을 부모를 보며 배웁니다. 따라서 아이가 잘못된 행동을 했다고 해서 억지로 사과를 강요하기보다는, 부모가 먼저 자신의 잘못을 솔직하게 인정하고 사과하는 것이 중요합니다.

부모가 감정적으로 욱해서 화를 냈다면, 그냥 넘어가지 마세요. 마치 아무 일도 없었던 것처럼 행동하거나, 침묵하거나, 혹은 "네가 그렇게 행동하니까, 엄마(아빠)가 화를 낸 거야"라고 정당화하지 마세요. 대신, 자신의 잘못을 솔직하게 인정하면서, 부모도 더 나은 부모가 되기 위해 노력하고 있음을 보여주세요. 예를 들어, 차분한 목소리로 이렇게 말할 수 있습니다.

"아까 엄마(아빠)가 화를 내면서 소리 질렀지? 어떤 상황에서도 너한테 그렇게 큰소리를 내면 안 되는 거였는데. 미안해."

이때, "그런데 네가 말을 안 들어서 그랬어"와 같은 변명을 덧붙이지 않도록 주의하세요. 이 과정은 부모가 자신의 행동을 정당화하는 시간이 아니라, 자신의 실수를 인정하고 앞으로 더 좋은 방법을 찾기 위한 시간입니다. 그러니 사과할 때 '그런데'나 '하지만'과 같은 단어는 빼는 것이 좋습니다.

예시를 하나 더 살펴볼까요? "엄마(아빠)가 너한테 소리 질러서 미안해. 하지만 네 행동이 너무 실망스러웠어"라고 말하지 마세요. 대신, 이렇게 표현해보세요.

"어제 태권도 학원 가는 길에 엄마(아빠)가 너한테 화를 냈지. 엄마(아빠)가 목소리를 너무 높였던 것 같아. 미안해. 다음번에 화가 날 때는, 먼저 심호흡을 하고 마음을 가라앉힌 후에 이야기할 수 있도록 노력할게."

그리고 아이에게 이렇게 물어보세요.

"엄마(아빠)가 소리 질렀을 때 기분이 어땠어? 엄마(아빠)가 화낼 때, 너무 시끄럽다거나 무섭다고 느낀 적이 있니?"

혹시라도 아이가 "네, 너무 무서웠어요"라고 솔직하게 말한다고 해도 당황하지 마세요. 그럴 때는 이렇게 공감해주세요.

"그래, 엄마(아빠)가 소리를 지르면 무섭게 느껴질 수도 있겠구나. 앞으로는 더 조심할게."

"솔직하게 말해줘서 고마워. 우리 딸(아들)이랑 이렇게 마음을 터놓고 얘기하니까 정말 좋구나."

이렇게 부모가 솔직하고 차분한 태도로 자신의 감정을 조절하는 모습을 보이면, 아이가 자라면서 자연스럽게 부모의 태도를 따라 하게 됩니다. 이런 대화는 보통 따뜻한 포옹이나 "사랑해"라는 말로 마무리됩니다. 만약 아이가 부모에게 "저도 죄송해요"라고 말한다면, 복잡하게 설명하지 말고, "그렇게 말해줘서 고마워. 엄마(아빠)도 미안해"라고 간단하게 말해주세요.

만약 부모가 사과한 이후에도 아이가 여전히 마음을 열지 않고 대화를 이어가려 하지 않는다면, 그것 또한 지극히 자연스러운 반응이라는 점을 기억하세요. 이럴 때는 서두르지 말고, 아이가 준비될 때까지 충분히 기다려주세요.

또한, 아이가 계속 불안해하거나 감정이 정리되지 않은 듯 보인다면, 몇 시간 혹은 며칠 동안 대화를 잠시 미루는 것도 괜찮습니다. 단, 너무 오래 방치하지 말고 나중에 꼭 다시 대화를 이어가도록 하세요.

3단계: 행동의 기준을 정하고 가족이 중시하는 가치 가르치기

이제 아이와 함께 행동의 기준을 정할 차례입니다. 이때, 즉흥적으로 기준을 만들거나, 기분에 따라 바꾸거나, 갑자기 벌을 주는 것은 피해야 합니다. 부모들이 흔히 내뱉는 "그만! 앞으로 너 외출 금지야!" 혹은 "엄마(아빠)한테 그런 식으로 말하다니! 이제 스크린 사용 금지야!"와 같은 말은 아이를 불안하게 만들 뿐입니다. 대신, 감정이 가라앉은 후 아이와 충분히 대화를 나누고, 부모가 기대하는 행동에 대해 명확하게 설명해주세요. 필요하다면, 아이와 함께 기준을 조정해서 모두가 납득할 수 있는 행동의 원칙을 정하는 것이 중요합니다.

아이에게 행동의 기준을 설명할 때, 가족이 중요하게 여기는 가치도 함께 이야기해주세요. 이때, 단호하지만 따뜻한 어조로 말하는 게 좋습니다. 예를 들어, 한 어머니는 매일 학교에 지각하는 딸에게 이렇게 말했습니다.

"매일 아침 등교할 때마다 무슨 옷을 입고 갈지 고민이 많지? 그런데 옷을 고르는 시간이 너무 길어서 매일 지각하잖아. 그것 때문에 오늘 아침에 엄마가 목소리를 높였는데, 미안해. 네가 신중하게 옷을 고르고 싶어 한다는 건 충분히 이해해. 하지만 그것 때문에 학교에 늦을 수는 없어. 우리 가족은 시간 약속을 잘 지키는 걸 정말 중요하게 생각한단다. 시간을 잘 지키는 건 우리가 만나는 사람들에게 그들을 존중한다는 걸 보여주기도 해. 그러니까 이제부터는 전날 밤에 미리 다음 날 입을 옷을 골라두자."

이처럼 아이와 대화를 나눌 때, 행동의 기준뿐만 아니라 가족이 소중히 여기는 가치도 함께 전달하세요.

가족이 추구하는 가치를 가르쳐주면, 아이들은 이 가치를 기준으로 행동하게 됩니다. 예를 들어, 아이가 부모가 아끼는 목걸이를 가져가서 자기 인형에 아무렇게나 걸쳐 놓았다면, 타인의 물건을 소중히 다뤄야 한다고 알려주면서 '존중'과 '배려'라는 가치를 가르쳐 주세요. 친절과 감사의 중요성부터 스크린 사용 시간 준수에 이르기까지 다양한 가치를 가르치되, 한 번에 한 가지 주제만 다루는 것이 효과적입니다.

한 아버지는 '충분한 수면'을 중요한 가족 가치로 삼고 있다는 점을 아이에게 강조하며, 이에 관한 명확한 행동 기준과 이를 지키지 않을 시 따라올 결과를 설명해 주었습니다.

"어젯밤에 네가 게임을 멈추기 싫었다는 거 알아. 하지만 잠은 꼭 충분히 자야 해. 아빠는 네가 건강한 수면 습관을 들일 수 있도록 도와줄 거야. 앞으로는 늦어도 밤 8시 15분에는 게임기를 끄고, 거실에 충전해 놓자. 이 규칙을 어기면, 다음 날은 스크린 타임이 전혀 없을 거야. 단 1초도 안 돼. 네가 이 규칙을 잘 이해하고 앞으로 잘 지켜주면 좋겠다."

행동의 기준을 정할 때는 공정해야 하며, 아이의 나이에 맞는 방식으로 접근해야 합니다. 또한, 아이가 기준에서 벗어난 행동을 하더라도 다음 날 다시 시도할 기회를 주세요. 그리고 무엇보다 항상 일관성을 유지하세요. 예를 들어, 아이가 조를 때는 TV를 보면서 저녁을 먹게 해주고, 다른 날은 안 된다고 하면, 아이는 행동의 기준이 무엇인지 혼란스러워하고, 이를 지키려 하지도 않을 것입니다. 부모가 사랑을 담아 일관성 있는 규칙을 정해서 제시하면, 아이들은 안정적인 틀 안에서 성장할 수 있으며, 점점 더 그 규칙을 잘 따르게 됩니다.

4단계 감정 조절 계획 세우기

마지막 4단계에서는 다음에 감정이 격해졌을 때 어떻게 대처할지 미리 계획을 세웁니다. 비슷한 상황이 다시 발생했을 때 좀 더 건강한 방식으로 감정을 조절할 수 있도록 '감정 조절 계획'을 미리 준비하세요.

만약 아이가 "다시는 이모네 집에 저녁 먹으러 안 갈 거야!"라고 강하게 반발하거나, "왜 내가 엄마(아빠) 말을 들어야 해?"라고 말대꾸를 한다면, 이는 아이가 감정을 조절하는 데 도움이 필요하다는 신호일 수 있습니다. 그럴 때는 이렇게 말해보세요.

> "네가 화내는 건 이해해. 하지만 엄마(아빠) 말을 무시하는 건 안 돼. 앞으로 이런 순간에 우리가 어떻게 하면 좋을지 함께 계획을 세워보자. 다음에 화가 날 때는 어떻게 할 수 있을까?"

그러면 아이들은 종종 "모르겠어요"라고 대답하곤 합니다. 이럴 때는 이전에 가르쳐 준 감정 조절법을 다시 떠올리게 하거나, 아이와 함께 새로운 방법을 고민해보세요. 예를 들어, 이렇게 물어볼 수 있습니다.

> "짜증이 날 때, 네 휴식 공간에서 몇 분 동안 혼자만의 시간을 가져보는 건 어때?"
>
> "저녁 식사 시간에 동생에게 화가 날 것 같으면, 식탁에서 잠시 포켓몬 카드를 정리하면서 기분을 가라앉히는 건 어떨까?"

또한, 아이에게 행동의 기준을 분명히 알려주세요.

> "어떤 상황에서도 다른 사람을 때리거나 소리를 지르는 건 안 돼. 화가 났을 때 어떻게 하면 좋을지 우리 같이 방법을 찾아보자."

그리고 부모가 노력할 점도 아이에게 약속하세요.

> "엄마(아빠)도 앞으로 말투를 조심할게. 그리고 화가 날 땐 잠시 멈추고 감정 조절법을 사용하도록 노력할게."

이렇게 하면, 당장은 아이가 이 방법을 받아들이지 않을 수도 있지만, 부모의 말을 기억하고 있다가 결국에는 시도해볼 가능성이 큽니다. 불안을 조절하는 방법도 아이와 함께 계획해보세요.

> "학교 끝나고 갑자기 불안한 기분이 들면, 집에 돌아와서 네가 좋

아하는 음악을 들으면서 좋아하는 인형을 꼭 안고, 20분 동안 일기장에 그림을 그려보는 게 어때? 오늘 학교에서 돌아오면 한 번 해보자. 그리고 네 기분이 어떻게 변했는지 나중에 말해줘."

감정 조절법을 온 가족이 다 함께 실천할 수 있습니다. 가족끼리만 통하는 암호를 정하는 것도 좋은 방법입니다. 예를 들어, '붕어빵' '뽀로로' '코끼리' 같은 단어를 암호로 정해놓고, 가족 중 누군가가 이 단어를 말하면 모두 5분 동안 심호흡하는 시간을 가지는 것입니다. 이 단어를 들으면, 감정이 격앙된 순간에도 자연스럽게 웃음이 터져 나오면서 긴장이 풀릴 수 있습니다. 가족이 다 함께 암호에 관한 규칙을 정했다면, 누가, 어떤 이유로 암호를 말하든 반드시 지키는 것이 중요합니다.

또한, 가족 모두가 함께 머리를 맞대고 창의적인 감정 조절 계획을 세워보세요. 이 과정에서 시행착오를 겪을 수도 있지만, 그래도 괜찮습니다. 윌리엄스 씨 가족은 스크린 타임을 둘러싼 갈등을 줄이기 위해 스크린 타임이 끝날 때마다 특정한 노래를 재생하는 방법을 시도했습니다. 처음에는 다들 어색해했지만, 결국 이 방법이 효과가 있었습니다. 물론, 아이들이 "아빠, 우리가 좋아하는 TV 프로그램을 쉽게 끌 수 있도록 좋은 방법을 찾아줘서 고마워요!"라고 말하지는 않았지만, 이 노래 덕분에 아이들은 매일 밤 큰 충돌이나 갈등 없이 자연스럽게 잠자리에 들 준비를 하게 되었습니다.

이사벨라의 가족은 온종일 에너지가 넘쳤고, 특히 아침과 밤에 차분하게 소통하기가 쉽지 않았습니다. 하지만 몇 달 동안 SAFER

양육법을 실천한 후, 이사벨라는 이렇게 말했습니다.

"우리 집에서 가족 간에 감정이 격해지는 일이 완전히 사라진 건 아니지만, 이제는 터널 끝에 빛이 보이는 것 같아요. 예전에는 감정이 격앙되는 일이 생기면, 결국 누군가가 울어야 상황이 마무리됐어요. 하지만 이제는 우리 각자가 잠시 멈추고 감정 조절법을 시도할 줄 알게 되었어요."

감정 조절 계획을 세울 때는 부모가 일방적으로 정하는 것이 아니라, 아이들이 자신에게 맞는 감정 조절법을 스스로 찾을 수 있도록 함께 고민하는 것이 중요합니다. 아이가 감정 조절 계획을 실천할 때도 실수하면서 배우고 성장할 수 있도록 여유를 주세요. 처음부터 완벽하게 성공할 거라고 기대하지 말고 조금씩 나아지는 것을 목표로 삼으세요.

혹시, 아이와 대화해보려고 여러 번 시도했지만, 아이가 매번 거부하고 방에서 나가라고 하나요? 그렇더라도 절대 포기하지 마세요. 계속해서 열린 마음으로 대화하려고 노력하고, 감정 조절법을 실천해보세요. 꾸준히 연습하면, 반드시 변화를 경험하게 될 것입니다.

·····

아이들은 자신의 감정을 말로 표현하는 능력을 가정에서부터 배우기 시작합니다.

아이들이 풍부한 감정 표현 어휘를 익히고, 감정을 조절하는 능력을 키울 수 있도록 함께 연습해보시기 바랍니다. 또한, 아이의 감정은 공감해주되, 행동의 기준을 일관성 있게 적용하세요. 그리고 부모도 때때로 감정적으로 격앙될 수 있음을 인정하고, 감정을 조절하지 못했을 때는 아이에게 솔직하게 사과하세요.

이렇게 새로운 시도를 하는 것만으로도, 우리는 더 나은 부모가 되기 위해 한 걸음 나아가고 있는 것입니다.

더 깊이
생각해보기

아래 질문을 읽고, 당신의 생각과 감정을 솔직하게 적어보세요. 이 장에서 소개한 방법들이 아침 식탁에서 벌어지는 작은 실랑이부터 잠자리 루틴까지, 당신의 일상적인 양육에서 어떤 의미를 지니는지 생각해보세요. 부모로서 겪는 감정적 어려움을 해결할 실마리를 찾을 수 있을 것입니다.

- 어렸을 때 감정을 자유롭게 표현하는 것이 허용되었나요? 아니면 어떤 감정들은 드러내면 안 된다고 배웠나요? 부모님은 어떤 방식으로 훈육하셨나요? 감정이 격해졌을 때 이를 조절하는 방법을 배운 적이 있나요?

  _____

  _____

- 어릴 때 부모님으로부터 사과를 받아본 적이 있나요? 지금 당신은 아이에게 화를 냈을 때 얼마나 자주 사과하나요?

  _____

  _____

- 아이를 진정시키는 데 효과적인 방법은 무엇인가요? 이 장에서 소개한 방법들이 아이가 낯설거나 당황스러운 상황에서 불안을 다스리는 데 어떻게 도움을 줄 수 있을까요?

  _____

  _____

- 아이의 감정 중 당신이 자연스럽게 받아들이는 감정은 무엇인가요? 반대로, 무의식적으로 외면하거나 피하려고 하는 감정이 있나요?

  _____

  _____

- 가정에서 규칙을 일관되게 적용하지 못했던 적이 있나요? 아이가 감정을 자유롭게 표현하도록 허용하면서도, 행동의 기준이나 한계를 명확히 설정하려면 어떻게 해야 할까요?

  _____

  _____

5장

자기 자신을
사랑하는 아이로 키우기
(Form Identity)

아이들은 자라면서 다양한 사람들과 환경을 접하며 자아 정체성을 형성해갑니다. 그 과정에서 인종, 민족성, 성별과 같은 개념을 배우고 자신의 정체성을 설명하는 데 필요한 어휘를 익히기 시작합니다. 예를 들어, "나는 똑똑하고 수영을 잘해. 하지만 그림은 정말 못 그려"와 같은 식으로 자신의 장단점을 파악해 표현할 수 있게 되지요.

아이들이 자기 자신을 알아가는 과정에서 자신의 정체성과 관심사, 성격을 긍정적으로 받아들이고 자부심을 느끼는 것은 매우 중요합니다. 감정 조절과 마찬가지로 아이의 자존감 형성도 가정에서 시작됩니다. 부모가 아이와 어떤 관계를 맺는지, 평소에 아이에 대해 어떻게 이야기하는지는 아이의 자아 정체성 형성에 큰 영향을 미치지요. 아이들은 부모로부터 자신의 성취와 능력을 인정받을 때 자기 자신에 대한 믿음이 더욱 단단해집니다. 또 부모와 주변 사람들이 아이를 어떻게 바라보는지가 아이의 자아 인식에 중요한 역할을 합니다. 아이들은 인정받고 소속감을 느낄수록 스스로 부족하다고 여기거나 자신을 의심하는 일이 줄어듭니다.

어느 날, 양육지원 모임에서 아이의 자신감을 키우는 게 얼마나 중요한지 한창 이야기하고 있었습니다. 그때 바르탄의 엄마가 말을 꺼냈습니다.

"우리 부부는 지난 몇 달 동안 아들이 자기 자신을 긍정적으로 바라볼 수 있게 도우려고 정말 많이 노력했어요. 하루는 저녁 식사 자리에서 아들에게 '넌 어떤 사람이야?'라고 물어봤더니, 아들이 자기소개 영상을 찍어서 이 모임에서 함께 보면 어떻겠냐고 먼저 제안하더라고요."

바르탄은 여느 아이들처럼 카메라 앞에 서는 걸 좋아했습니다. 모임에 있던 사람들은 바르탄의 자기소개 영상을 볼 생각에 들떠 있었지요.

또래보다 키가 크고 아주 마른 체형인 열두 살 바르탄은, 숱이 풍성한 짙은 갈색 머리에 후드티를 입고 야구 모자를 거꾸로 눌러쓴 채, 카메라를 쑥스러운 듯 바라보며 자기소개를 시작했습니다.

"저는 바르탄이고, 브루클린 출신이에요. 브루클린 네츠 화이팅! 전 아르메니아계이고, 제 사촌들은 실제로 아르메니아에 살고 있어요. 저는 축구팀에서 골키퍼를 맡고 있고, 연기를 좋아해서 학교에서 연극도 해요. 엄마가 시켜서 트럼펫도 배우고 있지만, 솔직히 트럼펫은 별로 좋아하지 않아요."

바르탄은 마치 '우웩'하는 듯한 표정을 지으며 혀를 내밀었습니다. 영상 속에서 엄마의 웃음소리가 들렸습니다. 엄마는 부드러운 말투로 물었습니다.

"또 뭘 소개할 수 있을까?"

바르탄은 막힘없이 말을 이어갔습니다.

"제가 제일 좋아하는 음식은 라바시(아르메니아 및 주변 지역에서 즐겨 먹는 전통 음식으로, 밀가루, 물, 소금으로 만든 반죽을 얇게 펴서 부드럽게 구워낸 빵-옮긴이)랑 피자예요. 하지만 돌마(다진 고기, 쌀, 허브 등의 속 재료를 채소 속에 채워 넣거나 포도잎에 싸서 끓이거나 찐 음식으로, 아르메니아 및 주변 지역에서 다양한 스타일로 즐겨 먹음-옮긴이)는 별로예요. 맥도날드도 정말 좋아하는데, 엄마가 특별한 날에만 먹게 해줘요."

바르탄은 엄마를 힐끗 바라보며 장난스럽게 덧붙였습니다.

"근데, 그 특별한 날이 거의 없어요. 저는 BTS를 좋아하지만, 제일 좋아하는 아르메니아계 밴드는 시스템 오브 어 다운$^{\text{System of a Down}}$(아르메니아계 미국인들로 구성된 록 밴드로, 강렬한 사운드와 사회·정치적 메시지를 담은 가사로 유명함-옮긴이)입니다. 저희 아빠도 그 밴드를 가장 좋아하세요. 저는 요즘 FIFA 게임에 푹 빠져있는데요, 최근에 두 판 모두 아빠를 이겼어요!"

바르탄의 엄마는 영상을 보는 내내 흐뭇한 미소를 지었습니다. 처음 양육지원 모임에 왔을 때만 해도 아이의 자존감이 낮아 고민이 많았지만, 이제는 아이가 건강한 자기 존중감을 갖게 된 것 같아 가슴이 뭉클해졌기 때문입니다.

긍정적인 자아 정체성
: 아이의 평생을 지탱하는 힘

아이들은 성장하면서 자신에 대해 새로운 것들을 발견하며 자아 정체성을 형성합니다. 가족, 친구들, 그리고 넓은 세상 속에서 어떻게 어울려 살아갈지 탐색하는 과정은 흥미롭기도 하지만, 동시에 불안을 유발할 수도 있습니다. 이 과정에서 자기의 정체성을 호의적으로 받아들인 아이일수록 불안을 덜 느낍니다. 그렇다면, 긍정적인 자아 정체성을 지닌 아이들은 어떤 특징이 있을까요? 지금부터 그 공통점을 살펴보겠습니다.

또래 압력에 쉽게 휘둘리지 않는다

불안정한 사춘기 시기를 건강하게 보내려면, 아이의 내면이 단단해야 합니다. 특히 요즘은 각종 소셜미디어에서 접하는 비현실적인 미의 기준으로 인한 압박이 넘쳐나는 시대입니다. 아이가 자신을 긍정적으로 바라보지 못하면 주변의 인정에 지나치게 의존하게 되고, 또래의 기대에 쉽게 휘둘릴 수 있습니다. 반면 자존감이 높은 아이는 타인의 평가에 일희일비하지 않으며, 남과 다른 점을 개성으로 받아들이고 자랑스럽게 여기는 내면의 힘이 있습니다.

또한 자신의 정체성을 잘 이해하는 아이는 선택의 순간에 쉽게 흔들리지 않습니다. 자기가 원하는 것이 무엇인지 분명하게 알고 목표와 가치관에 따라 자신 있게 결정을 내릴 수 있지요. 그리고 외부

압력이 불안을 유발해도 쉽게 흔들리지 않습니다. 예를 들어 아이의 친구가 "야, 이 립글로스 진짜 좋아. 이걸 꼭 써봐야 한다니까!"라고 말했을 때, 아이는 "넌 그 립글로스가 정말 맘에 드는구나! 난 내가 쓰는 립글로스가 좋아"라고 자신 있게 말할 수 있지요. 더 중요한 결정을 내려야 하는 순간이 와도, 자신의 신념에 따라 현명하게 판단할 수 있습니다.

건강한 자신감이 넘친다

긍정적 자아상이 형성된 아이들은 별 두려움 없이, 자신이 원하는 것을 더 쉽게 시도합니다. 예를 들어 새로운 친구에게 선뜻 다가가거나, 새로운 스포츠에 자신 있게 도전하거나 뮤지컬에서 솔로 파트를 맡겠다고 당당히 나설 수 있습니다. 이처럼 새로운 일이나 어려운 과제 앞에서 주저하지 않으려면 무엇보다 스스로 '할 수 있다'라고 믿는 것이 중요합니다. 이러한 자신감을 바탕으로 상황을 낙관적으로 바라보면, 어떤 일이든 도전할 수 있다는 마음가짐을 갖게 됩니다.

자신을 더 따뜻하게 대한다

자기 자신을 있는 그대로 받아들이는 아이들은 실망스러운 상황에서도 자신을 비난하기보다는 좀 더 따뜻한 시선으로 바라봅니다. 예를 들어, "나는 책을 잘 못 읽어"라고 말하는 대신, 자신의 상황을 고려해 "읽기 연습을 더 열심히 해야 한다는 건 알고 있어. 하지만 내가 미국으로 이사 온 지 고작 몇 년밖에 안 됐으니까, 영어를 좀 못 읽는 건 당연해. 앞으로 연습하면 문제없어"라고 말할 수 있습니다. 이러한 자기 긍정감은 스스로 완벽해야 한다는 부담을 덜고, 불안을 완화하는 데 도움이 됩니다.

실패나 좌절을 겪어도 더 빨리 회복한다

내면의 자신감이 있는 아이들은 자신을 비난하거나 쉽게 포기하는 대신, 상황을 객관적으로 바라보고 어떤 요인들이 결과에 영향을 미쳤는지 분석할 수 있습니다. 예를 들어, "숙제를 깜빡 잊고 놓고 왔네. 자기 전에 숙제를 가방에 안 넣었어. 다음번에는 미리미리 챙겨야겠다"라고 생각합니다. 이런 아이들은 더 큰 실패나 실수를 하더라도 더 빨리 일어나 다시 도전하는 패기와 자신감이 있습니다.

반면, 자신을 부정적으로 인식하는 아이들은 "나는 멍청한가 봐. 숙제를 집에 놓고 오다니!"라고 자신을 탓하며 앞으로도 자신이 바뀔 수 있다고 기대하지 않는 경향이 있습니다. 부모는 아이들이 '나는 내가 좋아. 그리고 다시 시도할 수 있어. 아직 더 노력해야 하지만, 실수했다고 해서 내가 형편없는 사람인 건 아니야'라고 생각하는 사람으로 성장하도록 도와주어야 합니다.

더 건강한 인간관계를 맺는다

자아 정체성이 긍정적으로 형성된 아이들은 그렇지 않은 아이들보다 더 건강한 인간관계를 맺습니다. 이 아이들은 자기 자신에 대해 잘 알고 있고, 주변의 도움이 필요하다고 판단하면 주저 없이 요청하며, 적절한 대처법을 활용해 스트레스를 관리합니다. 또 자신의 필요와 한계를 명확히 이해하기 때문에 주변의 또래나 어른 등 타인에게 지나치게 맞추려는 태도를 보일 가능성이 작습니다. 특히 자신에게 맞지 않거나 과도하게 부담되는 상황을 잘 알아차리며, 단순히 상대에게 미안하다는 이유로 원하지 않는 일에 동의하지 않습니다. 대신 "도와주고 싶지만, 지금은 어려워"라고 부드럽게 거절할 수 있으며, 자신의 선택을 흔들림 없이 고수할 수 있습니다.

한편 자존감이 높은 아이들은 정신적으로 더 건강한 경향이 있습니다. 자존감이 낮은 아이들은 불안, 우울, 섭식 장애와 같은 정신 건강 문제를 겪을 가능성이 더 큽니다. 부모인 우리는 아이들이 자신을 있는 그대로 존중할 수 있도록 도와주어야 합니다. 그래야 "쟤는 우리랑 못 어울려" "쟤는 몸매가 안 예뻐" 같은 외부의 부정적인 메시지에서 오는 압박으로부터 자신을 보호할 수 있습니다.

●

부모의 관심이
아이의 자아상을 결정한다

당신이 인식하든 인식하지 못하든, 부모야말로 아이가 자기 자신을 어떻게 바라보는지에 가장 큰 영향을 미치는 사람입니다. 부모로부터 소중한 존재라고 인정받는 아이는 그 믿음을 바탕으로 세상을 살아가며 성인이 되어서도 자신이 존중받아 마땅한 존재라고 생각합니다. 그 결과, 부모뿐만 아니라 타인에게도 존중받기를 기대하며, 자신을 존중하지 않는 관계나 상황을 자연스럽게 피할 수 있습니다. 반대로 부모가 자신을 실망스러운 존재로 여긴다고 느끼는 아이는 성인이 되어서도 타인에게 환영받지 못한다고 느끼거나 심지어 자신이 타인에게 부담이 되는 존재라고 여길 수 있습니다.

열 살인 클로이는 이렇게 말했습니다.

"우리 아빠는 장난기가 많아요. 항상 저랑 동생한테 '너희는 내가 지구상에서 제일 좋아하는 인간들이야'라고 말씀하시죠. 그럼 저는 겉으로는 그냥 시큰둥한 척하지만 사실 그 말을 들으면 기분이 정말 좋아요."

클로이처럼 부모님을 신뢰하는 아이들은 이렇게 생각합니다.

'부모님과 내 의견이 다를 때도 부모님은 여전히 나를 사랑해. 아침에 부딪치는 일이 있더라도, 밤이 되면 부모님은 변함없이 내 곁에서 힘이 되어주실 거야.'

부모는 아이에게 '우리 엄마 아빠는 나를 위해서라면 뭐든지 하실 수 있다'라는 믿음을 주어야 합니다. 이러한 믿음은 아이가 세상을 살아가는 데 꼭 필요한 안정감을 줍니다. 아홉 살 잰은 이렇게 말했습니다.

"우리 엄마는 내가 위험한 상황에 처하면, 벽이라도 부수고 달려오실 거예요. 아빠가 예전에 몸집이 크고 피부가 초록색인 헐크라는 캐릭터를 보여주신 적이 있는데, 만약 지진이 나면 엄마가 헐크로 변해서 저를 구하러 오실 것 같아요."

엄마를 헐크로 변신시킨 잰의 상상이 웃기긴 하지만, 이 이야기는 엄마가 언제나 자신을 지켜줄 거라는 확신을 가진 아이의 모습을 보여주는 좋은 예입니다.

아이들이 자신과 타인을 구분해서 인식하기 시작할 때, 자신의 성격, 외모, 취향, 능력 등을 긍정적으로 받아들이는 것은 매우 중요합니다. 아이가 존재 자체로 사랑받을 자격이 있다고 느낄 수 있도록 해주세요. 자신이 속한 공동체와 부모로부터 인정받고 존중받을수록, "나는 소중한 존재야"라는 믿음이 더욱 단단해집니다.

●

아이를 품어주는 공동체

아이를 지지하고 따뜻하게 품어주는 공동체는 아이의 자아 정체성 형성에 중요한 역할을 합니다. 아이가 자신이 속한 공동체에서 소속감을 느끼면, 자신이 더 큰 무언가의 일부라는 느낌과 함께 정서적 안정과 내면의 평온함을 얻습니다. 자신이 속한 공동체가 있다는 사실은 '나는 다른 아이들과 다르다'라는 인식에서 오는 불안감을 덜어주는 데 도움이 됩니다.

아이들은 살면서 자신의 문화, 인종, 외모, 성별, 성 정체성을 부정적으로 바라보는 시선을 수도 없이 접하게 됩니다. 학교에서 특정 피부색이나 체형, 가족 형태가 더 좋거나 열등하다는 잘못된 편견을 접할 수도 있습니다.

여덟 살인 분마는 학교 점심시간에 이러한 편견을 경험했습니다. 분마는 점심 도시락으로 무융$^{moo\ yong}$(돼지고기를 가공해서 말린 분말 또는 풀솜 모양의 태국 음식-옮긴이)을 얹은 쌀밥을 싸 왔습니다. 분마가 정말 좋아하는 음식이었지만, 반 친구들은 솜처럼 가느다랗고 폭신하게 생긴 무융을 보고 "카펫 털 같아!"라며 놀렸습니다. 분마는 결국 친구들의 놀림에 울음을 터뜨렸습니다. 분마의 엄마는 양육지원 모임에서 이 일을 이야기하며 눈물을 흘렸습니다.

"아이가 그렇게 괴로워하는 모습을 지켜보면서도 부모로서 아무것도 해줄 수 없다는 게 너무 속상했어요."

분마는 입양된 아이였고, 분마를 입양한 부모는 분마와 다른 인종이었습니다. 분마의 가족은 분마가 자신의 문화적 뿌리를 잃지 않고 지켜나갈 수 있도록 노력했습니다. 분마가 사는 동네에는 태국계 할머니가 한 분 계셨고, 분마는 이 할머니를 '파Pah'라고 부르며 잘 따랐습니다. '파'는 태국 문화에서 어머니보다 나이가 많은 여성을 부르는 표현입니다. 분마는 학교에서 힘든 일을 겪은 날이면, 하교 후 파와 함께 무융을 곁들인 쌀밥을 먹으며 마음을 나누었습니다. 분마가 도시락 사건을 겪고 속상해하는 것을 알게 된 파는, 사람들이 무융의 생김새를 낯설어하지만 그 점이 오히려 분마의 문화를 더욱 독특하고 특별하게 만든다고 설명해주었습니다. 그 후 몇 주 동안, 분마와 파는 아시아 식료품점에 함께 가보고, 쌀과 무융을 다양한 방식으로 요리해보았습니다. 그리고 파는 분마의 엄마에게 자신만의 레시피를 가르쳐주기도 했습니다.

분마는 파와 함께한 요리 시간을 통해 자신감을 키우고, 자신의 문화적 뿌리를 더욱 소중하게 여기게 되었습니다. 몇 달 후, 분마는 엄마에게 이렇게 말했습니다.

"친구들이 못되게 굴면, 정말 기분이 나빠요. 나한테 뿐만 아니라 누구에게든 그렇게 하면 안 되잖아요. 그리고 걔네는 자기들이 뭘 놓치고 있는지 전혀 몰라요. 무융을 단순히 생김새만 보고 판단해서, 그 음식이 얼마나 특별하고 맛있는지 경험할 기회를 놓치고 있잖아요. 걔네 눈에는 무융이 세상에서 제일 이상한 음식처럼 보일지 몰라도, 저한테는 사랑의 맛이에요. 우리는 이게 얼마나 맛있는지 잘 알잖아요."

분마는 부모님과 파의 노력 덕분에 자신이 속한 공동체에 대한 소속감을 더 깊이 느끼게 되었고, 자신과 자신의 문화를 더 긍정적으로 받아들이게 되었습니다.

●

아이의 자존감을 깎는 부모의 말과 행동

부모의 특정 행동 패턴은 아이의 긍정적인 자아 정체성 형성을 방해할 수 있습니다. 다음은 아이의 자존감과 자신감에 부정적인 영향을 끼칠 수 있는, 부모가 무심코 하는 행동들입니다. 혹시나 이런 행동을 하고 있지는 않은지 돌아보세요. 자신의 양육방식을 잘 인식할수록, 더 긍정적인 방향으로 변화시킬 수 있습니다.

부모의 부정적 평가와 판단

열한 살 라라가 긴장한 표정으로 상담실에 들어왔습니다. 들어오자마자, 한숨을 푹 내쉬며 소파에 털썩 앉았습니다.

"제 생일날 받은 돈으로 이 바지를 샀어요."

라라는 입고 온 바지를 가리키며 말을 이었습니다.

"그런데 엄마 말에 상처받았어요. 집에서 막 나오려는데, 엄마가 '설마 그 바지 입고 가려고? 너무 헐렁하잖아'라고 하시는 거예요. 엄마는 항상 제 옷차림을 평가하세요. 저는 이 바지가 좋은데, 엄마가 한 말 때문에 제 취향이 이상한 것만 같아요."

다시 한번 강조하지만, 부모의 말과 행동은 아이가 자신을 어떻게 생각하는지에 깊은 영향을 미칩니다. 따라서 아이의 취향에 관해 이야기할 때는 신중해야 합니다. 예를 들어, 아이가 새로 좋아하기 시작한 노래를 계속 틀어서 부모가 싫증을 느낀 나머지 "너무 시끄럽다. 소리 좀 줄여!"라고 쏘아붙이면, 아이는 부모가 자신의 음악 취향을 싫어하는 것이 아니라, 자신을 싫어한다고 받아들일 수 있습니다. 그리고 이러한 믿음은 한 번 자리 잡으면 쉽게 사라지지 않습니다. 부모는 단순히 "난 이 음악이 별로야"라는 뜻으로 말했을지라도, 아이는 "난 너를 좋아하지 않아"라고 해석할 수 있습니다.

또한, 아이의 신체에 대한 부정적인 발언도 피해야 합니다. 몸집이 너무 크다거나 말랐다거나, 또는 피부가 너무 하얗다거나 까맣다는 말은 아이에게 공격적으로 느껴질 수 있으며, 특히 부모에게서 이런 말을 들으면 충격이 더 깊이 남습니다. 이렇게 부모의 사소한 말 한마디가 아이에게는 상처가 될 수 있지요. 예를 들어, 부모는 "그 셔츠가 좀 작은 거 아니니?" 또는 "또 배고프다고? 방금 먹었잖아!"라며 무심결에 짜증스럽게 내뱉을 수도 있지만, 이런 사소한 지적들이 아이의 자아 형성에 부정적인 영향을 미칠 수 있습니다.

아이들은 살아가면서 언젠가 타인의 평가를 받게 되고 그 과정에서 상처받을 일도 있을 수 있습니다. 적어도 가정에서만큼은 아이가 편안한 마음으로 자기다운 모습으로 있어도 좋다고 느낄 수 있도록 노력해주세요.

부모의 부정적인 낙인

부모가 평소에 아이를 지나치게 비판하면 아이는 현실적으로 충족하기 어려운 기대에도 반드시 부응해야 한다는 압박을 느끼며, 결국 자신을 부족한 존재라고 여기게 됩니다. 이러한 아이들은 실수에 대한 두려움이 너무 커서 새로운 일에 도전하기를 주저하고 부모님을 기쁘게 해드려야 한다는 강한 압박감 때문에 더 큰 불안을 느낄 수 있습니다.

부모 입장에서는 가벼운 농담이나 별 뜻 없이 툭 내뱉은 말이 아이의 마음에는 비수가 되어 꽂힐 수 있습니다. 세 아이의 엄마인 바네사는 이렇게 말했습니다.

"제 새아빠는 저를 항상 '덜렁이'라고 불렀어요. 그래서인지 세 아이의 엄마가 된 지금까지도 아주 사소한 실수를 할 때조차 제가 바보처럼 느껴져요."

형제자매를 서로 비교하거나 특정 꼬리표를 다는 것도 아이에게 상처가 됩니다. 예를 들어 "너희 언니는 공부를 잘하고, 넌 음악에 소질이 있어"라고 말하는 것은 아이를 위축시키거나 아이의 잠재력을 제한할 수 있습니다. 행여 농담이라도 자녀 중 누구를 가장 좋아한다는 말은 절대 하지 말아야 하며, "정말 둘째답게 행동하는구나!" 같은 말도 삼가는 것이 좋습니다. 형제자매를 비교하는 말은 아이의 자존감에 장기적으로 부정적인 영향을 끼칠 수 있습니다.

부모의 지나친 통제

당신이 자녀가 하는 모든 일에 일일이 간섭하며 도와주려는 성향의 부모라면, 이제는 한발 물러서야 할 때입니다. 하지만 자녀를 지나치게 통제하려는 성향이 있다는 것을 스스로 인지하고 있는 부모조차도 이를 실천하기는 쉽지 않습니다. 한 어머니는 이렇게 털어놓았습니다.

"하루는 아들이 학교에서 어떤 동아리 활동을 할지 고민하고 있길래 도와주고 있었어요. 그런데 제가 제 의견을 너무 강하게 내세웠나 봐요. 갑자기 아들이 '엄마, 숨 막혀요!'라고 하더라고요. 그 말을 듣고 정신이 번쩍 들었어요. 제 딴에는 도와주려고 한 행동이 오히려 아이를 숨 막히게 하고 있었다는 걸 그제야 깨달았어요."

부모는 자녀가 안정적이고 성공적으로 살아가길 바라는 마음에서 자녀를 통제하려고 합니다. 하지만 이 통제가 지나치면 오히려 역효과를 낳을 수 있습니다. 실제로, 부모의 과도한 간섭과 아이의 불안감은 깊은 관련이 있습니다. 부모가 지나치게 간섭하고 통제한다고 느끼는 아이들은 자기 선택에 확신이 없으며, 이로 인해 불안이 커지고 자존감이 점점 낮아질 수 있습니다.

아이가 어떤 결정을 내렸을 때, 부모가 보기엔 사소한 결정일지라도 이를 못마땅하게 여기면, 아이는 자신 때문에 부모가 실망했다고 느껴 크게 상처받을 수 있습니다. 아이는 자신이 내린 결정 그 자체보다 부모의 반응이나 기대를 더 중요하게 여기기 때문입니다.

부모의 번아웃

많은 부모가 상담 중에 종종 육아에 너무 지쳤고, 인내심이 바닥났으며, 이제는 버티는 것조차 힘들다고 말합니다. 한 어머니는 양육지원 모임에서 이렇게 고백했습니다.

"솔직히 말하면, 제 딸도 제가 한계에 다다랐다는 걸 느끼는 것 같아요. 육아의 즐거움은 사라진 지 오래고, 이제는 인내심도 바닥났어요. 요즘은 애 키우는 게 그냥 의무처럼 느껴져요."

이 말에 모임에 있던 거의 모든 부모가 공감하며 고개를 끄덕이거나, 자신도 같은 심정이라고 말했습니다. 부모로서 이러한 감정을 느끼는 것은 지극히 정상입니다. 하지만 이 감정을 그냥 묻어두지 말고, 주변 친구들과 이야기하거나 상담사의 도움을 받아 해결해야 합니다. 아이들은 부모가 부모 역할에 지쳤다는 걸 금세 알아차립니다. 그리고 이는 아이의 자존감에 부정적인 영향을 미칠 수 있습니다.

부모의 자신감 부족과 자기 의심

부모와 자주 대화하고, 유대감이 깊은 아이일수록 건강한 자아상을 형성합니다. 그런데 아이와의 소통이 생각보다 쉽지 않다고 느끼는 부모가 많습니다. 아이와 부모 사이에 어색함이 쌓인 나머지 선생님이나 가까운 이모·삼촌 등이 아이와 교감하는 역할을 대신 맡는 일도 있습니다. 그런데 막상 자녀가 다른 어른과 더 잘 어울리는 모습을 보면 부러움을 느끼기도 하고, 어떤 경우에는 아이에게 거부당했다고 느끼기도 합니다. 한 부모는 이렇게 털어놓았습니다.

"아이와 교감하려고 여러 번 노력해봤어요. 하지만 그때마다 아이는 눈을 굴리며 짜증을 내거나 방문을 쾅 닫고 들어가버려요. 아이에게 계속 다가가야 할지, 아니면 그냥 내버려둬야 할지 정말 모르겠어요."

아이가 부모의 관심을 시큰둥하게 여기는 것처럼 보여도 너무 낙담하지 마세요. 아이에게 오늘 하루가 어땠는지 물어봤는데, 아이가 친구들과 메시지를 주고받느라 부모의 질문에는 별다른 반응을 하지 않는 경우가 있을 수 있습니다. 이럴 때 "그래, 너 하고 싶은 거 해라!"라고 말하며 그냥 물러서기보다는, 잠시 숨을 고르고 아이와 함께할 수 있는 작은 활동을 계획해보세요. 함께 간식을 만들거나 엉뚱하지만 신나는 작은 모험을 떠나는 것도 좋은 방법입니다. 이렇게 소소하게 함께하는 순간들이 부모와 자녀 사이의 거리를 좁히는 데 큰 도움이 될 수 있습니다. 아이가 무심한 듯 행동한다고 해서 부모를 필요로 하지 않는다는 뜻은 아닙니다. 아이는 여전히 부모를 필요로 합니다. 다만, 그 필요를 겉으로 표현하지 못할 뿐입니다.

아이들은 본능적으로 부모와의 유대감을 원합니다. 부모가 해야 할 일은 내 아이에게 맞는 적절한 소통 방법을 찾는 것입니다. 아이가 부모를 밀어내는 것처럼 행동할 때야말로 아이가 부모를 가장 필요로 하는 순간입니다. 이때 부모는 아이의 공간을 침범하지 않으면서도, '엄마(아빠)는 언제나 네 곁에 있고, 네가 원할 때 언제든 대화할 준비가 되어있어'라는 메시지를 부드럽게 전해주어야 합니다. 힘들더라도 아이에게 다가가려는 노력을 멈추지 마세요. 아이들은 부모가 자신을 이끌어주기를 바라고 있습니다.

이제부터는 부모가 어떻게 해야 아이가 긍정적인 자아정체성을 기를 수 있을지, 대화법과 태도를 구체적으로 알아보겠습니다.

●

칭찬하고, 존중하고, 곁에 있어주기

아이가 지닌 특별한 강점을 알아보고 칭찬하면, 아이는 자기 자신을 긍정적으로 받아들이게 됩니다. 다만, 아이가 클라리넷을 잘 연주한다거나 로봇 동아리에서 뛰어난 실력을 보인다는 등의 성과보다, 존재 자체만으로도 사랑받고 있다는 사실을 느끼게 하는 것이 더 중요합니다. 이렇게 하면 아이는 자신의 가치가 '1등을 하는 것'과 같은 성취에 달린 것이 아님을 깨닫고, 늘 좋은 성과를 내야 한다는 압박을 덜 받습니다.

부모가 자녀에게 거는 기대치가 지나치게 높으면, 아이는 종종 스트레스를 받습니다. 부모가 기대를 덜 한다고 해서 아이가 노력을 덜 하는 것은 아닙니다. 아이는 부모의 기대치와 상관없이 최선을 다합니다. 부모가 아이의 성적이나 성취와 상관없이 아이의 존재 자체를 소중히 여길 때, 아이는 비로소 긴장을 풀고 안정을 찾을 수 있습니다.

아홉 살짜리 아들을 둔 한 아버지가 아들의 성적표에 얽힌 경험을 들려주었습니다.

"아내와 제가 아이의 성적표를 확인하자, 아이가 눈에 띄게 위축된 모습으로 이렇게 말하는 거예요. '아빠, 여전히 저를 사랑해요?' 그래서 이렇게 대답했죠. '아빠는 네가 세상에 태어난 그 순간부터

널 사랑했단다. 그리고 그 사실은 네가 어떤 성적을 받든 절대 변하지 않을 거야.'"

이처럼 아이는 자신의 성적이나 외모, 성과와 상관없이 부모로부터 변함없는 사랑과 지지를 받고 있다는 확신을 느낄 수 있어야 합니다.

아이의 장점을 칭찬해주세요

아이의 친절함, 공감 능력, 창의성과 같은 장점을 발견하는 즉시 말로 표현하며 아낌없이 칭찬해주세요. 부모의 칭찬에 아이들이 겉으로는 시큰둥하게 반응해도 속으로는 기분 좋아하고, 자신을 더 긍정적으로 바라보게 됩니다. 그렇다고 과장되게 호들갑을 떨며 칭찬할 필요는 없습니다. 진심을 담아 구체적인 말로 아이의 특성이나 행동을 칭찬하는 것이 중요합니다.

아이가 당면한 문제를 기발하게 해결했다면, 이렇게 말해보세요.

"넌 친구 관계 문제를 정말 잘 해결하는구나. 네 덕분에 디클란이 안드레스와 다시 이야기하게 됐잖니? 어떻게 그 방법을 생각해 낸 거야?"

또한, 아이에게 들리도록 다른 어른에게 아이의 장점을 이야기하는 것도 좋은 방법입니다.

"케리가 내 핸드폰을 눈 깜짝할 사이에 다 설정해줬다니까. 정말 대단하더라고."

이렇게 아이의 강점을 알아보고 표현하면, 아이가 자신의 좋은 점을 인식하고 건강한 자아상을 형성할 수 있습니다.

그런데 아이를 칭찬할 때 한 가지 유의해야 할 점이 있습니다. 부모가 중요하게 여기는 기준으로만 아이를 칭찬하면 아이가 지닌 다양한 강점을 놓치기 쉽다는 점입니다. 예를 들어 성실함과 지능을 중요하게 여기는 부모는 아이가 정리정돈을 잘하거나, 사람들을 잘 웃기거나, 기억력이 뛰어나다는 점을 알아차리지 못할 수도 있습니다. 따라서 아이가 지닌 강점을 있는 그대로 인정하고, 특별한 순간에만 크게 칭찬하기보다는 작은 것이라도 아이의 장점을 발견할 때마다 자주, 아낌없이 칭찬하는 것이 중요합니다.

아이의 관심사를 존중해주세요

아이가 관심 있어 하는 활동을 하도록 격려하는 일은 단순히 시간을 재밌게 보내는 것 이상의 의미가 있습니다. 이러한 활동은 아이를 더 행복하게 하고, 스트레스를 줄이는 데도 큰 도움이 됩니다. 아이는 관심 있는 활동을 할 때, 그 활동에 온전히 몰입하며 자연스럽게 긴장을 풀고 편안함을 느낍니다. 일단 아이의 관심사가 무엇인지 파악하고, 그것을 발전시켜 나가도록 도와주세요. 예를 들어 아이가 좋아하는 수업에 등록해주거나, 궁금해하는 주제를 함께 인터넷으로 찾아보고 관련 책을 같이 읽거나, 좋아하는 스포츠팀에 대해 함께 알아보는 것도 좋은 방법입니다.

열 살인 오로라는 중고 가게에서 쇼핑하는 것을 좋아합니다. 오로라의 엄마는 딸의 옷차림을 그다지 마음에 들어 하지는 않았지만, 요즘 들어 딸이 옷 입는 취향이 바느질에 대한 진지한 관심으로 이어지고 있다는 걸 알아차렸습니다. 그녀는 양육지원 모임에서 이렇게 말했습니다.

"지난 1년 동안 아이 옷차림을 두고 늘 실랑이를 벌였는데, 문득 깨달았어요. 우리 딸이, 제가 정말 좋아했던 할머니를 꼭 닮은 거예요. 할머니가 별다른 재료 없이도 멋진 옷을 뚝딱 만들어내시곤 했거든요!"

아이가 한 가지 특정 주제에 대해 끊임없이 이야기하더라도 한 주제에 지나치게 집착한다고만 여기지 말고, 아이의 이야기에서 새로운 면이나 숨은 의미를 찾아보세요. 당신이 어렸을 때 푹 빠졌던 관심사를 떠올려보세요. 그때 그 관심사가 당신에게 얼마나 소중했는지도 함께요. 아이의 관심사를 더 넓은 시각으로 바라보면, 그 안에서 잠재된 가능성을 발견할 수 있습니다. 아이가 야구 선수들의 기록을 외우고 관련 통계를 분석하는 걸 좋아하면, 훗날 데이터 분석가나 회계사처럼 숫자와 데이터를 다루는 전문가가 될 수도 있습니다. 또한, 던전 앤 드래곤Dungeons & Dragons 게임에서 친구들을 모아 팀을 꾸리고 전략을 짜는 아이라면, 장차 어떤 분야에서든 팀을 조직하고 이끄는 훌륭한 리더로 성장할 수 있을 거예요.

아이의 현재 관심사가 너무 유치해 보여서, 이를 장려하면 괜히 그쪽으로만 빠질까 봐 걱정될 수 있습니다. 하지만 아이의 관심사는 시간이 지나면 자연스럽게 변하기 마련입니다. 지금 아이의 관심사와 열정을 응원하는 것이, 훗날 어떤 분야든 깊이 있게 탐구하는 힘을 길러주는 첫걸음이 될 수 있습니다.

지금, 이 순간 아이 곁에 있어주세요

아이에게 단 한 번뿐인 소중한 어린 시절이 지금 여러분 곁을 지나가고 있습니다. 부모가 아이와 함께 시간을 보내는 일은 무엇보다 중요합니다. 일주일에 한 번쯤은 20분 정도 시간을 내어 아이가 좋아하는 게임을 함께 배워보세요. 게임에 나오는 캐릭터가 너무 많아 이름 외우는 게 쉽지 않더라도, 한번 도전해보세요. 아이가 좋아하는 TV 프로그램을 함께 보는 것도 좋습니다. 이때는 반드시 핸드폰을 내려놓고, 보고 있는 TV 프로그램에 온전히 집중하세요. 부모가 집중하지 않고 건성으로 보면 아이들이 금세 알아차립니다. 아이가 재미있다며 부모에게 보여주는 우스꽝스러운 영상을 끝까지 보고 나면, 부모가 제대로 봤는지 확인하려고 퀴즈를 낼 수도 있어요. 무엇보다 중요한 건, 아이와 함께 시간을 보내는 일을 하나의 습관으로 만드는 일입니다. 그리고 그 시간은 부모가 아닌, 아이가 원하는 방식으로 보내는 것이 중요합니다.

아이가 하는 이야기에 귀 기울이고, 아이의 자존감을 북돋아주세요. 아이가 자신이 모으는 카드에 관해 이야기할 땐, 눈을 맞추고 이렇게 질문해보세요.

"어떤 카드가 제일 강해? 잠만보(포켓몬스터^{Pokémon} 시리즈에 등장하는 인기 캐릭터 중 하나-옮긴이)는 무슨 능력이 있어?"

이렇게 아이가 좋아하는 것에 진심으로 관심을 가져보세요. 설령 그게 전혀 이해되지 않더라도 괜찮아요. (사실, 우리도 잠만보가 뭔지 몰라 검색해 봤답니다!)

부모가 진심 어린 관심과 애정을 꾸준히 보여주면, 아이는 '엄마 아빠가 나를 있는 그대로 봐주고 사랑해 주는구나'라고 느낍니다. 아이의 성격은 어떻고, 관심사와 재능은 무엇인지에도 세심한 관심을 기울여주세요.

인생은 때로 전혀 예상치 못한 방향으로 흘러가기도 합니다. 예를 들어, 격투기를 좋아하던 당신이 어느새 뮤지컬을 사랑하는 아이를 키우게 되어, 황금 같은 주말 오후에 격투기 경기장 대신 뮤지컬 공연장을 찾게 될지도 모릅니다. 부모가 아이의 관심사를 존중하고 응원할수록, 아이는 자신만의 길을 더 자유롭고 주체적으로 걸어갈 수 있습니다.

최근에 전액 장학금을 받고 대학에 합격한 트리스탄은 이렇게 말했습니다.

"우리 엄마는 식당에서 팁 계산하는 것도 어렵다고 하시면서 수학에 약한 자신에 대해 늘 농담하시곤 하셨어요. 엄마의 직업은 화가예요. 제가 미적분 캠프에 참가하고 싶다고 말씀드렸을 때 엄마는 제가 수학에 대해 느끼는 관심과 열정을 진지하게 존중해주셨어요. 수학 올림피아드 대회 때는 맨 앞줄에 앉아서 응원하셨고요."

이처럼 부모가 자신의 취향이나 관심사만을 기준으로 아이를 바라보지 않고, 아이가 좋아하는 것에 진심으로 관심을 기울이고 지지하면 아이는 건강한 자존감을 갖게 되고, 성취감을 느끼게 됩니다.

아이에게 선택권을 주고, 아이의 선택을 존중해주세요

부모가 아이의 행동에 일일이 간섭하기보다는, 정말 중요한 문제에만 집중할 필요가 있습니다. 사소한 문제는 참견하지 않고, 아이가 스스로 선택할 기회를 주세요. 예를 들어, 아이가 집에 누구를 초대할지, 등굣길에 어떤 노래를 들을지, 어떤 옷을 입을지 스스로 결정하도록 해보세요. 또래와 비교해 조금 튀는 선택을 하더라도, 크게 문제가 되진 않을 겁니다. 또한, 아이가 자신의 방을 좋아하는 영화 포스터나 사진, 마음에 드는 장식으로 꾸밀 수 있게 허락해주세요.

아이의 선택을 존중해주세요. 아이들은 스스로 결정할 기회가 많지 않습니다. 대부분의 결정은 어른들이 내리기 때문이지요. 하지만 아이는 자신이 직접 선택한 것에 대해 자부심을 느낄 수 있어야 합니다. 아이가 고른 매니큐어 색이 마음에 들지 않더라도, 아이의 방에서 꽝꽝 울려 퍼지는 데스 메탈$^{\text{death metal}}$(매우 빠른 비트와 시끄럽고 거친 소리, 으르렁거리듯 내는 독특한 창법이 특징인 강한 음악 장르-옮긴이) 음악이 거슬리더라도 아이의 선택을 존중하고, 그 선택에서 긍정적인 면을 찾으려고 노력해보세요. 예를 들어, "너 정말 새로운 밴드를 찾아내는 감각이 뛰어나구나!"와 같은 말 한마디가 아이에게 자신감을 심어줄 수 있습니다.

명절에 아이가 자신만의 스타일대로 옷을 입겠다고 고집을 부리더라도 할머니, 할아버지를 기쁘게 해드리려는 마음에서, 혹은 부모 자신의 만족을 위해서 억지로 입히지는 마세요. 아이가 헐렁한 바지를 입겠다고 하거나 한여름에 털모자를 쓰겠다고 해도 이를 아이만의 자기표현으로 인정하며 아이의 선택을 존중해주세요. 아이는 지금 자신만의 정체성을 찾아가는 중이고, 부모는 그 여정을 함께 걷는 든든한 동반자이자 지지자가 되어줘야 합니다.

실생활에 필요한 기본적인 기술을 가르쳐주세요

아이가 요리, 바느질, 식물 가꾸기, 고장 난 물건 고치기와 같이 어른들이 하는 일을 배우면 성취감과 자부심을 느끼고 불안 또한 줄일 수 있습니다. 아이들은 자신이 무엇을 해낼 수 있는지 알고 싶어 하고, 또 실제로 해내면서 자신감을 키워나갑니다. 아주 쉬운 것부터 시작해보세요. 예를 들어, 저녁 요리에 필요한 재료를 근처 마트에서 파는지 알아보는 일을 아이가 직접 하게 해보세요. 아이가 성장할수록 이렇게 자립심을 키울 수 있는 경험을 할 기회를 자주 주면, 부모는 아이를 신뢰하고 있다는 메시지를 자연스럽게 전할 수 있고, 아이는 자신을 믿는 힘을 얻게 됩니다.

"이건 나도 할 줄 알아!"라고 자신 있게 말할 수 있는 아이는 앞으로 살아가면서 난관에 부딪히더라도 더 잘 대처할 수 있습니다. 아이에게 식기세척기에 그릇을 차곡차곡 넣는 법이나 계란프라이를 만드는 법 같은 집안일을 가르쳐주세요.

한 어머니는 쌍둥이 자녀가 매주 토요일 방 청소뿐 아니라 제법 중요한 집안일을 하나씩 도맡아 한다고 했습니다. 쌍둥이 중 한 아이는 체육복을 빨고 다른 아이는 그것을 개어 옷장에 정리한다고 합니다. 이처럼 아이는 실생활 기술을 배우며 성취감을 느끼고, 게다가 부모로서는 집안일까지 덜 수 있으니 이보다 더 좋을 수 없죠!

아이의 취향 변화를 열린 마음으로 받아들이세요

아이들이 새로운 것들을 시도하면서 좋아하는 것과 싫어하는 것이 자주 바뀝니다. 이러한 변화를 미리 염두에 두고 열린 마음으로 받아들이세요. 아이의 관심사가 하루아침에 바뀌었다고 비판하기보다는 아이의 새로운 관심사를 존중해주세요. 예를 들어, "얼마 전까지만 해도 놀이공원에 정말 가고 싶다더니 이제는 유치하다고?"라며 핀잔을 주거나, "지난주까지만 해도 스타워즈 카드를 모으고 싶다더니 지금은 곤충 껍질을 모으고 싶다고?"라며 자꾸 과거에 한 말을 끄집어내며 꼬투리 잡는 건 좋지 않습니다. 대신, 이렇게 말해보세요.

"네 취미가 다양해서 정말 보기 좋구나!"

아이의 관심사가 독특한 것이든 흔한 것이든 상관없이 부모가 아이를 있는 그대로 사랑한다는 것을 보여주세요. 훗날 아이가 다양한 취미를 가진 어른이 되었을 때 어린 시절 자신의 관심사를 적극적으로 응원해준 부모에게 고마움을 느낄 것입니다.

아이가 자신의 몸을 긍정적으로 바라보도록 도와주세요

아이가 자신의 몸을 자연스럽게 받아들이도록 도와주세요. 아이의 자존감은 부모의 태도에서 비롯됩니다. 아이에게 '몸의 외형'이 아닌 '몸이 할 수 있는 일'에 대해 긍정적으로 이야기해주세요. 예를 들어,

"네 몸은 정말 튼튼하구나. 지난번에 그렇게 힘든 하이킹을 끝까지 완주할 수 있었던 것도 네 몸이 잘 버텨줬기 때문이잖아."

같은 말을 통해 아이가 자신의 몸을 자랑스럽게 여기고 소중히 느낄 수 있도록 격려해주세요.

부모가 다른 사람의 몸에 대해 부정적인 말을 하면 아이는 언젠가 그 비판이 자신을 향할까 봐 두려움을 느낄 수 있습니다. 그러니 아이에게 이렇게 이야기해주면 좋습니다.

"사람들의 몸은 저마다 다 달라. 그래서 더 신기하고 멋진 거야."

아이에게 살이 빠진 것과 같은 신체 변화에 대해 칭찬하는 것은 삼가세요. 대신, 아이가 자신을 표현하는 방식을 칭찬하세요. "네가 고른 머리핀이 참 예쁘구나!"처럼요. 자존감을 외모에 연결하는 것은 긍정적인 경우일지라도 문제가 될 수 있습니다. 앞으로 자신의 몸이나 외모에 변화가 생기는 일에 불안을 느낄 수 있기 때문입니다. 아이가 진정한 아름다움은 겉모습이 아니라 그 사람 고유의 모습과 내면에서 우러나온다는 사실을 깨달을 수 있도록 도와주세요.

미디어를 이용해 아이의 자존감을 북돋아주세요

아이에게 다양한 사람들이 등장하는 책이나 드라마, 영화를 보여주세요. 다양한 인종, 체형, 정체성을 가진 인물이 나오고 아이의 경험과 비슷한 이야기를 담은 콘텐츠를 접하게 해주세요. 아이들이 자신과 닮은 캐릭터가 미디어에서 긍정적으로 그려지는 모습을 보면, "나 같은 사람들이 또 있구나!" 하는 안도감을 느낄 수 있습니다. 이러한 경험은 아이의 자존감과 긍정적인 자아 정체성 형성에 도움이 됩니다. 수치심이나 불안, 우울감 같은 감정도 줄일 수 있습니다. 또한, 형제자매나 친구를 비롯한 타인을 더 깊이 이해하고 공감하는 능력을 기르는 데 도움이 됩니다.

●

사랑받고 있음을 느끼게 해주기

부모와의 깊은 정서적 유대는 강력한 심리적 보호막처럼 작용해, 아이가 외로움을 덜 느끼고 스트레스를 줄이는 데 큰 도움이 됩니다. 또 부모와 가깝다고 느끼는 아이는 부모의 말을 더 잘 받아들이고, 부모에게서 더 많이 배우려는 태도를 보입니다. 부모는 아이에게 '마음의 안식처' 같은 존재입니다. 어려운 일이 생겼을 때 언제든 돌아와 기대 쉴 수 있는 안전한 정서적 공간이지요.

이제 아이와의 유대감을 더욱 단단히 다지는 방법을 함께 살펴보겠습니다.

아이에 대한 사랑을 말로 표현하세요

당신이 아이를 얼마나 사랑하는지 꼭 말로 표현해주세요. '내가 굳이 말하지 않아도 아이가 당연히 알고 있겠지'라고 생각하지 마세요. 아이 방문을 살짝 열어 고개를 빼꼼히 내밀며 "너를 정말 사랑해"라고 말해보세요. 아이들이 웃어넘기거나 시큰둥하게 반응할 수도 있지만 사실은 부모에게서 이 '마법의 말'을 자주 듣고 싶어 합니다. 아니, 자주 들어야만 합니다.

아이의 관심사에 맞춰 사랑을 표현하는 것도 좋은 방법입니다. 아이가 과학을 좋아한다면, "과학자가 새로운 행성을 발견하고 싶어 하는 마음보다 엄마가 너를 사랑하는 마음이 훨씬 더 커"라고 말하면 좋습니다. 장을 보고 돌아와 장바구니에서 아이가 좋아하는 간식을 꺼내며, 이렇게 얘기하는 겁니다.

"짜잔! 마트에서 이걸 보는 순간, 네 생각이 나서 사 왔어."

아이가 사소한 칭찬에도 기뻐하는 모습을 보인다면 그런 칭찬을 더 자주, 아낌없이 해주세요. 예를 들어, 이렇게 말할 수 있습니다.

"오늘 네가 고른 셔츠 색깔이 참 예쁘다. 파란색이 너한테 정말 잘 어울려."
"너랑 같이 있으면 엄마(아빠)는 많이 웃게 돼. 넌 정말 재밌는 아이야."

무엇보다, 아이에게 "사랑해"라는 말을 자주 해주세요!

쪽지나 작은 선물로 마음을 전하세요

아이가 매일 보는 거울에 "넌 정말 멋져!"라고 적은 쪽지를 붙여보세요. 간단히 스마일 모양이나 하트를 그린 쪽지도 괜찮습니다. 아르준은 매주 금요일마다 아빠가 점심 도시락에 넣어주는 쪽지를 무척 좋아합니다. 그 쪽지에는 아빠가 즉흥적으로 그린 익살스러운 그림과 함께 "사랑해. 아빠가"라는 말이 항상 적혀 있습니다. 아르준은 4학년 초반에 새 친구들을 사귀는 데 어려움을 겪었는데, 점심시간에 우울한 기분이 들 때마다 아빠의 쪽지가 큰 위로가 되었습니다.

에밀리가 지내는 위탁 가정(다양한 사정으로 친부모와 함께 지낼 수 없는 아동을 일정 기간 돌보는 가정-옮긴이)에서는 에밀리의 친엄마가 남긴 쪽지를 한데 모아두었다가 매주 토요일 아침 식사 시간마다 한 장씩 꺼내 함께 읽었습니다. 이러한 '공동 양육' 덕분에 에밀리는 친엄마와 잠시 떨어져 지내는 동안에도 여전히 엄마의 사랑을 느끼며 엄마와의 유대감을 이어갈 수 있었습니다.

출장 중이거나 일주일 중 며칠은 고정적으로 아이와 떨어져 지내야 한다면 아이에게 문자나 이메일을 보내거나 전화를 걸어보세요. 아이가 전화를 받지 않는다면 음성 메시지를 남겨주세요. 오랜 여행을 마치고 돌아왔을 때는 이렇게 말해보세요.

"네가 얼마나 보고 싶었는지 몰라. 봐봐! 기념품 가게에서 네가 좋아하는 캐릭터 인형을 발견했는데, 네 생각이 나서 바로 사 왔어."

부모에게 가장 소중한 존재임을 느끼게 해주세요

아이에게 자신이 부모에게 가장 소중한 존재라는 걸 느끼게 해주세요. 아침에 일어나 아이를 처음 마주하는 순간이나 저녁에 귀가

해 다시 만날 때 아이를 보게 되어 얼마나 기쁘고 반가운지 꼭 표현해주세요. 장난기 섞인 다정한 말투로 이렇게 말해봐도 좋습니다.

"넌 언제까지나 엄마(아빠)의 아기야."

식사를 마친 후에는 포춘 쿠키를 가장 먼저 고르게 하거나 소파에서 아이가 앉고 싶은 자리에 앉게 해주는 것도 좋은 방법입니다.
특히나 힘든 하루를 보냈거나 부모나 아이가 화를 내며 감정이 격해졌던 일이 있었다면, 아이가 잠들기 전에 다정하게 속삭여보세요.

"오늘 있었던 일보다 엄마(아빠)와 너의 관계가 훨씬 더 소중해. 우리가 말다툼해도 우리 사이의 사랑은 절대 변하지 않아. 너와 네 동생은 언제까지나 엄마(아빠)에게 세상에서 가장 소중한 존재란다."

가족 식사를 자주 하세요

1500건이 넘는 연구 결과*에 따르면, 가족이 자주 함께 식사하는 것은 아이의 신체 이미지부터 영양 섭취에 이르기까지 다양한 측면에서 긍정적인 영향을 준다고 합니다. 또한 섭식 장애나 음주 및

* Megan E. Harrison, "Systematic Review of the Effects of Family Meal Frequency on Psychosocial Outcomes in Youth," Canadian Family Physician 61, no. 2 (2015): 96-106, https://www.ncbi.nlm.nih.gov/pmc/articles/PMC4325878.

약물 남용, 폭력적인 행동, 우울감, 자살 충동을 줄이는 효과가 있는 것으로 나타났습니다. 가족 식사의 핵심은 아주 간단합니다. 특별한 날에만 함께 밥을 먹는 것이 아니라, 평소에 자연스럽게 함께 식사하며 가족 간의 유대감을 쌓고 서로 소통하는 시간을 자주 갖는 것입니다.

아이와 비슷한 점을 찾아보세요

당신과 아이가 서로 비슷한 점을 찾아 재밌게 이야기해보세요. 한 어머니는 양육지원 모임에서 이렇게 말했습니다.

"제 딸과 저는 둘 다 리스트를 만들어 정리하는 걸 정말 좋아해요! 그리고 눈이 많이 오는 날엔 꼭 공원에 나가 함께 '눈 천사'를 만들죠. 우리 둘 다 눈 천사 만들기를 정말 좋아하거든요."

또는 당신이 어릴 적 어떤 아이였는지 이야기해주는 것도 좋은 방법입니다.

"넌 BTS를 정말 좋아하는구나. 엄마(아빠)는 네 나이 때 '서태지와 아이들'에 푹 빠져있었단다. 방안을 온통 '서태지와 아이들' 포스터로 도배할 정도였지."

아이와 취향이나 관심사가 다르더라도 성격이나 외모, 행동 등에서 닮은 점을 찾을 수 있습니다. 예를 들어, 한 아버지는 어느 날 딸이 친구에게 이렇게 말하는 걸 우연히 들었다고 합니다.

"다들 나보고 외할머니의 눈을 빼닮고, 아빠의 유머 감각을 물려받았대."

이 이야기를 들은 모임 사람들 모두 흐뭇하게 미소 지었습니다.

아이들은 부모와 자신만의 특별한 연결고리가 있다고 느낄 때 부모와의 관계를 더욱 소중하게 여기고 정서적인 안정감을 얻습니다.

또 다른 어머니는 딸과 나눈 대화를 들려주었습니다.

"딸에게 '엄마도 네 나이 때는 친구 관계랑 학교생활이 너무 걱정돼서 잠을 설친 적이 있었어'라고 말했어요. 처음엔 이런 얘기를 하면 오히려 아이가 더 불안해하지 않을까 걱정했거든요. 그런데 딸이 '정말요, 엄마도 그랬어요?'라고 하면서 크게 한숨을 쉬더니 그날따라 마음을 열더라고요. 요즘 들어 딸이 속마음을 잘 안 털어놨었는데, 그날은 정말 오랜만에 깊은 대화를 나눴어요."

아이와 둘만의 특별한 신호를 만들어보세요

'엄마(아빠)가 네 곁에 있어'라는 의미를 전하는 둘만의 특별한 신호를 정해두면 아이의 불안감을 줄이는 데 큰 도움이 됩니다. 한 어머니와 아들은 악수하듯 서로 손을 맞잡고 짧게 세 번 꼭 쥐는 신호를 주고받습니다. 이 신호는 '엄마가' '널' '사랑해'라는 세 단어를 의미하는데, 아들이 다섯 살 때 병원에서 독감 예방주사 맞기를 기다리며 잔뜩 긴장했을 때 엄마가 아이를 진정시키기 위해 만들어 낸 것이었습니다. 당시에 이 단순한 신호 덕분에 아이는 마음을 차분히 가라앉힐 수 있었습니다. 이제 열세 살이 된 아들은 불안하거나 스트레스를 느낄 때마다 이 신호로 엄마와 말없이 교감하며 위로를 얻고 있습니다.

또한, 베일리의 아빠는 베일리와 베일리의 친구들을 태우고 이동할 때 베일리의 친구들이 '구토'에 관한 이야기를 꺼내면 백미러

너머로 베일리에게 살짝 윙크를 보냅니다. 베일리가 구토 이야기에 불안을 느낀다는 걸 잘 아는 아빠는 이 작은 신호가 딸의 불안을 덜어주는 데 큰 도움이 된다는 것을 알고 있습니다.

아이와 의미 있는 시간을 보내세요

아이와 더 깊은 유대감을 형성하려면 일대일로 함께하는 시간을 따로 마련하는 것이 중요합니다. 그 시간이 반드시 길 필요는 없지만 정기적으로 갖는 것이 핵심입니다. 물론 바쁜 일상에서 아이와 함께하는 시간을 꾸준히 마련하는 일이 쉽지 않다는 점, 잘 압니다. 하지만 일주일에 단 20분이라도 괜찮으니 일단 시작해보세요. 잠깐이라도 아이와 온전히 함께하는 순간은 부모와 아이 모두의 마음이 편안해지고 긴장이 풀리는 놀라운 힘이 있습니다. 아이와 함께 즐길 수 있는 활동을 하나 골라보고 아이와 함께하는 시간의 경이로움과 기쁨을 마음껏 느껴보세요.

다음은 아이와 의미 있는 시간을 보낼 수 있는 몇 가지 방법입니다.

| 창의적인 활동 함께 하기

아이의 방을 함께 꾸미거나 침대 옆에 걸어놓을 사진 콜라주 작품을 같이 만들어보세요. 부모의 그림 실력이 부족하더라도 괜찮습니다. 어설픈 고양이나 막대기 인형밖에 못 그린다 해도 아이는 부모와 함께 그림 그리는 그 시간이 가장 소중할 거예요. 아이가 한창 열정을 쏟고 있는 프로젝트를 도와주는 것도 좋은 방법입니다. 예를 들어 도미노를 길게 이어서 가장 긴 도미노 쇼를 만들어 보거나, 고장 난 전자기기를 분해하는 활동을 함께 해보세요.

| 함께 요리하기

양육지원 모임에 참여한 한 어머니는 이렇게 말했습니다.

"큰아이와 저는 요리하는 걸 정말 좋아해서 매주 일요일 브런치 메뉴를 함께 고르고 직접 요리해요. 치우는 일이 좀 번거롭긴 하지만 이 시간이 너무 소중해요."

| 같은 곳을 바라보며 나란히 앉기

어떤 아이들은 부모와 마주 보며 앉기보다 같은 방향을 바라보며 나란히 앉는 것을 더 편하게 느낍니다. 소파에 함께 나란히 앉아 책을 읽거나 일기를 써보세요. 놀란의 가족은 퍼즐 맞추기를 좋아해서 거실 테이블에 둘러앉아 함께 퍼즐을 맞추며 시간을 보내곤 합니다.

| 함께 몸을 움직이기

아이와 팔씨름을 하거나 저녁 식사 후 가볍게 산책을 해보세요. 캐치볼을 하는 것도 좋습니다. 부모의 운동 실력이 뛰어나지 않아도 괜찮습니다. 한 아버지는 이렇게 말했습니다.

"저는 아이들과 운동하는 건 늘 아내에게 맡기곤 했어요. 아내가 대학 시절 라크로스 선수였거든요. 그런데 제가 막상 아이들과 함께 운동해보니 제 운동 실력 따위는 아이들한텐 전혀 중요하지 않더라고요."

스킨십으로 애정을 표현하세요

어느 날 오후, 상담 중에 엘리자베스와 남편은 아이들과 더 가까워지는 방법을 고민하고 있었습니다. 그때 엘리자베스가 말했습니다.

"저희 부모님은 저를 안아주신 적이 거의 없어요. 그래서 저한텐 애정 표현이 좀 낯설어요. 우리 아이들에게 애정 표현을 처음 시도했을 때도 정말 어색했는데, 그래도 용기 내어 계속 표현하니까 두 아이 모두 조금씩 반응을 보이기 시작하더라고요. 몇 주쯤 지난 어느 날, 아이작이 제 방으로 들어오더니, '엄마랑 엄마 침대에서 같이 누워 꼭 껴안고 있어도 돼요?'라고 묻더라고요. 속으로 정말 놀라고 기뻤어요. 아이가 그런 말을 한 건 처음이었거든요."

어떤 아이는 잠들기 전에 머리를 쓰다듬어주는 것을 좋아하고, 또 어떤 아이는 영화를 볼 때 부모의 어깨에 기대는 걸 좋아합니다. 하지만 모든 아이가 스킨십을 좋아하는 건 아닙니다. 어떤 아이는 이런 식의 접촉을 불편해할 수도 있어요. 중요한 건 아이의 몸에 대한 결정권이 아이 자신에게 있다는 점을 부모가 분명히 알려주는 것입니다. 아이가 어떤 방식과 수준의 애정 표현에 편안함을 느끼는지 스스로 인식할 수 있도록 도와주세요.

아이를 안기 전에 먼저 "엄마(아빠)가 한번 안아줘도 될까?"라고 물어보세요. 아이에 따라 부모와 뽀뽀하는 것보다 손을 흔들거나 주먹을 맞대는 인사를 더 좋아할 수도 있습니다. 사람마다 스킨십에 대한 선호는 다르며, 이는 시간이 지나면서 변할 수 있습니다. 특히 아이가 성장할수록 타인과 어느 정도 신체적 거리를 유지하고 싶어 할 수 있습니다. 따라서 아이가 원하지 않을 경우 상대방의 스킨

섭을 거절해도 된다는 것을 알려주는 것이 매우 중요합니다. 아이가 싫다고 했을 때 이를 존중하는 것은 '동의'의 개념을 함께 연습하는 것이며 다른 사람과의 관계에서 자신의 경계를 자신 있게 지킬 수 있도록 돕는 일이기도 합니다. 예를 들어 아무리 사촌이라고 해도 거칠게 장난을 걸어오면, 아이가 "그만해!"라고 단호하게 말할 수 있도록 가르쳐주세요. 그리고 그럴 때 부모가 아이 편에 설 것이라는 점도 분명히 알려주세요.

가족의 '스토리' 들려주기

이 장의 마무리로 가족의 역사, 공동체에 대한 소속감, 문화적 배경을 통해 아이의 긍정적인 자아 정체성을 키우는 방법을 살펴보겠습니다.

가족의 이야기를 들려주세요

아이들은 가족의 역사에 대해 많이 알수록 더 큰 안정감을 느낍니다. 에모리대학교에서 진행한 '가족 이야기 프로젝트' 연구에 따르면, 부모님과 조부모님이 어디에서 자랐는지, 어떤 일을 했는지와 같은 구체적인 가족사를 아는 아이들은 자신의 삶을 더 잘 통제할 수 있다고 느끼며 자존감 역시 더 높게 나타났습니다.*

아이에게 가족 구성원에 관한 이야기를 들려주고 가계도를 함께 그려보세요. 엄마, 아빠가 하는 일에 대해 아는지 물어보고 만약 아이가 잘 모른다면 기꺼이 이야기해주세요.

아이의 나이에 맞춰 재미있게 들려주는 것이 중요합니다. 양육 지원 모임에 참여한 한 어머니는 이렇게 말했습니다.

"저희 아이들은 제 아버지가 미국에 이민 오게 된 이야기에 푹 빠져있어요. 아버지와 아버지의 형제자매들이 과테말라를 떠나올 때 각자 장난감을 하나씩만 가져올 수 있었다는 이야기를 특히 재미있어하더라고요. 아버지는 그때 가져오신 털이 북슬북슬하고 눈이 한 쪽만 있는 사자 인형을 아직도 간직하고 계세요. 얼마 전엔 그 인형을 아이들에게 직접 보여주시기도 했어요."

아이가 아기였을 때의 재미난 에피소드를 들려주고 사진을 함께 보는 것도 좋은 방법입니다. 아이가 태어난 순간 부모가 어떤 감정을 느꼈는지, 아이가 태어나기를 손꼽아 기다린 사람이 누구인지도 함께 이야기해주세요. 아이가 자라는 동안 이러한 이야기를 반복해 들려주는 것이 좋습니다.

아이들은 시각적인 자료를 더 잘 기억하는 경향이 있어서, 옛날 가족 영상을 함께 보거나 가족의 추억이 담긴 기념품이나 사진을 집 안에 두는 것도 큰 도움이 됩니다. 오랫동안 간직해 온 소중한 물건이 있다면 아이에게 보여주며 그 물건이 왜 특별한지 말해주세요.

---

*   "Family Narratives," Family Narratives Lab, Emory University, https://scholar blogs.emory.edu/familynarrativeslab/family-narratives.

소중한 가족의 추억을 물려주세요

어느 날, 엘리는 비취 목걸이를 하고 신이 난 얼굴로 상담실에 들어왔습니다. 그 목걸이는 원래 엄마 것이었는데, 지난 주말 자신의 여덟 번째 생일에 선물로 받았다고 이야기했습니다. 엘리는 목걸이를 자랑스럽게 매만지며 언젠가 자신도 이 목걸이를 딸에게 물려주고 싶다고 말했습니다.

만약 아이에게 물려줄 만한 물건이 없다면 가족을 하나로 이어주는 요리나 취미를 물려주는 것도 좋습니다. 열한 살인 루이스는 집에 있는 플라멩코 기타를 연주하는 법을 배웠습니다. 특히, 이모가 즐겨 연주하던 핑거피킹Finger picking(기타 연주 기법 중 하나로, 손가락으로 기타 줄을 하나씩 뜯듯이 연주하는 기법-옮긴이) 연주법을 열심히 익혔습니다. 엄마가 루이스의 연주를 들을 때마다 "네 연주를 들으면 내 어린 시절이 떠올라"라고 말하면, 루이스는 자랑스러운 듯 환하게 웃었습니다.

만약 부모가 가족사에 특별한 유대감을 느끼지 않는다면 지역사회의 역사를 통해 아이가 더 큰 공동체의 일원이라는 자부심과 소속감을 느낄 수 있도록 해도 좋습니다. 뉴요커인 아홉 살 개빈은 신이 나서 이렇게 말하곤 합니다.

"우리는 맨해튼 출신이에요! 예전엔 이 동네가 온통 풀밭으로 덮여 있었다고 해요. 미국 최초의 피자가게도 여기 있었대요. 그리고 이 동네 물엔 뭔가 특별한 게 있어서, 최고의 베이글이 만들어진다고 하더라고요."

'약한 유대'의 힘을 느끼게 해주세요

우리는 가족이라는 울타리를 넘어 일상에서 가볍게 스치듯 만나는 사람들과도 자주 교류합니다. 이웃, 종교 모임에서 만나는 사람들, 문화 축제, 시장 등에서 스쳐 지나가는 낯선 사람들까지 포함하면 그 수는 셀 수 없이 많습니다. 심리학자들은 이러한 관계를 가까운 가족이나 절친한 친구들과 구분해 '약한 유대' 또는 '주변적 유대 peripheral ties'라고 부릅니다. 우리는 이를 흔히 '공동체'라고 부르기도 하죠.

우리와 스쳐 지나가는 사람들은 생각보다 중요한 존재들입니다. 그들이 곁에 있다는 것만으로도 기분이 좋아지고, 외로움이 줄고, 건강에도 긍정적인 영향을 줍니다. 아이들이 주변 사람들을 잠재적 친구이자 같은 공동체의 일원으로 여기도록 도와주세요. 동네 축제에 참여하고, 먼 친척들을 만나며, 부모의 오랜 친구들을 아이에게 소개해주세요. 이러한 관계를 꾸준히 쌓아가면 아이는 자신이 주변 사람들에게 소중한 존재임을 깨닫게 됩니다.

네야나는 20년 지기 절친을 저녁 식사에 초대했습니다. 식사를 마치고 친구가 돌아간 뒤 네야나는 딸에게 이렇게 말했습니다.

"엄마 친구가 너랑 종이접기 하는 거 정말 재밌었대. 다음엔 네가 종이접기로 어떤 작품을 만들지 정말 기대된다고 하더라."

아이들은 자신에게 관심을 보이며 함께 시간을 보낸 사람들을 오래도록 기억합니다.

또래와 어울릴 기회를 주세요

아이들은 한 공동체의 소중한 일원으로서 기여하고 책임을 맡으며, 스스로 결정을 내릴 때 공동체 의식과 보람을 느낍니다. 특히 학교는 아이들이 사회적 관계를 넓히기에 아주 좋은 장소입니다. 예를 들어, 리아는 방과 후 정원 가꾸기 동아리, 과학 탐구 대회, 도서관 도우미 모임에서 또래 친구들과 자연스럽게 어울립니다. 에르네스토의 새아버지는 흐뭇하게 웃으며 이렇게 말했습니다.

"우리 아들이 사회생활을 저보다 훨씬 더 활발하게 해요. 내일은 '새 친구의 날' 행사에 가고, 다음 주엔 '짝꿍 독서 프로그램'에 참여한대요. 아들이 항상 하는 말이 '학교에서 제일 좋은 건 공부하는 게 아니라 친구들 만나는 거예요'라니까요."

매주 정해진 날에 모이는 활동에 꾸준히 참여하는 것도 아이에게 안정감을 줍니다. 아이들은 정기적인 모임에서 자신이 맡은 임무를 수행하며 소속감을 느끼고 독립심도 키울 수 있습니다. 열한 살 블레이크는 이렇게 말했습니다.

"저는 연극 기술팀에서 활동하는 게 정말 좋아요. 이게 제 삶의 전부라고도 할 수 있어요! 공연할 때마다 제 최애 색깔인 검은색 옷을 입고 조명을 담당해요. 조명은 항상 제가 혼자 다 맡아요. 마지막 공연이 끝나면 친구들이랑 젤리도 먹고 주스도 마셔요. 부모님한테는 비밀이에요!"

문화적 정체성을 키워주세요

언젠가는 아이가 세상이 항상 공평하진 않으며, 어떤 사람들은 단지 외모 때문에 특별한 대우를 받고 더 많은 기회를 얻는다는 사실을 깨닫게 될 것입니다. 어쩌면 이미 깨달았을 수도 있습니다. 사회적 편견은 아이가 자신을 어떻게 바라보는지, 또 세상 속에서 자신의 위치를 어떻게 인식하는지에 큰 영향을 미칩니다. 그래서 아이가 문화적 소속감을 갖는 것은 매우 중요합니다. 비슷한 배경을 지닌 사람들과의 유대감은 아이가 다른 사람의 말이나 행동에 상처를 받더라도 흔들리지 않고 자신감을 유지하는 데 큰 힘이 됩니다.

아이가 자신과 비슷한 문화적 배경을 지닌 사람들과 어울릴 수 있도록 도와주세요. 같은 문화적 배경을 지닌 사람들과의 모임은 아이들이 자신의 모습 그대로 있을 수 있는 안전한 공간이 됩니다. 많은 아이가 이러한 모임에 참여하고 있습니다. 예를 들어, 잭슨은 학교의 흑인 학생 모임에서 활발히 활동하고, 카이토는 일요일마다 일본어 수업에 다닙니다. 이러한 공동체의 힘을 경험한 아이들은 자신을 깎아내리는 사회의 잘못된 시선에도 흔들리지 않고 자신에 대한 자부심과 긍지를 키울 수 있습니다.

가족만의 기념일을 만들어보세요

전통은 단순히 명절 때마다 반복하는 의례적인 습관 이상의 의미를 지닙니다. 전통은 가족을 하나로 묶고, 즐거움을 더하며, 아이의 자아 정체성 형성에 도움을 줍니다. 전통이 크든 작든 그 크기는 중요하지 않습니다. 중요한 것은 그 안에 담긴 진심과 의미입니다. 전통을 꾸준히 이어가면 그 경험은 아이에게는 잊을 수 없는 기억이 되고, 시간이 흐르면 소중한 추억으로 남게 됩니다.

종교적이거나 문화적인 전통에 참여하는 것도 아이에게 소속감을 키워주고 자부심을 심어줄 수 있습니다. 도미니카공화국 출신인 페드로는 이렇게 말했습니다.

"우리 가족은 노체부에나Nochebuena, 그러니까 크리스마스이브에는 밤새 파티를 하곤 했어요. 파티에서 도미니카공화국 전통춤인 바차타Bachata랑 메렝게Merengue를 신나게 췄죠. 그 춤을 배우는 게 우리 전통과 뿌리를 잇는 일처럼 느껴졌어요. 그래서 대학교에 가서도 교내 라틴 댄스 동아리에서 계속 활동했어요."

아이와 함께 어떤 전통을 기념하고 이어나가고 싶은지 생각해보고 그 전통을 더 의미 있게 실천할 방법을 고민해보세요. 그리고 그 전통이 어디서 시작되었고 왜 중요한지도 아이에게 이야기해주세요.

가족의 특별한 순간을 축하하는 것도 훌륭한 전통이 될 수 있습니다. 저녁 식사 자리에서 가족의 중요한 성취를 함께 기념하고 그 의미에 대해 대화해보세요. 이런 축하는 자주 할수록 더 좋습니다! 예를 들어, 이렇게 말해보세요.

"오늘은 폴이 몇 달 동안 포기하지 않고 무선 조종 비행기 키트를 끝까지 조립해 낸 걸 축하하는 날이야. 중간에 몇 번이나 포기하고 싶었을 텐데 끝까지 해낸 네가 정말 자랑스러워."

또는 우리 가족만의 새로운 전통을 만드세요. 루크의 아빠는 루크가 여섯 살이 되던 생일부터 아침 6시에 깨워 함께 도넛 가게에

가는 전통을 시작했습니다. 아빠와 아이는 가게에서 갓 나온 따끈따끈한 도넛을 하나씩 먹고, 나머지 가족들을 위한 도넛도 사서 돌아옵니다. 이제는 온 가족이 이 '생일 도넛 시간'을 손꼽아 기다립니다.

……

아이에게 크고 작은 방식으로 사랑을 전해주세요. 아이와 함께 시간을 보내며 관심사를 존중하며 키워주세요. 부모와의 끈끈한 유대감은 아이가 자신을 긍정적으로 바라보고, 스트레스에도 잘 대처할 수 있도록 도와줍니다. 모든 것이 뒤죽박죽 엉망이 된 것처럼 느껴지거나 속상한 일을 겪어도 아이는 언제나 자신을 믿고 지지해주는 부모가 곁에 있다는 걸 알기에 다시 힘을 낼 수 있습니다.

혹시 당신이 부모님과 깊은 유대감을 경험하지 못했다 하더라도, 그 따뜻함을 당신의 아이에게는 전해줄 수 있습니다. 어쩌면 그 과정이 당신 내면의 어린 시절 상처를 조금이나마 치유해줄지도 모릅니다.

더 깊이 생각해보기

아이의 인간관계를 깊이 들여다보세요. 아이가 맺는 가족 관계, 친구 관계, 그리고 공동체와의 관계가 아이의 자아 정체성에 어떤 영향을 미치고 있나요? 특히, 아이가 학교나 친구 관계에서 소외감을 느끼거나 따돌림을 당하는 상황이 있지는 않은지 유심히 살펴봐야 합니다. 아이의 세상을 더 깊이 이해할수록 더 든든하게 아이를 지지하고 보호해 줄 수 있습니다.

- 아이는 자신이 가족, 친구, 주변 사람들과 얼마나 잘 어울린다고 느낄까요? 아이가 소속감을 강하게 느끼는 공간이나 모임이 있다면, 어디인가요? 반대로 아이가 남들과 다르다고 느끼거나 불안함을 느끼는 순간은 언제인가요?

_____

_____

- 당신과 아이는 서로 얼마나 가깝다고 느끼나요? 아이는 이 질문에 뭐라고 답할까요? 아이와의 유대감을 더욱 돈독히 하기 위해 실천할 수 있는 일은 무엇일까요?

_____

_____

- 아이와 관점이 다를 때 어떻게 하면 조건 없는 사랑과 지지를 보여줄 수 있을까요?

  _____

  _____

- 아이는 자신에게 어떤 장점이 있다고 생각하나요? 또, 다른 사람들이 아이를 어떻게 바라본다고 생각하고 있나요? 아이가 긍정적인 자아 정체성을 형성할 수 있도록 부모로서 어떤 부분을 더 응원하고 북돋아줄 수 있을까요?

  _____

  _____

- 가족의 문화나 전통에 대해 이야기하는 것이 부담스럽게 느껴졌던 적이 있나요? 그렇다면 어떤 새로운 가족 전통을 만들 수 있을까요?

  _____

  _____

6장

아이의 마음이
열리는 언어로 대화하기

(Engage Like a Pro)

애나는 임신했을 때를 떠올리며 이렇게 말했습니다.

"임신했을 때 엄마가 된 제 모습을 상상하며 딸과의 친밀한 관계를 꿈꿨어요. 제가 좋아하는 과학부터 화장법까지, 다양한 주제로 함께 이야기하는 모습을 상상했죠. 하지만 안타깝게도 요즘 우리 대화는 '오늘 몇 시에 데리러 갈까?' '토요일에 치과 예약 있어' 같은 일정 조율에 관한 얘기가 대부분이에요. 딸이 속마음을 터놓을 수 있는 분위기를 만들어보려 해도 쉽지 않더라고요."

한 아버지는 아이와의 소통이 어렵다며 이렇게 말했습니다.

"제가 학교나 친구들은 어떠냐고 물어보면, 아이는 '아빠, 질문 좀 그만해요'라며 짜증을 내요."

부모들은 종종 우리에게 아이들과 더 잘 소통하는 방법에 관해 묻곤 합니다. 특히 아이와의 대화가 겉돌거나 일방적으로 흐를 때는 더욱 난감해합니다. 이 장에서 소개하는 '아이와 마음을 열고 소통하는 기술'을 익혀보세요. 깊이 있는 대화를 나누고, 아이의 경험을 더 잘 이해하며, 아이를 안전하게 지킬 수 있을 것입니다. 무엇보다 중요한 건 아이에게 맞는 방식으로 반응하는 겁니다. 그래야 아이가 자신의 속마음을 더욱 편하게 털어놓을 수 있습니다.

이 장에서 소개하는 방법들은 우리 같은 전문 심리치료사들도 직접 활용하고 있습니다. 아이가 존중받는다고 느끼며 자신의 이야기를 편하게 터놓을 수 있게 하는 접근 방식으로, 아이와 직접 소통할 수 있는 통로를 마련해줄 것입니다. 이 방법들을 잘 익히고 실천하면 사춘기를 겪는 아이와도 깊은 유대감을 쌓을 수 있습니다. 대화가 깊어질수록 아이는 자신의 생각과 감정을 부모에게 더 자주 털어놓으며 조언을 구하려 할 것입니다. 이 과정은 아이의 불안을 덜어주는 데도 중요한 역할을 합니다.

이제 SAFER 양육법을 실천하는 그레이스의 어머니와 그레이스의 대화를 통해, 아이와 '열린 대화'가 어떻게 진행되는지 구체적으로 살펴봅시다.

그레이스의 엄마는 그레이스가 열두 살 때 있었던 일을 들려주었습니다.

"우리 딸이 스쿨버스를 타고 집에 오는 길에 '엄마한테 괜히 얘기를 꺼냈다가 혼나는 건 아닐까?' 하고 무척 걱정했대요. 솔직히, 그 얘기를 들었을 땐 당황해서 대화를 피하고 싶더라고요. 그렇지만, 지금 생각해 보면 아이가 제게 털어놓은 게 정말 다행이라고 생각해요."

그레이스	엄마, 잠깐 얘기 좀 할 수 있어요?
엄마	그럼, 물론이지. 무슨 일인데?
그레이스	엄마, 먼저 약속해요. 절대 화내지 않겠다고.
엄마	절대 화내지 않을게, 우리 딸.
그레이스	음, 제 친구 애디슨 아시죠? 점심시간에 애디슨이랑 몇몇 애들이 엑스터시 얘기를 하더라고요. 엑스터시를 하면 기분이 좋아지고 뭐가 보인다느니 하는 얘기를 자꾸 했어요. 근데 그렇다고 제가 엑스터시를 할 거라는 건 절대 아니에요.
엄마	그런 얘기를 들었으니 당황했을 만하네.
그레이스	그 얘기에 끼고는 싶은데, 제가 잘 모르는 걸 친구들에게 들킬까 봐 걱정돼요.
엄마	친구들 대화에 끼고 싶으면서도 막상 그런 얘기가 나오면 걱정이 되는구나. 마음이 참 복잡하겠다.
그레이스	맞아요. 친구들 앞에서 무식해 보이고 싶진 않거든요.
엄마	혹시 친구들한테 창피를 당할까 봐 조금 걱정되기도 하니?
그레이스	네, 조금은요. 친구들이 얘기할 때 보면 자기들끼리만 아는 비밀이나 농담이 있는 것 같고, 가끔은 제가 그 무리에 끼지 못하는 것 같아요. 사실, 그 무리에 끼고 싶다가도, 또 아닌 것 같기도 하고…. 저도 잘 모르겠어요. 헷갈려요.
엄마	흠…, 우리 딸이 친구들 사이에서 소외된 기분도 들

	고, 친구들이 마약에 대해 얘기하는 게 불편하기도 하구나. 엄마라도 그런 상황이라면 혼란스러울 것 같아.
그레이스	네, 맞아요. 정말 이상한 기분이에요. 근데, 저 지금 숙제해야 해서요. 나중에 더 얘기해도 돼요?
엄마	물론이지, 우리 딸. 엄마는 언제든지 대화할 준비가 돼 있어. 엄마한테 얘기해줘서 고마워.

당연히 그레이스의 엄마는 마약의 위험성에 대해 당장이라도 딸에게 설명하고 싶었을 것입니다. 하지만 아이가 어렵게 이야기를 꺼냈는데 부모가 곧바로 '훈계 모드'로 전환해버리면, 대화가 뚝 끊길 수 있습니다. 아이를 안전하게 지켜야겠다는 마음에 너무 성급하게 충고를 하면, 앞으로 아이가 부모에게 속마음을 터놓기가 점점 더 어려워질 수 있습니다. 그레이스의 엄마는 이 사실을 잘 알고 있었고, 딸이 가능한 한 더 많이 이야기하도록 돕는 것이 더 중요하다고 판단했습니다. 그래서 딸이 대화를 잠시 멈추고 싶어 했을 때도, 그 신호를 알아차리고 대화를 멈췄습니다.

그레이스의 엄마는 "엑스터시라니 절대 안 돼!"라고 말하거나 마약의 위험성을 설명하고 싶은 마음을 꾹 참았습니다. 최근에 아이와 진솔하게 소통하는 대화법을 꾸준히 연습해온 엄마는, 나중에 아이에게 차근차근 설명할 기회가 있을 거라는 믿음이 있었습니다.

다음 날, 학교에서 돌아온 그레이스에게 엄마는 말했습니다.

"엄마가 엑스터시에 대해 좀 더 알려주고 싶은데. 그게 왜 위험한지 말이야."

엄마는 차분하게 설명하면서 아이가 궁금한 점을 물을 수 있는 기회를 주는 것도 잊지 않았습니다. 이렇게 엄마는 딸에게 더 좋은 '멘토'가 되었고, 그레이스는 하루가 지난 후에도 엄마의 말에 훨씬 더 열린 마음으로 귀를 기울였습니다.

반면, 열 살인 다니엘과 부모의 상황은 그레이스의 경우와 정반대였습니다. 상담에서 다니엘의 부모는 아들과 모든 걸 터놓고 지낸다고 말했지만, 다니엘의 얘기는 달랐습니다.

"엄마는 우리 사이가 가깝다고 생각하지만, 사실 엄마한테 말하지 않은 게 한두 가지가 아니에요…."

우리는 다니엘의 부모가 다니엘의 이야기에 너무 과하게 반응하거나, 반대로 지나치게 무덤덤하게 반응한다는 사실을 알게 되었습니다. 그러다 보니, 다니엘이 부모에게 이야기하는 횟수가 점점 줄어들었습니다.

우리는 심리치료사이자 부모 코치로서, 상담실에서 내담자들이 별별 이야기를 털어놓는 모습을 수없이 봐왔습니다. 그런데 내담자에게 아무리 충격적인 이야기를 듣더라도 절대 "세상에, 말도 안 돼!"라든가 "뭐라고요? 정말 그렇게 했다고요?"와 같이 반응하지 않습니다. 대신, 언제나 침착하게 호기심을 갖고 경청합니다. 너무 과한 반응을 보일수록 내담자들이 점점 입을 닫는다는 사실을 잘 알고 있기 때문입니다.

아이와 자주 대화하면서 아이에게 필요한 도움을 더 빨리 알아채려면, 먼저 아이가 마음을 열 수 있는 '소통의 기술'을 터득해야 합니다. 이 기술을 익힌 부모는 아이와 강한 유대감을 형성할 수 있습니다.

아이의 마음을 여는 소통의 기술을 배우기에 앞서, 열린 대화를 방해하는 요인부터 알아보겠습니다.

'불통' 부모의 유형

먼저, 자신이 아래 유형 중 하나에 해당하지 않는지 살펴보세요.

'불통' 부모의 유형 테스트

주방에서 저녁 준비를 하고 있는데, 아이가 들어와 이렇게 말합니다.

"오늘 육상 연습을 완전히 망쳤어요. 지난번 전력 질주 기록보다 0.5초나 더 걸렸어요."

① "뭐, 그 정도면 잘한 거야. 얼른 손 씻고 저녁 먹자."

② "아니, 기록을 못 깼다고? 지난 몇 주 내내 연습했잖아!"

③ "저녁 먹고 바로 코치님께 메일 보내서 오늘 기록이 안 좋았던 걸 어떻게 만회해야 할지 여쭤봐."

정답: ①문제 축소형 ②문제 확대형 ③해결사형

아이들이 고민을 털어놓을 때, 많은 부모가 문제를 즉시 해결해 주려 하거나, 아이의 감정을 대수롭지 않게 여기거나, 혹은 문제 상황을 더 심각하게 키우곤 합니다. 예를 들어, 아이가 울면 어떤 부모는 상황도 제대로 파악하지 않은 채 아이의 감정을 가볍게 여기며 "괜찮아, 별일 아니야, 아휴, 괜찮다니까"라고 말합니다. 이런 반응은 아이를 돕고 싶은 마음에서 비롯됐을지라도, 실질적으로는 별 도움이 되지 않을뿐더러 오히려 역효과를 낳을 수 있습니다.

올리버의 이야기를 통해 부모들이 자녀의 고민에 어떤 방식으로 반응하는지 살펴볼까요?

일곱 살인 올리버는 방과 후에 친구들과 플래그 풋볼flag football(미식축구와 경기 방식이 비슷하지만, 태클 대신 상대 선수의 허리띠에 달린 깃발을 잡아당겨 공격을 막는 비접촉 스포츠로, 신체 접촉이 없어 안전하게 즐길 수 있음-옮긴이)을 했습니다. 그런데 경기를 마치고 집에 돌아와서는 땀에 흠뻑 젖은 채로 소파에 털썩 주저앉아 엄마에게 울먹이며 말했습니다.

"엄마, 라이언이 아예 저를 끼워주지도 않았어요. 그러고 나서 오마르를 밀쳤어요. 그걸 보고 너무 화가 나서 저도 라이언한테 달려가 깃발을 확 잡아 뜯었어요."

올리버는 눈에 눈물이 그렁그렁 맺힌 채 말했고 엄마는 아들이 우는 모습을 보고 속이 상했습니다. 올리버는 엄마를 슬픈 눈으로 바라보며 이렇게 덧붙였습니다.

"그런데 코치님이 저만 경기에서 내쫓았어요. 잘못한 건 라이언인데 말이에요!"

① 문제 축소형 부모 : 아이의 감정을 무시한다

어떤 부모는 아이가 털어놓은 고민이나 속상한 일을 대수롭지 않게 넘깁니다. 이런 반응은 대화를 빨리 끝내고 싶다는 무의식적인 생각에서 비롯될 때가 많습니다. 이런 성향의 부모는 이렇게 말합니다.

"코치님이 널 경기에서 뺀 건 신경 쓰지 마. 별일 아니야."

"다 괜찮아질 거야."

"아무 일도 아니니까, 그냥 잊어버려."

부모가 이렇게 말하는 것은 아이의 감정을 충분히 공감하거나 이해하지 않고 서둘러 문제를 덮거나 끝내려고 '건너뛰기' 버튼을 누르는 것이나 마찬가지입니다. "지금 이 문제에 신경 쓸 필요가 뭐 있어? 중요한 얘기만 하자"라고 말하는 것과 같지요.

부모로서는 아이가 웬만한 일에 흔들리지 않고 단단해지기를 바라는 마음에 아이의 고민을 별일 아닌 것처럼 대할 수도 있습니다. 하지만 아이의 감정을 너무 가볍게 넘기는 일이 반복되면, 아이는 자기 생각과 감정이 그리 중요하지 않다고 느낄 수 있습니다.

만약 당신이 감정을 등한시하는 가정환경에서 자랐다면, 부모가 된 후에도 아이의 감정을 습관적으로 가볍게 여길 수 있습니다. 아이가 속상한 마음을 표현할 때, 아이에게 이런 말을 하고 있지는 않은지 돌아보세요.

"그만 좀 울어."

"말도 안 되는 소리 하지 마."

"그렇게 약해빠져서 어떡해?"

"별일도 아닌데 왜 그래?"

"그냥 농담한 거야."

"그런 건 네가 걱정할 일이 아니야!"

이러한 말은 아이의 불안을 키우고, 수치심을 줄 수도 있습니다. 결국, 아이는 자신의 고민이 사소하거나 우스운 것으로 취급될까 봐 두려워, 부모에게 속마음을 털어놓기를 주저하게 될지도 모릅니다. 이런 환경에서 자란 아이는 성인이 되어서도 타인과의 관계에서 자기 자신의 감정이나 욕구를 제대로 표현하지 못하거나 하찮게 여길 수 있습니다.

② 문제 확대형 부모: 과잉 반응한다

호미로 막을 수 있는 걸 가래로 막을 필요는 없습니다. 마찬가지로, 아이가 겪는 작은 일에 부모가 지나치게 흥분해서 반응할 필요는 없습니다. 부모가 사소한 일에도 과민하게 반응하면, 아이는 자신의 문제가 부모조차 감당할 수 없을 만큼 심각하다고 느낄 수 있습니다.

이러한 유형의 엄마는 올리버에게 이렇게 반응합니다.

"이건 절대 그냥 넘어갈 수 없어! 감히 너한테 그런 식으로 대하다니, 당장 이 문제를 해결해야겠어!"

엄마의 목소리는 잔뜩 날카로워집니다. 그러고는 핸드폰을 집어 들고 다른 부모들에게 전화를 걸기 시작합니다.

"이번 일은 모두에게 알리고, 확실하게 짚고 넘어가야겠어. 다시는 이런 일이 없도록!"

엄마가 격앙된 모습으로 이리저리 전화를 돌리는 모습을 보면서, 처음엔 단순히 속상했던 올리버의 마음은 점점 더 복잡해집니다. 엄마의 과한 반응 때문에 상황이 훨씬 더 심각하게 느껴졌고, 학교나 운동모임에서 친구들과 마주칠 일이 걱정되고 불안해집니다.

식탁 위에 숙제 더미가 그대로 놓여 있는 걸 보고 "손님 오시기 전에 빨리 와서 이것 좀 치워! 정말 창피하게 이게 뭐야!"라고 소리친다면, 당신은 과잉반응하는 문제 확대형 부모입니다. 이런 부모는 아이가 프린터 잉크를 다 썼거나 새 카펫에 작은 얼룩만 묻혀도 당장 큰일이라도 난 듯 난리를 피우며, "아, 이제 다 망했어!"라고 말하곤 합니다. 하지만 그 일이 정말 '다 망할 만큼' 심각한 일일까요?

아이가 속상했던 일을 털어놓을 때, 부모가 아이보다 더 흥분하거나 감정에 휩쓸려 과하게 반응하는 것은 좋지 않습니다. 부모가 과민하게 반응할수록, 아이는 '내 문제는 어른에게도 버거운 일이구나'라는 생각에 더욱 불안해질 수 있습니다. 아이가 부모에게 바라는 것은 차분하고 든든한 모습으로 곁에 있어 주는 것입니다. 아이가 이미 충분히 스트레스를 느끼는 상황에서 부모가 오히려 문제를 키우지 않도록 주의해야 합니다.

③ 해결사형 부모: 아이 대신 문제를 해결하려 한다

문제가 생기면, 아이가 "어, 큰일 났다"라고 말하기도 전에 신속하게 나서서 문제를 해결하려는 부모들이 있습니다. 이 부모들은 마치 '해결 요정'이 반짝이는 마법 가루를 여기저기 흩뿌리듯, 성급한 해결책을 마구 쏟아냅니다. 이런 성향의 부모라면, 올리버에게 아마 이렇게 말할 것입니다.

"다음번에 또 이런 일이 있으면 바로 코치님한테 가서 라이언 때문에 기분이 상했다고 얘기 해. 그리고 라이언한테 다시는 오마르를 밀지 말라고 확실히 말하고."

아이가 속상해하거나 어려움에 처했을 때 부모로서 해결책을 제시하고 싶은 마음이 드는 것은 당연합니다. 아이가 상처받으면 부모 마음이 더 아프기 마련이니까요. 하지만 그렇다고 성급하게 해결책을 제시하면, 아이는 자신의 감정이 충분히 공감받지 못했다고 느낄 수 있습니다.

부모가 이런 해결사 모드에 빠지면, 불안한 마음에 이래라저래라 지시부터 늘어놓게 됩니다.

"내일 코치님한테 가서 오늘 있었던 일을 똑바로 이야기해."

"지금 당장 라이언에게 사과 편지를 써!"

이런 부모의 반응이 반복되면 아이는 압박감을 느껴 다음번엔 자신의 감정을 부모에게 털어놓기를 주저하게 됩니다.

이런 상황에서 바람직한 방향은, 아이의 감정에 먼저 공감하는 것입니다. 설령 아이와 다른 관점을 제시하고 싶은 마음이 들더라도, 우선은 아이 편에 서는 것이 좋습니다. 예를 들어, "흠, 엄마 생각엔 코치님 말씀이 맞는 것 같아. 왜냐하면…"이라고 말하면, 아이는 '엄마가 내 편이 아니구나'라고 생각하며 서운해할 수 있습니다. 또한 아이의 이야기를 들을 때 아이의 의도를 의심하는 듯한 질문은 삼가는 것이 좋습니다. 예를 들어, "그런데, 왜 라이언의 깃발을 잡아 뜯었어? 그러면 안 되는 거 알잖아?" 같은 말은 아이를 비난하는 것처럼 들릴 수 있습니다.

아이들은 종종 이렇게 말합니다.

"우리 부모님은 제 얘기는 듣지 않고 뭐부터 하라고 지시하곤 하세요."

만약 당신도 아이의 이야기를 듣기보다 상황을 바로 해결하려는 마음에 지시부터 하는 경향이 있다면, 어린 시절 당신의 부모님이 그렇게 하셨던 것은 아닌지 돌아볼 필요가 있습니다. 아이를 키우면서 '나는 내 부모님과는 다른 방식으로 키워야지'라고 굳게 다짐하더라도 자신도 모르게 익숙한 패턴을 되풀이할 수 있습니다.

아이의 마음을 닫아버리는 부모의 말

한편, 열린 대화를 가로막는 건 부모의 말 습관 때문일 수도 있습니다. 혹시 아래 예시 같은 말을 자주 하는 건 아닌지 돌아보세요.

비꼬는 말하기

부모가 아무리 좋은 의도로 말했더라도 빈정거리거나 비꼬는 농담은 아이의 마음에 상처를 줄 수 있습니다. 아이가 하는 말을 진지하게 받아들이고, 농담이라 할지라도 비꼬는 말투는 삼가는 것이 좋습니다.

싱글맘인 한 어머니는 자신의 경험을 이렇게 털어놓았습니다.

"우리 엄마는 제 머리를 보면서 '어머, 그거 새로 유행하는 헤어스타일이야? 이름이 혹시 '절대 빗질하지 않은 머리' 뭐 이런 거니?'

라고 하셨죠. 엄마는 그냥 농담으로 한 말이었지만, 전 그 말을 듣고 참 속상했어요."

비난하기

아이들과 대화할 때 자신의 말과 생각이 존중받는다고 느낄 수 있도록 노력해야 합니다. 가끔 아이에게 "지금 네 말이 앞뒤가 맞는다고 생각하니?"라고 지적하고 싶은 순간이 생길지도 모릅니다. 하지만 그럴 때일수록 아이의 의견에 귀 기울이고, 친절한 태도로 아이 스스로 생각을 정리할 수 있도록 도와주어야 합니다. 특히 아이를 성급하게 비난하지 않도록 주의해야 합니다. 만약 다른 사람에게서 아이에 관한 이야기를 들었다면 우선 아이의 말을 믿고 아이의 입장을 먼저 들어보세요.

부모가 의심하는 기색을 보이는 순간 아이는 입을 닫고 자기 생각과 감정을 숨기게 됩니다. 이런 상황이 반복되면 아이의 불안감이 점점 커질 수 있습니다.

죄책감 유발하기

데릭은 양육지원 모임에서 열한 살 아들과 나눈 대화 내용을 들려주었습니다. 데릭은 화가 난 나머지 아들에게 이렇게 말했다고 했습니다.

"넌 도대체 왜 아빠한테 아무 말도 안 하는 거야? 네 친구 코피는 아빠한테 학교에서 하는 모의재판 얘기를 했다던데, 너는 왜 그런 걸 얘기 안 하니?"

데릭은 그 말을 내뱉자마자 바로 후회했습니다. 자신이 마치 어머니처럼 말하고 있다는 걸 깨달았기 때문입니다. 사실, 우리는 대부분 알게 모르게 부모님의 의사소통 방식을 보고 배웁니다.

많은 부모가 자녀와 소통이 잘되지 않을 때, 답답한 마음에 아이에게 죄책감을 유발하는 말을 하기도 합니다. 이는 부모가 원하는 대로 아이의 행동을 유도하는 일종의 심리적 조종입니다. 아이의 마음이 쉽게 열리지 않거나 부모의 기대만큼 대화가 이어지지 않을 때, 조급한 마음에 아이를 탓하는 말을 무심코 쏟아내는 경우가 많습니다. 이런 반응은 오히려 부모와 아이 사이를 멀어지게 할 수 있다는 걸 유념하세요.

아이가 자발적으로 부모와 더 많이 대화하고 싶게 하려면 부모와의 만족스러운 대화 경험이 꾸준히 쌓여야 합니다. 우리는 상담실에서 내담자가 마음속 깊은 곳에 있는 생각과 감정을 편안히 털어놓을 때까지 서두르지 않고 기다립니다. 절대로 재촉하지 않습니다. 때로는 몇 달이 걸리기도 하지만, 정서적 안정감이 충분히 쌓이면 내담자는 결국 마음을 엽니다.

아이의 침묵에 부모는 답답하고 조급한 마음이 들 수 있습니다. 그러나 그럴수록 '죄책감 카드'를 꺼내 들고 싶은 충동을 참아야 합니다. 꽃은 재촉한다고 피지 않습니다. 아이의 마음도 마찬가지입니다. 인내심을 가지고 기다려주세요. 부모가 아이의 마음을 억지로 열려고 하면 아이는 부모를 실망하게 할지도 모른다는 두려움과 압박감을 느끼고, 자신을 부족한 존재로 여기게 될 수 있습니다.

······

지금까지 아이와 소통할 때 피해야 할 점에 대해 알아보았습니다. 이제는 어떻게 하면 아이와 마음을 열고 편하게 대화할 수 있을지 살펴보겠습니다.

●

아이의 마음을 여는 대화법

아이들이 부모에게 속마음이나 감정을 편하게 털어놓을 수 있으려면, 부모가 아이의 특성에 맞춰 대화 방식을 조정하는 것이 중요합니다. 아이들의 대화 방식은 어른과 다르므로 부모가 세심한 배려와 신뢰를 보여줄 때 아이는 비로소 마음을 열게 됩니다. 이제부터 아이와 진심으로 소통하는 방법을 하나씩 살펴보겠습니다.

조심스럽게 다가가세요

우리 동료 중 한 명은 디젤이라는 이름의 고양이를 키웁니다. 디젤은 푸른 눈을 가진 랙돌 고양이이며, 몸무게가 약 6킬로그램으로 덩치가 제법 있는 편입니다. 외모는 무척 사랑스럽지만 성격은 자기 그림자에도 놀랄 만큼 예민해서 작은 소리에도 화들짝 놀라곤 합니다. 디젤과 친해지려면 시간이 걸립니다. 누군가 성급하게 다가가면 디젤은 바로 침대 밑으로 숨어버리고, 낯선 사람이 모두 떠날 때까지 절대 나오지 않습니다.

어떤 아이들은 대화할 때 디젤처럼 조심스러운 모습을 보입니다. 주변 상황이 안전하다고 느껴야 비로소 입을 열지요. 대화 도중 상대가 말을 끊거나 질문을 마구 퍼부으면 부담을 느끼거나 당황해서 입을 닫고 마음의 문을 걸어 잠급니다. 예를 들어, 아이가 하교 후 집에 돌아오자마자, 부모들은 흔히 "오늘 학교 어땠어?" "누구랑 앉았어?" "수업 시간에 뭘 배웠니?"라고 물어보곤 합니다. 하지만 아이들은 대개 건성으로 짧게 대답하거나 귀찮아하며 시큰둥한 반응을 보이기 마련입니다. 아무리 소통하고 싶은 마음이 간절하더라도 이렇게 성급하게 다가가면 아이는 오히려 마음을 닫아버리기 쉽습니다.

자연스럽고 편안한 분위기를 조성하세요

아이가 스스럼없이 속마음을 털어놓게 하려면 대화 분위기를 편안하게 조성하는 것이 중요합니다. 아이의 안전이나 가정의 규칙, 학교생활처럼 중요한 문제를 다룰 때는 진지하게 대화해야겠지만, 그 외의 대화는 편안한 분위기에서 자연스럽게 나누는 게 더 효과적입니다.

의외의 장소에서 대화를 시도해 보는 것도 좋은 방법입니다. 예를 들어 주방에서 식사를 준비하면서 가볍게 이야기를 꺼내거나, 운전 중에 뒷좌석에 앉은 아이와 자연스럽게 대화를 나눠보세요. 아이들은 보통 부모와 마주 보고 앉아 진지하게 이야기하는 걸 부담스러워하므로, 차 안에서 대화를 시작하거나 함께 산책하며 이야기하는 것이 더 편할 수 있습니다. 이렇게 하면 아이는 부모와 대화를 나누면서도 굳이 눈을 맞추지 않아도 돼서 더 편하게 느낄 수 있습니다.

아이가 어떤 상황에서 가장 자연스럽게 말을 꺼내는지 관찰했다가 그런 기회를 더 자주 만들어주세요. 여덟 살인 바오는 거실 바닥에 앉아 스케치북에 파스텔로 그림을 그릴 때 가장 편안하게 말을 합니다. 아빠가 소파에 앉아 신문에 있는 퍼즐을 풀고 있어도 전혀 신경 쓰지 않죠. 이런 분위기 속에서 바오는 스스럼없이 자신의 속마음을 털어놓곤 합니다.

아이에게 온전히 집중하세요

아이와 진심 어린 대화를 나누려면 아이에게 온전히 집중하고 귀 기울일 준비가 되어있어야 합니다. 아이가 무슨 이야기를 하는지 궁금해하고 관심을 보여주세요. 부모가 스마트폰이나 노트북을 내려놓는 것만으로도 아이에게 '네 이야기가 중요해'라는 메시지를 전할 수 있습니다. 화면이 아닌 아이에게 시선을 맞출 때 대화는 훨씬 더 깊어질 것입니다.

아이를 존중해주세요

아이와 대화할 때 아기 말투로 말하는 것은 피하세요. 또한, "넌 아직 어려서 잘 몰라"와 같이 무시하는 듯한 말도 삼가는 것이 좋습니다. 대신, 따뜻하고 진심이 담긴 어조로 이야기하세요. 부모가 이런 태도로 대화하면, 아이는 자신이 점점 성숙하고 지적으로 성장해가는 존재로 존중받고 있다는 느낌을 받을 것입니다.

열두 살인 엘리야는 이제 아빠를 부를 때 'daddy'라는 단어를 쓰지 않는다고 말했습니다.

"저는 이제 'daddy'라는 말은 안 써요. 그런데 엄마는 아빠를 가

리킬 때 여전히 'daddy'라고 해서서 정말 창피해요. 그것도 제 친구들 앞에서요. 왠지 'dad'라고 하는 게 덜 유치하게 느껴지거든요. 그런데 엄마는 그걸 이해 못 하고 계속 'daddy'라고 하세요. 그럴 때마다 진짜 소리라도 지르고 싶어요."

아이의 새로운 시각이나 독특한 관점도 열린 마음으로 받아들이고, 다양한 생각을 자유롭게 펼칠 기회를 주세요. 부모가 진심으로 존중하면 아이는 자기 생각과 아이디어가 가치 있다고 여기며 자신감을 키워나갈 수 있습니다.

아이의 마음을 편안하게 해주세요

어떤 아이들은 속마음을 털어놓을 때 부모의 스킨십에서 위안을 얻기도 합니다.

아이에게 "엄마(아빠)가 안아줄까?" "엄마랑 손잡을래?" "옆에 같이 앉아 있을까?"라고 물어보세요. 반면, 신체적 접촉을 부담스러워하는 아이들도 있습니다. 이럴 땐 손에 쥐고 만지작거릴 수 있는 장난감이나 작은 물건을 건네주면 아이가 더 편안함을 느낄 수 있습니다.

중간에 쉬어가도 괜찮아요

아이가 대화하다가 점점 말수가 줄거나 집중하지 못하는 모습을 보인다면 잠시 쉬어가는 것이 좋습니다. 아이가 갑자기 불안한 듯 몸을 뒤척이거나, 엉뚱한 화제를 꺼내거나, 콧노래를 흥얼거릴 수도 있습니다. 이럴 때는 대화를 억지로 이어가려 하지 마세요.

잠시 쉬었다가 다시 이야기하자고 제안하며 자연스럽게 멈추는 것이 좋습니다.

우리 심리치료사들도 상담 도중 대화를 잠시 멈췄다가 다음 상담 시간에 다시 이어가곤 합니다. 누구나 힘든 감정을 털어놓을 때는 잠시 숨을 고를 시간이 필요하기 때문입니다.

지금 당장 대화하기 어렵다면 관심을 표현해주세요

아이가 대화를 원하지만 부모가 바로 대화하기 어려운 상황이라면, 아이의 이야기에 관심이 있다는 것을 표현하는 것이 중요합니다. 부모가 다른 일로 바쁘거나, 누군가와 이미 대화 중이거나, 업무에 집중해야 하는 경우가 있을 수 있습니다. 이럴 땐 대화를 잠시 미루어도 괜찮지만, 아이에게 '네 이야기가 궁금하고 중요해'라는 메시지를 전하는 게 좋습니다. 예를 들어, 이렇게 말할 수 있습니다.

"오늘 학교에서 무슨 일이 있었는지 엄마(아빠)가 정말 듣고 싶은데, 저녁 먹고 나서 이야기하면 어떨까? 엄마(아빠)는 네 이야기에 온전히 집중하고 싶은데, 지금은 일이 덜 끝났어."

이렇게 하면 아이는 부모가 자신의 이야기를 진심으로 궁금해하고 소중하게 여긴다고 느낄 것입니다.

아이가 마음껏 이야기할 수 있게 해주세요

누구나 속마음을 마음껏 털어놓을 수 있는 공간이 필요합니다. 그러니 아이가 속에 있는 말을 쏟아내고 있을 때는 흐름을 끊지 마세요. 아이의 눈을 바라보며 고개를 끄덕이고, "음, 그렇구나" 하고 맞장구를 쳐주세요. 부모의 진심 어린 태도가 중요합니다. 부모가 모든 대화를 끌고 가려고 하거나 질문을 연이어 던지며 압박하지 말고, 아이가 자유롭게 말할 수 있는 분위기를 만들어주세요.

"그 얘기 좀 더 자세히 들려줄래?"
"그래서 그다음엔 어떻게 됐어?"

부모가 이렇게 간단한 말을 건네는 것만으로도 아이가 마음껏 이야기하도록 도울 수 있습니다. 충분한 관심과 여유를 갖고 기다려준다면 대화는 자연스럽게 이어질 것입니다.

가끔 아이가 부모를 깜짝 놀라게 하거나 걱정스럽게 만드는 이야기를 할 때가 있습니다. 머리카락이 곤두설 만큼 깜짝 놀랐더라도 겉으로는 최대한 침착하게 반응하세요. 아이가 정말 기상천외한 이야기를 하더라도, 마치 "오늘 점심때 치즈 토스트를 먹었어요"라는 말을 들은 것처럼 담담하게 반응하세요. 만약 부모가 과하게 놀라거나 걱정스러운 기색을 보이면, 아이는 속으로 이렇게 생각할 수 있습니다.

'앞으로 이런 얘기는 아빠한테 하면 안 되겠구나.'
'할머니는 내가 이런 얘기하는 걸 싫어하시는구나. 그냥 말하지 말자.'

이럴 때는 아이의 말을 끝까지 들어주고, 조언하고 싶다면 대화가 끝난 뒤에 하거나 나중에 따로 시간을 마련해서 하는 것이 좋습니다.

때로는 불평이나 투정도 들어주세요

열 살 아비게일은 대화를 시작하는 데는 전혀 어려움이 없는 아이입니다. 오히려 말이 많아 한 번 시작하면 멈추기 어려운 편이죠. 아비게일은 학교에서 하교 후 엄마 차에 올라타자마자 이렇게 말문을 엽니다.

"엄마, 과학 선생님 진짜 너무해! 아니, 그 선생님은 아무 얘기도 들으려고 하지 않는다니까! 그 어떤 얘기도! 완전 이상해! 난 그 선생님 수업이 정말 싫어. 게다가 내일 시험까지 봐야 한다니, 진짜 말도 안 돼! 진짜 짜증 나…."

이렇게 시작된 아비게일의 이야기는 끝도 없이 계속됩니다.

이런 식의 수다가 부정적으로 들릴 수 있지만, 꼭 나쁜 것만은 아닙니다. 아비게일에게는 이렇게 말하는 것이 스트레스를 푸는 방법이기 때문이죠. 엄마는 아비게일이 속에 있는 말을 쏟아낼 때 그냥 들어주는 것이 중요하다는 걸 알고 있습니다. 만약 집에 이렇게 말이 많은 아이가 있다면, 아이가 쏟아내듯 말하는 것이 복잡한 감정을 정리하는 과정일 수 있음을 기억하세요. 그러니 아이가 속에 담아둔 말을 마음껏 쏟아낼 수 있도록 편안하게 들어주세요.

아이가 불평하거나 속마음을 털어놓을 때, 아이의 말 하나하나에 반응하고 싶은 마음이 들 수 있습니다. 하지만 부모가 중간에 끼어들어 성급하게 비판이나 조언을 하면, 아이는 자신의 감정을 충분히 표현할 기회를 놓치게 됩니다. 아이는 부모가 자신을 못마땅하게 여긴다고 느끼면, '내가 이런 생각을 한 것 자체가 잘못된 걸까?' 하고 부끄러워하며 속마음을 털어놓는 걸 주저하게 될 수도 있습니다.

아이가 편안하게 마음을 열게 하려면, 아이의 정리되지 않은 거친 감정을 있는 그대로 들어주세요. 이는 마치 글을 쓰기 전에 초고를 먼저 작성하는 것과 비슷합니다. 아이가 자신의 진짜 감정을 알아차리려면 먼저 마음을 정리하는 시간이 필요합니다.

아비게일의 엄마는 딸이 과학 선생님을 미워하게 내버려두고 싶지 않았습니다. 하지만 아이가 지금 부정적으로 말한다고 해서 나중에도 부정적으로 생각하리라 단정할 수는 없습니다. 오히려 부모가 아이의 모든 생각과 감정을 충분히 들어줄 때, 새로운 시각을 더 열린 마음으로 받아들일 가능성이 더 커집니다.

아비게일의 엄마는 딸에게 "무슨 소리야, 과학이 얼마나 중요한 과목인데. 그리고 선생님에 대해 그런 식으로 말하면 안 돼"라고 말하는 대신, 먼저 딸의 감정에 집중했습니다. 선생님을 '이상하다' '짜증이 난다'라고 표현한 것에 대해서는 지금 바로잡지 않고, 나중에 따로 이야기하기로 마음먹었습니다. 그리고 SAFER 양육법을 떠올리며 이렇게 말했습니다.

"오늘 과학 선생님 때문에 우리 딸이 속상했구나. 과학 시간이 아주 힘들었겠네."

그러자 아비게일은 우울한 표정으로 이렇게 말했습니다.
"니콜라스가 내 과학 숙제가 엉망이라고 했어."
그제야 엄마는 딸이 속상했던 진짜 이유가 과학 수업이나 선생님 때문이 아니라, 친구의 말에 상처받고 창피함을 느꼈기 때문이라는 걸 깨달았습니다. 아비게일이 속에 담아둔 마음을 충분히 털어놓을 시간을 준 덕분에, 엄마는 딸이 무엇 때문에 진짜 속상했는지 알게 된 것입니다. 이후, 아비게일의 기분이 한결 나아졌을 때 엄마는 다른 사람에 대해 이야기할 때 좀 더 존중하는 표현을 쓰는 방법에 대해 차분히 이야기했습니다.

'항상'이나 '절대'라는 말을 곧이곧대로 받아들이지 마세요

아이들은 종종 '항상'이나 '절대' 같은 단어를 써서 자신의 강한 감정을 표현합니다. 어른들은 상황마다 여러 가지 사정이나 맥락이 있다는 걸 이해하지만, 아이들은 그런 복잡한 요소를 고려하지 않고 감정에 휩싸여 '항상'이나 '절대'라는 극단적인 표현을 쓰곤 합니다.

양육지원 모임에서 한 아버지가 아홉 살 난 딸 데리냐에 대한 이야기를 들려주었습니다. 데리냐는 구민센터 수업에 관해 이야기할 때마다 "앞으로는 절대 그 수업에 안 갈 거야!"라거나 "완전 최악이었어!"라고 말하곤 했습니다. 데리냐의 아버지는 처음에는 정색하며 딸의 말을 받아쳤습니다. 이미 수업료를 냈으니 수업에 꼭 가야 한다며 딸을 타일렀지만, 그럴 때마다 늘 언쟁이 벌어지곤 했습니다.

데리냐의 아버지는 나중에서야 딸이 '항상'이나 '절대'라는 말을 쓰는 이유가 좌절감과 답답함을 표현하기 위해서라는 것을 깨달았습니다. 이후 아버지는 대응 방식을 바꿨습니다. 데리냐가 '항상'이나 '절대' 같은 극단적인 표현을 쓰면 바로 반박하는 대신, 이렇게 물으며 감정을 공감해주기 시작했습니다.

"오늘 정말 힘들었구나. 수업에서 무슨 일 있었어?"

이렇게 대응 방식을 바꾸자, 두 부녀는 쓸데없는 언쟁을 피할 수 있었고, 더 솔직하고 생산적인 대화를 나눌 수 있었습니다.

아이들은 '항상'이나 '절대'라는 말을 감정의 배출구로 사용하는 경우가 많습니다. 이 점을 이해하면, 그 말에 담긴 아이의 감정을 헤아리고 공감하는 데 도움이 될 것입니다. 더 나아가 아이와 더 원활하게 소통하고 갈등도 줄일 수 있을 것입니다.

침묵의 힘: 아이가 생각을 정리할 시간을 주세요

우리가 심리치료사로서 오랜 시간 아이들과 상담해오면서 깨달은 점이 있습니다. 그것은 바로, 아이들은 어른들보다 생각을 정리하고 말로 표현하는 데 더 많은 시간이 필요하다는 것입니다. 그러니 아이들이 말하고 싶은 단어를 떠올릴 수 있도록 충분한 시간을 주세요.

당신이 말을 한 후에는 곧바로 말을 잇지 말고, 10부터 0까지 천천히 거꾸로 세어보세요. 이렇게 하면 대화 중간에 어색한 침묵이 흘러도 이를 서둘러 메우려는 충동을 누르는 데 도움이 됩니다. 어색하고 불편하더라도 잠시 침묵을 받아들이고, 아이가 천천히 생각을 정리해 대답할 수 있도록 기다려주세요. 심리치료사들은 침묵이 상대방으로 하여금 더 많은 이야기를 하도록 돕는다는 사실을 알고 있습니다. 실제로 침묵은 그런 효과가 있습니다.

아이들은 자신의 감정을 정리하는 과정에서 같은 말을 여러 번 반복할 수 있습니다. 아이들이 자기 생각을 끝까지 말할 수 있도록 시간을 주세요. 조금만 더 인내심을 갖고 기다리면, 아이들의 대답에서 예상치 못한 놀라운 통찰을 얻을 수 있을 것입니다.

에코 기법: 아이가 한 말을 '되풀이' 해주세요

에코 기법은 아이가 한 말을 부모가 자기 말로 바꿔서 다시 들려주는 대화 방법입니다. 이 방법은 전 세계 심리치료 현장에서 널리 활용되고 있습니다. 심리치료사가 에코 기법으로 상담하면, 내담자는 심리치료사의 언어로 제 생각을 다시 들으며 '심리치료사가 내 말을 진심으로 들어주고 있구나'라는 위안을 받습니다. 부모와 아이의 대화에서도 에코 기법은 같은 효과를 발휘합니다.

에코 기법은 아이들이 스스로 다양한 상황을 생각해보고, 문제 해결 방법을 찾도록 돕는 데 효과적입니다. 이 과정에서 아이들은 자신이 좋아하는 것과 싫어하는 것이 무엇인지 깨닫고, 이를 통해 자기 자신에 대한 이해도 깊어집니다. 무엇보다 아이는 부모가 자신의 감정을 이해하고 공감한다고 느낄 때 심리적으로 더 안정감을 얻을 뿐 아니라 정서지능 또한 자연스럽게 발달합니다.

아이와의 대화에서 에코 기법을 사용하는 구체적인 방법은 다음과 같습니다. 먼저 아이의 말을 들은 후, 그 내용을 부모의 말로 다시 말해주세요. 아이가 '엄마(아빠)가 내 말을 이해했구나'라고 느낄 수 있도록 말이죠. 이때 아이가 한 말의 핵심 내용은 유지하되, 아이의 말을 그대로 반복하는 것이 아니라 살짝 바꿔서 말하는 것이 중요합니다. 아이가 한 말을 그대로 따라 하면 오히려 짜증을 유발할 수 있기 때문입니다. 또한, 아이가 이해받고 있다고 느낄 수 있도록 말투에도 주의를 기울이세요. 처음엔 어색하게 느껴질 수 있지만, 꾸준히 연습하다 보면 점차 능숙해질 것입니다.

에코 기법의 실제 사례를 한번 살펴볼까요? 양육지원 모임에서 댄의 아버지가 아들의 말에 에코 기법을 사용해본 경험을 들려주었습니다.

댄	아빠, 세상은 너무 불공평해요.
아빠	그래, 세상은 정말 불공평하지?
댄	타일러가 스쿨버스에서 내가 앉고 싶은 자리에 못 앉게 했어요. 그래서 너무 화가났어요.
아빠	아이고, 타일러가 오늘 너한테 너무 심하게 굴었구나. 그래서 화가 많이 난 거야?
댄	네. 앞으로는 버스에서 타일러 말고 로빈이랑 같이 앉을래요.
아빠	네가 스쿨버스에서 이제는 타일러랑 같이 앉기 싫다고 할 정도로 오늘 정말 많이 속상했나보구나.
댄	네, 아빠. 내 마음을 알아줘서 고마워요.

사실 댄의 아버지는 '세상은 정말 불공평해' 같은 불평이 정말 듣기 싫었다고 합니다. 댄의 아버지와 타일러의 부모님은 오랜 친구 사이라서 앞으로도 자주 볼 텐데, 그런 사소한 이유로 댄과 타일러 사이가 멀어지는 건 말도 안 된다고 야단치고 싶었고요. 하지만 꾹 참고 아들의 말을 에코해주었더니 댄이 놀랍게도 속마음을 털어놓

기 시작했고, 자기 마음을 알아줘서 고맙다고까지 말한 겁니다. 다행히 만 하루도 채 지나지 않아 두 아이는 금세 화해했고, 댄의 아버지는 아들과 큰 다툼 없이 잘 넘어갈 수 있었습니다.

그런데 에코 기법을 사용할 때 유념해야 할 것이 있습니다. 아이가 슬픈 목소리로 "난 우리 반에서 다른 애들만큼 똑똑하지 않은 것 같아…"라고 말할 때, "맞아, 넌 덜 똑똑하지!"라고 신나게 따라 해서는 안 됩니다. 대신, 안타까운 듯 자연스럽게 한숨을 쉬며 이렇게 말해보세요.

"네가 스페인어 점수를 보니까 다른 애들보다 덜 똑똑하다고 느껴지는구나."

반대로, 아이가 기쁨에 들떠 방으로 뛰어 들어와 "나 연극에서 그 배역 맡았어요!"라고 외친다면, 아이의 기쁜 감정을 그대로 반영해 이렇게 말해보세요.

"와, 네가 원하던 배역을 맡았구나!"

아이의 말을 들어주는 것이 때로는 아이의 문제를 해결해주는 것보다 더 어렵게 느껴질 때가 있습니다. 특히 아이가 속상해할 때는 더욱 그렇습니다. 이럴 때 아이의 감정을 에코해주면 아이의 마음을 이해하고 도와줄 방법을 찾을 수 있습니다. 양육지원 모임에서 한 어머니가 딸이 학교에서 겪은 속상한 일을 들려주었습니다. 딸아이가 또래보다 신체적 발달이 빠른 편인데, 이 때문에 학교에서 복장 규정을 어겼다고 지적받으며 수치스러운 일을 겪었다고 했습니다.

"선생님이 내 가슴이 너무 드러나보인다며 분실물 보관소에 있던 헐렁한 티셔츠를 입어서 가리라고 하셨어."

엄마는 딸이 얼마나 속상했을지 짐작이 갔습니다. 딸은 또래보다 키가 크고, 원래부터 남들 시선을 신경 쓰며, 눈에 띄는 것을 불편해하던 아이였습니다. 엄마는 딸에게 "우리 딸 몸매가 예뻐서 그래"라며 위로했다가 오히려 딸의 반발을 살까 봐, 에코 기법을 사용해 딸의 감정을 있는 그대로 엄마의 언어로 말해주었습니다.

"그거 정말 당황스럽고 속상했겠다."

아이의 말을 에코해봤는데 아이가 정말 싫어한다고 말하는 부모도 종종 있습니다. 아이가 부모를 마치 앵무새처럼 느끼지 않도록, 아이의 말을 적당히 다른 표현으로 바꿔 말하는 것이 중요합니다. 아이가 이러한 에코 기법을 처음 접하면 어색해할 수 있으니, 이럴 때 부모가 솔직하게 의도를 설명하는 게 좋습니다.

"엄마(아빠)가 새로운 대화법을 배웠는데, 이 방법은 상대방이 마음에 있는 말을 편하게 꺼낼 수 있도록 도와준대. 엄마(아빠)는 널 귀찮게 하려는 게 아니라, 네 생각과 기분을 더 잘 이해하고 도와주고 싶어서 그래."

천천히, 조금씩 시도해보세요. 이 기법을 아이에게 알려주고, "엄마(아빠)한테도 한번 에코해볼래?"라고 제안해보세요. 가볍고 편안한 마음으로 시작하다보면, 어느새 부모와 아이가 편하게 대화를 나누게 될 거예요.

아이가 원하는 게 무엇인지 물어보세요

때로는 아이가 화난 상태라 대화가 어려울 수 있습니다. 이럴 땐 앞서 소개한 대화법들이 무용지물처럼 느껴질 수도 있지요. 당신은 아이의 말을 공감하고 경청하고, 때로는 에코 기법을 써가며 최선을 다하고 있는데도 아이는 짜증을 내며 "그만 좀 해요!"라고 소리칠 때도 있죠. 이럴 땐 뭘 더 어떻게 해야 할지 막막할 수 있습니다. 이런 경우라면 아이에게 대화에서 원하는 게 무엇인지 직접 물어보세요. 관계에서 가장 중요한 것은 상대가 원하는 방식으로 소통하려는 노력입니다. 아이에게 이렇게 질문해보세요.

"지금 엄마(아빠)의 의견이 듣고 싶은 거니? 아니면 그냥 네 편이 되어 들어주기를 바라는 거니?"

만약 아이가 자신도 무엇을 원하는지 잘 모르겠다고 하면, 잠시 대화를 멈추고 아이가 마음을 진정시킬 수 있도록 도와주세요. 대화는 부모와 아이 모두의 기분이 누그러졌을 때 다시 이어가면 됩니다.

때로는 조언을 잠시 미루세요

아이가 조언을 구할 땐, 조언해주는 것이 좋습니다. 하지만 양육은 그렇게 단순하지 않죠. 아이의 고민을 듣다가 자연스럽게 해결책이 떠올라, 아이가 요청하지도 않은 상황에서 부모가 '똑똑한 조언'을 내놓으면 오히려 불만이나 짜증을 불러일으킬 수 있습니다. 아이로서는 이렇게 생각할 수 있습니다.

"엄마(아빠)는 내가 스스로 해결책을 찾을 수 있을 거라고는 전혀 생각 안 하는구나. 나도 그 정도 해결책은 생각해낼 수 있는데."

대개는 아이가 부모에게 정말 원하는 것은 조언이 아니라 그저 자신의 이야기를 들어주는 것일 때가 많습니다.

먼저 아이가 상황을 이야기하고 스스로 해결책을 찾을 기회를 주세요. 우리 양육지원 모임에서도 이것을 늘 강조합니다. 흔히들 오해하시는 것처럼, 심리치료사라고 해서 무조건 조언부터 하는 건 아니랍니다!

아이들이 스스로 해결책을 찾도록 기회를 주면, 어떤 일이 일어날까요? 열 살인 피터는 2주 뒤에 있을 트램펄린 파티에서 제일 초대하고 싶지 않은 사람으로 여동생을 꼽았습니다. 피터는 여동생에게 잔뜩 화가 나서 가족들 앞에서 이렇게 소리쳤습니다.

"소피는 그 파티에 절대 못 와! 다시는 꼴도 보기 싫어!"

참으로 난감한 상황이었습니다. 여동생이 그 파티에 가지 않을 가능성은 전혀 없었거든요. 하지만 피터의 할머니는 성급하게 피터를 설득하기보다는, 피터가 마음을 차분히 정리하고 털어놓을 수 있도록 충분히 기다려줘야 한다는 걸 알고 있었습니다. 이제 할머니가 어떻게 에코 기법을 활용하는지 주의 깊게 살펴보세요.

거실 바닥에 앉아 레고를 갖고 놀던 피터는 할머니에게 속상한 마음을 털어놓기 시작했습니다.

피터	소피는 진짜 너무해요. 나랑 친구들이 놀 때 계속 옆에서 귀찮게 해요. 정말 창피해 죽겠어요.
할머니	동생이 계속 네 옆에 있으려고 하나 보구나?
피터	맞아요! 게다가 방도 같이 써야 하잖아요! 소피가 파티에 오면, 파티가 엉망이 될 거예요.
할머니	소피가 놀이를 방해할까 봐 걱정되니? 저번에 우리가 같이 그림 그릴 때처럼 말이야.
피터	네. 그래서 엄마한테 소피는 절대 파티에 오면 안 된다고 말했어요.
할머니	그랬더니 엄마가 뭐라고 하셨니?
피터	소피를 꼭 초대해야 한대요.
할머니	아휴, 엄마가 소피를 꼭 초대해야 한다고 했구나?
피터	네. 소피는 자기가 원하면, 항상 절 따라올 수 있어요. 정말 불공평해요.
할머니	오빠로 지내는 게 정말 불공평할 때가 많지?
피터	네.
할머니	음, 그럼, 소피는 어쨌든 파티에 오겠네. 소피가 거기에 오면 어떻게 될 것 같아?
피터	엉망진창이 될 것 같아요. 근데 소피 친구도 올 거라

	서 아마 자기들끼리 놀겠죠.
할머니	그럼 소피는 자기 친구랑 노느라 바쁘겠네.
피터	네, 아마도요.

사실 피터는 처음부터 해답을 알고 있었습니다. 누군가의 조언 없이도 스스로 문제를 해결할 수 있는 능력이 있었으며, 단지 제 생각을 정리하고 말로 풀어낼 시간이 필요했을 뿐입니다. 이렇듯 아이에게 스스로 해결책을 찾을 기회를 주는 것이 중요합니다.

만약 아이가 "엄마(아빠)는 어떻게 생각하세요?"라며 조언을 구한다면, 아이에게 진짜 도움이 되는 조언을 하는 것에 집중하되 부모가 가르치고 싶은 것을 먼저 내세우지 않도록 주의하세요. 미아의 이야기를 살펴봅시다. 초등학교 1학년인 미아는 엄마에게 이렇게 물었습니다.

"엄마, 점심시간에 내 바나나랑 친구 스키틀즈랑 바꾸고 싶은데, 어떻게 해야 해요?"

엄마는 이렇게 대답했습니다.

"스키틀즈는 몸에 안 좋아. 점심에 그런 걸 먹으면 오후 수업 시간에 집중도 잘 안 될 거야."

미아가 엄마의 말을 듣고 바나나를 사탕으로 바꾸려는 시도를 멈출까요? 아마 그렇지 않을 거예요. 오히려 앞으로는 엄마에게 고민을 털어놓지 않겠죠. 이럴 때는 엄마가 아이의 말을 공감하며 들어주고, 점심시간에 바나나를 사탕으로 바꿀 수 있는 전략을 알려주는 것이 더 효과적입니다. 그리고 사탕이 몸에 좋지 않다는 사실이나 건강한 식습관에 대해 가르치고 싶다면, 나중에 따로 자연스럽게 이야기하는 것이 더 좋습니다.

인생의 중요한 교훈은 아이가 받아들일 준비가 되었을 때 자연스럽게 전하는 것이 더 효과적입니다. 저희도 상담 현장에서 그렇게 하고 있습니다.

대화 도중 말 끊기 vs. 에코하기

에코 기법을 익히려면 많은 시간을 들여 꾸준히 연습해야 하지만, 일단 익숙해지면 이를 통해 얻는 보람도 큽니다. 다행히도 아이들과의 일상에서 이 기법을 연습할 기회는 하루에도 수십 번이나 찾아옵니다. 이제 실제 대화를 통해 에코 기법의 효과를 살펴보겠습니다. 부모가 이 기법을 사용할 때와 그렇지 않을 때의 차이를 눈여겨보세요.

우리는 아홉 살 딸이 있는 한 어머니에게 이렇게 물었습니다.

"지아가 차에 타자마자, 오늘 어떤 친구가 지아에게 못되게 굴었다고 말하면 어머니는 평소에 어떻게 반응하세요?"

지아의 어머니는 자신이 에코 기법에 아직 익숙하지 않아서 서툴 때가 많다고 이야기하며 지아와의 대화 내용을 들려주었습니다.

엄마	지아야, 오늘 하루 어땠어?
지아	해리가 오늘 저한테 못되게 굴었어요!
엄마	무슨 일이 있었는데?
지아	걔가 다른 애들 앞에서 저한테 바보라고 했어요. 그

	걸 듣고 애들이 다 웃었어요.
엄마	해리가 언제, 어디서 너를 그렇게 불렀어?
지아	음… 그러니까, 음… 쉬는 시간에 복도에서 그랬어요.
엄마	그래서 해리한테 그만하라고 말했어?
지아	음… 아니요. 말할 틈이 없었어요.
엄마	말할 틈이 없었다는 게 무슨 말이야? 그래서 그다음엔 어떻게 됐어? 왜 그냥 자리를 피하지 않았어?

엄마의 말에 지아는 고개를 푹 숙이고 작은 목소리로 대답했습니다.

지아	저도 모르겠어요.

만약, 지아의 어머니가 에코 기법을 시도했다면 대화가 어떻게 흘러갔을지 한번 살펴볼까요?

엄마	오늘 하루 어땠어?
지아	별로였어요. 해리가 오늘 저한테 못되게 굴었어요!
엄마	아휴, 해리가 오늘 우리 딸한테 못되게 굴었구나.
지아	걔가 다른 애들 앞에서 저한테 바보라고 했어요. 그걸 듣고 애들이 다 웃었어요.
엄마	아이고, 다른 애들까지 같이 웃었다니…. 정말 속상했겠다.

지아	네. 진짜 문밖으로 뛰쳐나가서 곧장 집에 가버리고 싶었어요.
엄마	와, 그 정도로 화가 많이 났었구나.
지아	네, 그게 쉬는 시간에 복도에서 벌어진 일이었거든요. 그때 주변에 어른이 한 명도 없었어요.
엄마	아이고, 주변에 도와줄 어른이 아무도 없었구나.
지아	네.
엄마	정말 속상했겠다. 이 일에 대해 더 하고 싶은 얘기가 있니? 아니면, 다음에 비슷한 일이 생기면 어떻게 하면 좋을지 같이 생각해볼까?

두 명 이상의 아이에게 동시에 에코할 때는 이렇게 해보세요

아이를 둘 이상 키우는 부모라면 다음과 같은 상황이 익숙할 거예요. 한 아이가 이렇게 말합니다.

"제가 그런 게 아니에요. 동생이 그랬어요! 왜 맨날 저만 혼내요? 왜 쟤는 항상 안 혼나요?"

자녀 간의 다툼은 부모라면 하루가 멀다고 겪는 일이죠. 이럴 때는 이렇게 말해보세요.

"넌 늘 너만 혼나고 동생은 안 혼난다고 느끼는구나."

형제간의 경쟁심은 자연스러운 것이지만, 부모에게는 참 어렵게 느껴질 때가 많습니다. 그렇다고 아이들의 그 감정을 해결해주거나 사라지게 하려고 노력할 필요는 없습니다. 에코 기법을 활용해 아이의 말을 그대로 되돌려 주기만 해도 아이들은 부모가 자신의 마음을 이해하고 있다고 느낍니다.

여덟 살인 노아와 여섯 살인 게이브 형제의 대화를 한번 살펴볼까요? 노아와 게이브는 사이가 좋은 편이지만, 무슨 일이든 서로 이기고 싶어 하는 경쟁심이 꽤 강합니다. 두 아들이 다투기 시작하면, 아버지는 에코 기법과 함께 우리가 추천하는 동전 던지기 방법을 사용해 중재합니다.

노아	아빠! 게이브가 게임에서 반칙했어요! 제가 분명히 봤어요!
게이브	형은 맨날 자기가 지면 제가 반칙했다고 그래요!
노아	네가 반칙했으니까 그렇지!
게이브	나 반칙 안 했다니까!
노아	했어! 내가 분명히 봤어!

이 대화는 도무지 끝날 기미가 보이지 않았습니다. 아버지는 잔뜩 화가 난 두 아들에게 말했습니다.

"자, 누구부터 말할지 동전을 던져서 정해보자. 어떤 면이 나올지 맞힌 사람에게 먼저 동전을 줄 거야. 그럼 동전을 가지고 있는 1분 동안만 말할 수 있고, 그다음엔 다른 사람이 동전을 받아서 자기 입장을 얘기하는 거야."

그러자 두 아들은 한결 차분해졌습니다. 아버지는 깊게 숨을 들이마시며 에코 기법을 사용할 준비를 했습니다.

게이브는 "앞면!", 노아는 "뒷면!"이라고 외쳤고, 아버지가 던진 동전이 앞면이 나와 게이브가 먼저 말할 기회를 얻었습니다.

게이브	형이 말을 한 칸 더 움직였어요! 제가 똑똑히 봤어요. 네 칸을 가야 했는데 다섯 칸을 갔어요. 형이 반칙한 거라니까요!
아빠	형이 반칙한 것 같아서 속상했구나.
게이브	형이 진짜 반칙했어요. 반칙했으면 혼나야 해요.
아빠	반칙하면 혼나는 게 공정하다고 생각하는 거지?
게이브	네, 그래서 형도 혼나야 해요.

아버지는 이해한다는 듯 "음…" 하는 소리를 내며 고개를 끄덕였습니다.

아빠	네 생각을 말해줘서 고맙구나, 게이브. 이제 1분이 다 됐어. 자, 이제 노아 차례야, 무슨 일이 있었는지 얘기해줄래?

아버지는 계속해서 두 아이의 말을 차분히 들어주며 에코 기법을 몇 번 더 사용했습니다. 결국 노아와 게이브 중 누가 반칙을 했는지는 알 수 없었습니다. 하지만 그것은 그리 중요하지 않았습니다. 중요한 것은 두 아이 모두 아버지가 자신의 이야기를 귀 기울여 들

어주자 화가 누그러지고 한결 차분해졌다는 점입니다. 아이들에게 정말로 필요했던 것은 잠시 숨을 돌릴 시간과 자신의 이야기를 경청하는 누군가였던 것입니다.

아이의 피드백에 마음을 여세요

아이들이 부모의 양육방식에 대해 편하게 터놓고 얘기할 수 있는 분위기를 만들어주세요. 그 말이 듣기에 불편하더라도 아이의 솔직한 마음을 듣는 것이 중요합니다. 그리고 아이에게 엄마(아빠)가 어떻게 하면 더 좋은 부모가 될 수 있을지 말해달라고 하세요.

만약 아이가 "엄마(아빠)는 제 이야기를 들으려고 하지도 않잖아요!"라고 말한다면, "네가 하려는 말을 내가 제대로 안 들었구나"라고 에코하세요. 아이의 비판이나 불만을 열린 마음으로 받아들이고, 그 안에 배울 점과 부모로서 성장할 기회가 담겨 있다고 믿어보세요. 아이의 부정적인 피드백마저도 열린 마음으로 받아들이는 것은 아마 이 책에 나오는 가장 어려운 과제일 것입니다. 하지만 이것이야말로 '좋은 부모가 되기 위해 통과해야 하는 가장 중요한 관문'입니다. 아이에게 이렇게 물어보세요.

"엄마(아빠)가 네 얘기를 어떤 식으로 듣는 것 같아?"
"엄마(아빠) 때문에 화가 났을 땐, 엄마(아빠)가 어떻게 해주길 바라니?"

방어적인 태도를 내려놓고 아이의 말을 진심으로 받아들일 준비가 되었다면, 이렇게 물어보세요.

"엄마(아빠)가 어떻게 하면 더 좋은 부모가 될 수 있을까?"

아이에게 부모의 양육방식에 대해 어떻게 생각하는지 물어보세요. 비록 동의하기 어려운 대답일지라도, 아이의 말을 그대로 에코해주세요. 아이의 피드백을 열린 마음으로 받아들이는 부모는 아이와 더욱 깊은 유대감을 형성할 수 있습니다.

깊게 숨을 들이마시고 마음을 가라앉히세요. 아이의 말이 가슴을 콕콕 찌르듯 아프게 들릴 겁니다. 하지만 그 솔직함이 결국 당신과 아이 사이를 더 가깝게 만들어 줄 거예요. 또 아이는 부모가 자신의 마음에 진심으로 공감한다고 느낄 수 있습니다.

같은 주제의 대화가 계속 반복되면 감정 조절에 집중해보세요

가끔은 아이가 똑같은 걱정을 계속 반복하며 해결책을 여러 번 묻는 경우가 있습니다. 방법을 함께 고민하며 대화를 나눴음에도 아이가 여전히 그 걱정에서 벗어나지 못할 때가 있습니다.

이럴 때는 아이가 스스로 감정 조절법을 사용해 먼저 마음을 진정시키도록 이렇게 말해보세요.

"지금 네 머릿속에 그 걱정이 딱 걸려서 계속 맴도는 것 같구나. 그 걱정 얘기를 잠깐 멈추고, '차분해지는 방법'을 써서 불안한 마음을 조금 가라앉힐까?"

'열린 대화'의 9단계

1. **대화하기에 적절한 장소를 선택하세요.**
   대화를 시작하기 전에 마음의 준비를 하고, 아이가 좋아하는 장소에서 자연스럽게 대화를 시작해보세요.

2. **차분함을 유지하세요.**
   부모가 지나치게 과민 반응하면 대화가 단절될 수 있습니다. 스스로 마음을 다스리는 방법을 활용해 차분함을 유지하세요.

3. **공감해주세요.**
   아이의 감정을 진심으로 이해하고 있음을 전하세요.

4. **아이에게 무엇이 필요한지 물어보세요.**
   아이에게 부모가 단순히 들어주길 원하는지, 안아주길 바라는지, 아니면 조언해주길 바라는지 직접 물어보세요.

5. **간단한 말이나 반응을 해줌으로써 대화의 흐름이 끊기지 않도록 하세요.**
   판단이 담기지 않은 "아, 그랬구나" 같은 짧은 반응으로 아이의 말을 자연스럽게 이어가세요.

6. **관심을 표현하세요.**
   "그래서 그다음엔 어떻게 됐어?" 또는 "정말? 더 자세히 이야기해 줄 수 있어?"처럼 궁금증을 담아 물어보세요.

7. **아이의 침묵을 자연스럽게 받아들이고 조용히 기다려주세요.**
   아이가 말을 다 끝낼 때까지 기다렸다가 이야기하세요. 서두르거나 끼어들지 말고, 아이가 스스로 해결책을 찾을 시간을 주세요.

8. 에코하세요.
아이의 말에서 중요한 내용을 골라, 부모의 해석이나 판단을 보태지 않고 부모의 언어로 다시 말해주세요.

9. 긍정적인 피드백을 주세요.
아이가 속마음을 털어놓은 용기를 인정하고 고맙다고 말해주세요.

아이와 대화를 나눈 뒤 명심해야 할 점들

아이와 대화할 때 부모가 올바른 소통 방법을 사용하는 것도 중요하지만, 대화가 끝난 후에 어떻게 행동하는지도 매우 중요합니다. 대화 후에 신뢰를 지켜야 아이가 앞으로도 부모에게 더 솔직하고 편하게 마음을 털어놓게 됩니다.

아이의 이야기를 함부로 퍼뜨리지 마세요

어느 날 오후, 양육지원 모임에서 한 어머니가 딸이 자신에게 몹시 화를 낸 사연을 들려주었습니다. 딸은 엄마가 자신과 친구 사이의 갈등 이야기를 다른 사람들에게 했다는 사실을 알고 화를 낸 것이었습니다.

아이들은 초등학교 고학년쯤 되면 자신의 사생활을 매우 중요하게 여기기 시작합니다. 다년간의 심리 상담 경험에 비춰볼 때, 부모가 아이의 개인적인 이야기를 가볍게 다른 사람에게 전할 경우 아이들은 마음을 닫고 속내를 드러내지 않게 되는 경향이 있습니다. 특히 아이가 비밀을 지켜달라고 요청했다면, 그 약속을 꼭 지키는 것이 중요합니다. 부모는 자신이 믿고 의지하는 친구에게 자녀에 대한 고민을 털어놓고 싶은 마음이 들 수 있습니다. 그렇더라도 신중하게 행동해야 합니다. 아이의 사적인 고민을 다른 사람에게 이야기하는 것은 부모가 이제까지 공들여 쌓아온 아이와의 신뢰를 깨는 행동이며, 아이와의 친밀한 관계에 방해가 될 수 있습니다.

대화가 어긋났을 땐 관계 회복을 위해 노력하세요

아이들은 부모가 자신이 한 말을 놓치거나 대화할 준비가 충분하지 않다고 느끼면, 이해받지 못한다고 생각할 수 있습니다. 이런 상황이 반복되면 부모와의 유대감이 약해질 수 있겠죠.

부모와 대화하고 싶어 하는 아이의 말을 제대로 들어주지 못해 미안한 마음이 든다면, 너무 자책하지 말고 이렇게 말해보세요.

"어제 네가 뭔가 말하려고 했던 것 같은데, 엄마(아빠)가 제대로 듣지 못했어. 그 이야기를 다시 해줄래?"

만약 대화 중에 감정이 격해졌다면, 4장에서 다룬 관계 회복 방법을 시도하고, 부모의 잘못된 행동에 대해서는 꼭 사과해야 함을 잊지 마세요.

마음을 표현한 아이의 용기를 인정하고 격려해주세요

아이에게 생각과 감정을 자주 표현하는 게 얼마나 중요한지 알려주세요. 또한, 부모에게 도움이나 조언을 구하는 것은 약점이 아니라 오히려 용기 있는 행동이라고 말해주세요. 아이가 용기 낸 그 순간을 놓치지 말고 이렇게 표현하세요.

"네가 용기 내서 네 마음을 표현해줘서 고마워. 쉽지 않은 일이었을 텐데 참 잘했어."

후속 질문을 통해 아이가 한 말에 계속 관심을 표현해주세요

대화 후 후속 질문을 해서 아이가 한 말에 계속 관심을 기울이고 있음을 보여주세요. 예를 들어, 아이가 체육 시간에 한 친구가 다른 친구들한테 괴롭힘을 당했다고 이야기했었다면, 이렇게 물어볼 수 있습니다.

"그때 네가 말했던 그 친구는 요즘 잘 지내니?"

당신이 게임에 전혀 관심이 없더라도 이렇게 대화를 이어갈 수 있습니다.

"네가 요즘 게임에서 시도하는 전략은 효과가 있니?"

이때 중요한 것은 아이에게서 대답을 듣는 것이 아니라, 부모가 아이의 말을 기억하고 관심 갖고 있음을 보여주는 것입니다. 또 이렇게 말해보세요.

"지난번에 네가 방 청소 안 했을 때 엄마(아빠)가 너무 화를 냈다고 했잖아. 기억나? 엄마(아빠)가 곰곰이 생각해보니, 네 말이 맞더라. 그 부분은 고치려고 노력할게. 혹시 엄마(아빠)한테 더 하고 싶은 얘기가 있니?"

이렇게 하면 아이는 부모가 자신의 말에 관심을 보인다는 것을 느끼며 더 편하게 속마음을 털어놓을 수 있습니다.

……

아이들은 부모에게 판단당하거나 비난받을 걱정 없이 편하게 자신의 이야기를 털어놓을 수 있어야 합니다. 이 장에서 소개한 방법을 활용해 대화하면, 아이는 부모가 언제나 자신을 지지하는 존재이며 무슨 이야기라도 함께 나눌 수 있는 상대라고 느끼게 됩니다.

아이 인생에 난관이 닥쳤을 때, 가장 먼저 고민을 털어놓을 수 있는 존재가 된다는 것은 부모로서 얼마나 뿌듯한 일일까요? 자신의 곁에 그런 부모가 있다는 사실만으로도 아이는 불안과 스트레스를 잘 이겨낼 수 있습니다.

더 깊이
생각해보기

내 아이와 대화하는 일은 생각보다 호락호락하지 않습니다. 이번 기회에 당신의 대화 방식을 한번 돌아보는 시간을 가져보세요. 특정 주제에 대해 불편함이나 불안을 느낄 수도 있고, 자신도 모르게 대화의 흐름을 방해하는 습관이 있을지도 모릅니다. 지금까지 아이와의 대화에서 잘한 점은 무엇인지, 개선이 필요한 점은 무엇인지, 그리고 아이가 생각과 감정을 더 자유롭게 표현할 수 있도록 부모로서 어떻게 도와줄 수 있을지 생각해보세요.

- 대화할 때 어떤 주제가 불편하게 느껴지나요? 특히 대화하기 힘든 주제가 있다면 무엇인가요? 최근에 아이가 꺼낸 이야기 중에서 부모로서 차분하게 대응하기 어려웠던 순간이 있었나요?

  _____

  _____

- 당신이 어릴 때 부모님과 대화했던 방식이 지금 당신의 대화 방식에 어떤 영향을 주고 있나요?

  _____

  _____

- 아이가 편안하게 대화하기 위해 당신에게 바라는 것은 무엇일까요? 아이가 대화를 피하거나 말하기를 망설일 때, 당신은 보통 어떻게 반응하나요?

  _____

  _____

- 아이와 어려운 대화를 나눌 때 가장 힘든 점은 무엇인가요? 혹시 무의식적으로 아이의 마음을 차단하거나, 아이를 위축시켜 속마음을 털어놓기 어렵게 하고 있지는 않은지 돌아보세요.

  _____

  _____

7장

감정 조절의 롤모델이 되어주기
(Role Model)

이제 불안해하는 아이를 돕기 위해 부모가 할 수 있는 가장 중요하면서도 어려운 일이 남아 있습니다. 그것은 바로, 부모가 불안이나 스트레스와 같은 감정적 어려움에 긍정적이고 건강하게 대처하는 모습을 몸소 보이는 것, 즉 '롤모델이 되어주는 것'입니다.

이를 위해 우리 양육지원 모임에 참여하는 부모들은 새로운 습관을 시작했습니다. 예를 들어, 크리스티나는 걱정이 될 때면 정성이 많이 필요한 요리에 몰두하고, 타샤는 짧은 감사 일기를 쓰며 하루를 시작합니다. 실내 정원 가꾸기, 아로마테라피, 달리기 등을 통해 마음의 안정을 찾는 분들도 있습니다.

감정과 행동을 다루는 방식은 부모 자신의 어린 시절 영향에서 비롯됩니다. 사바나는 군인 가정에서 자라 자주 이사를 했기에 늘 새로운 학교에 적응해야 했습니다. 매우 엄격하고 융통성이 부족한 성격이 된 이유였습니다. 그녀는 모임에서 이렇게 말했습니다.

"저는 스트레스를 풀기 위해 와인을 마시곤 해요. 그런데 와인에 의존하는 정도가 좀 심하긴 해요. 사실 저희 엄마도 저랑 똑같았어요."

한편, 개럿은 팽팽한 긴장이 감지되는 순간 자리를 피하는 습관이 있습니다. 이는 어린 시절, 아버지의 학대에서 벗어나기 위해 방에 들어가 문을 잠그고 혼자 시간을 보내던 경험에서 비롯된 것이었습니다. 그래서 그는 아내와 다툴 때 긴장이 고조되기 시작하면 곧바로 자리를 피하곤 합니다.

우리에게 아직 치유하지 못한 상처가 있을지라도, 자녀만큼은 부모인 우리에게서 건강한 스트레스 대처 방식을 배우기를 바랍니다. 이 장에서는 아이의 불안을 해결해나가는 긴 여정 속에서 부모로서 어떻게 정서적 리더십을 보여줄 수 있을지 알아보겠습니다.

●

아이는 부모의 말이 아닌 행동을 따라 한다

아이들은 부모가 하는 행동을 거의 그대로 따라 합니다. 부모가 아무리 그러지 말라고 말해도 소용없습니다. 아이가 부모와 다른 방식으로 행동하길 기대하는 건 애초에 불가능한 일입니다. 아이에게는 부모의 말보다 행동이 훨씬 더 큰 영향을 미치기 때문이지요.

아이가 불안하거나 스트레스를 받는 상황에서 침착하게 대처하기를 바란다면, 부모가 먼저 그 본보기를 보여줘야 합니다. 예를 들어, 여섯 살 아이가 팬케이크를 앞에 두고 "팬케이크 먹기 싫어!"라고 소리 지르지 않고, "오늘은 시리얼이 먹고 싶어요"라고 차분하게 말하길 바란다면, 부모가 먼저 심호흡으로 격한 감정을 다스려야 합니다. 배우자가 쓰레기를 버려달라고 말할 때마다 짜증을 내거나 퉁명스럽게 반응한다면, 아이는 사랑하는 사람과 소통할 때 툴툴대거나 불친절하게 대해도 괜찮다고 배우게 됩니다.

당신이 정신 건강과 행복에 갖는 관심, 삶에서 매순간 하게 되는 선택은 고스란히 자녀에게 전달됩니다. 부모가 어떤 상황이든 유연하고도 차분하게 대처한다면, 아이는 그것을 삶의 방식으로 받아들입니다.

그런데 이 과정에서 칠판 앞에 선 선생님처럼 가르치려 하기보다는, 당신이 중요하게 여기는 가치와 아이에게 바라는 모습을 직접 행동으로 보여주는 것이 중요합니다.

그렇다고 완벽해야 한다는 뜻은 아닙니다. 부모도 때로는 실수도 하고, 스트레스를 받기도 합니다. 소셜 미디어나 뉴스에 나오는 '완벽한' 부모의 모습은 대부분 연출된 것이며, 현실과는 다릅니다. 그러니 지금까지 아이에게 바람직하지 않은 행동을 보여주거나 부정적인 말투를 써왔다면, 이 장을 읽으면서 자신을 먼저 용서하고 마음을 다시 다잡아보세요. 우리 역시 우리 부모님의 대처 방식을 물려받은 것임을 인식하고, 내 아이에게는 대물림하지 않도록 노력하면 됩니다.

부모는 자신의 바람직하지 못한 행동이 아이에게 어떤 영향을 미치는지 깨달을 때 종종 깊은 수치심과 죄책감을 느낍니다. 한 어머니는 이렇게 털어놓았습니다.

"금요일 저녁마다 친정 부모님과 함께 식사할 때가 제일 괴로워요. 둘째 아이가 꼭 그 자리에서 감정이 폭발하거든요. 제가 아이를 진정시키려고 애쓰는 동안 가족 모두의 시선이 저희에게 쏠리는 게 느껴져요. 더 괴로운 건, 아이가 그렇게 화내는 모습에서 제가 화낼 때의 모습이 보인다는 거예요. 저도 둘째한테 수도 없이 소리를 질렀거든요. 그걸 생각하면 가슴이 무너져요."

아이에게서 부모 자신의 단점을 발견하는 건 가슴 아픈 일입니다. 하지만 아이는 부모의 좋은 점도 물려받고 있습니다. 어느 날 문득, 아이가 당신처럼 운동에 소질이 있다는 걸 알게 될 수도 있고, 다정하고 공감할 줄 알며, 물건을 정리하는 방식도 비슷하고, 좋은 소식을 들었을 때 박수치는 모습마저 당신을 꼭 빼닮았을 수도 있습니다. 이렇게 당신의 아름다운 부분들이 아이에게 전해질 수 있는 것처럼, 아직 치유되지 않은 상처나 고쳐야 할 부분들 역시 함께 전해질 수 있다는 걸 기억하세요.

부모가 이런 모습을 보여주면	→	아이는 이렇게 자라납니다
계획이 변경되었을 때 불평하기		새로운 것을 쉽게 받아들이지 못하는 아이

아이가 경기에서 졌을 때 불평하기	지는 걸 받아들이지 못하는 아이
식사 중에 전화 통화하기	누가 말을 걸어도 잘 집중하지 못하는 아이
차가 막힐 때 심호흡하며 감정 다스리기	스트레스를 받을 때 스스로 조절할 줄 아는 아이
"오늘 하루 정말 힘들었어"라고 말하기	자기감정을 말로 표현할 줄 아는 아이
힘든 일도 꿋꿋이 해내는 모습 보여주기	어려움을 딛고 다시 일어설 줄 아는 아이
아이에게 화낸 뒤 사과하기	누군가에게 상처를 줬을 때 사과할 줄 아는 아이

●

아이 마음에 새겨지는 나쁜 본보기

부모가 스트레스, 분노, 우울감에 휩싸인 채 집에 돌아오면, 이 감정은 미숙하고 때로는 위험한 방식으로 표출될 수 있습니다. 아이는 부모가 무엇 때문에 이렇게 행동하는지 영문도 모른 채, 부모의 행동을 지켜보면서 불안감을 느끼게 되지요.

부모가 아이에게 좋은 본보기가 되는 데 방해가 되는 요인은 스트레스 이외에도 여러가지가 있습니다. 어떤 점들을 주의해야 할지 함께 알아보겠습니다.

중독

퇴근 후 술 한잔이 하루 동안 쌓인 스트레스를 풀거나, 힘든 하루를 마무리하는 방식이라고 가볍게 생각할 수도 있습니다. 하지만 음주를 습관처럼 반복하고 있다면, 내면의 불편한 감정이나 트라우마를 회피하려는 행동은 아닌지 한번 돌아보세요. 양육지원 모임에서 한 아버지가 이렇게 털어놓았습니다.

"우리 아버지는 매일 밤 스카치위스키에 탄산수를 타서 몇 잔씩 드시곤 하셨어요. 이젠 저도 그게 습관이 되어버렸죠. 술을 마시면 그날 있었던 힘든 일에서 벗어날 수 있고, 마음을 짓누르는 불안이 스르르 녹아내리는 기분이 들거든요."

한 어머니가 이 이야기에 깊이 공감하며 이렇게 말했습니다.

"저는 매일 일 때문에 스트레스가 너무 심해요. 제 스트레스 때문에 아이를 망칠까 봐 겁이 나요. 잠이라도 제대로 자려면 매일 밤 술을 마셔서 긴장을 좀 풀어야 하거든요. 밤마다 술을 마시는 제 모습을 아이가 보고 있다는 걸 알면서도 멈추기가 힘들어요. 저도 제가 잘못된 행동을 보여주고 있다는 걸 알아요. 아이가 저처럼 중독에 빠지는 건 절대 원하지 않아요."

부모가 음주나 흡연을 하는 모습을 보며 자란 아이는 그것이 해롭다는 말을 들어도 어린 나이에 술이나 담배에 손 댈 가능성이 큽니다. 몸에 해로운 습관뿐 아니라 물건을 계속 사는 것과 같은 행동도 마찬가지입니다. "오늘 정말 너무 힘들었어. 쇼핑으로 스트레스 좀 풀어야겠어"라고 말한다면, 아이에게 '불편한 감정이 생기면 다른 무언가에 기대어 피하면 된다'라는 생각을 심어줄 수 있습니다.

회피

친구나 가족을 피하거나, 병원 진료를 미루거나, 자신의 정신 건강을 돌보는 일을 자꾸 뒤로 미루는 등의 회피 행동은 이미 힘든 상황을 더 복잡하고 어렵게 만들 뿐입니다.

선뜻 이해하기 힘들 수도 있지만, 어떤 일에 지나치게 몰두하는 것도 사실은 다른 문제들을 회피하는 방식일 수 있습니다. 한 어머니는 이렇게 털어놓았습니다.

"제가 리서치나 이메일 작업에 너무 깊이 빠져있다 보면 시간 가는 줄도 몰라서 아이들과 저녁 식사도 못 하고, 아이들을 재우는 시간도 놓치곤 해요. 남편도 그새 잠들어버리는 경우가 많아서, 우리 부부는 서로 대화를 나눌 시간이 거의 없어요."

또 다른 부모는 걱정과 불안 때문에 며칠씩 거실에서 밤새 TV만 보며 시간을 보내기도 합니다. 물론 너무 지칠 때는 잠깐 편히 쉬고 싶을 수 있어요. 하지만 부모의 이런 회피 행동이 습관이 되면, 아이들은 힘들고 괴로울 때마다 '불편한 감정은 회피해야만 편해진다'라는 잘못된 메시지를 배우게 됩니다.

소셜 미디어

부모가 소셜 미디어에 지나치게 의존하거나 다른 사람들이 자신을 어떻게 볼지 계속 신경 쓴다면, 아이들도 비슷한 태도를 배우게 될 가능성이 큽니다. 부모가 아이 앞에서 자주 자신과 남을 비교하거나, 소셜 미디어에 게시물을 올린 뒤 수시로 알림을 확인하는 모습을 보이면, 아이 역시 남들의 평가에 지나치게 집착하게 됩니다. 부모의 이런 행동은 아이의 불안감을 키울 수 있습니다.

자기 비하 발언

자기 자신에 대해 부정적으로 말하거나, 사소한 실수에도 자기 자신을 심하게 질책하거나, "난 제대로 하는 게 하나도 없어" 같은 말을 반복하고 있지는 않나요? 아이들은 부모의 그런 모습을 그대로 보고 배웁니다.

어느 날 양육지원 모임에서 한 아버지가 이렇게 털어놓았습니다.

"저는 저 자신에게 정말 가혹한 편이에요. 돌이켜보면, 저희 아버지는 늘 일이 최우선이었고, 큰 공사 계약을 따내지 못하면 심하게 자책하며 우울해하셨어요. 계약을 놓칠 때면 혼잣말로 "난 정말 한심한 놈이야. 제대로 하는 게 하나도 없어"라고 중얼거리곤 하셨죠. 저 역시 그런 아버지처럼 끊임없이 스스로 몰아붙이며 살아왔고, 저 자신과 가족을 위해 이룬 것들에 대해 나름대로 자부심도 있긴 합니다. 하지만 이젠 깨달았어요. 아버지가 평생 자기 자신에게 하셨던 말을 저 자신에게 해왔다는 것을요. '성공하지 못하면 난 아무짝에도 쓸모없는 사람'이라고요."

키에라는 자신의 양육방식 하나하나를 지나치게 걱정하고, 동시에 직장 동료가 자신을 성실하지 않다고 여길까 봐 계속 신경 쓰니다. 그녀는 양육지원 모임에서 이렇게 말했습니다.

"저는 과거에 한 선택을 계속 곱씹고, 미래에 대해서도 끊임없이 불안해해요. 아이들 앞에서도 자주 맥 빠진 모습으로 똑같은 이야기를 반복해요. '내가 어쩌다 스프레드시트에서 그런 바보 같은 실수를 했을까?'라고 자책하거나, 회사 사람들과의 갈등 때문에 힘들다고 하소연하거나, 최근에 회의를 망친 것에 대해 계속 푸념하게 돼요."

힘든 일을 겪고 있더라도, 아이 앞에서는 무기력한 태도를 보이지 않는 게 좋습니다. 부모의 무력감과 후회하는 습관을 그대로 따라 배운 아홉 살 히나는, 친구 관계에 문제가 생기자 자책하며 이렇게 말했습니다.

"내가 지난달 점심시간에 그 친구를 옆에 앉게 해줬더라면, 우린 지금도 친구였을 텐데…."

부정적인 신체 이미지와 그에 따른 행동

부모가 자신의 외모나 몸에 대해 부정적으로 말하는 걸 아이들은 다 듣고 있습니다. 농담으로 하는 말이라고 해도, "난 너무 뚱뚱해!" "어떤 옷을 입어도 이상해 보여"와 같은 말을 아이 앞에서 자주 하는 건 바람직하지 않습니다. 부모가 자신에 대해 자주 부정적으로 표현하면, 아이들도 부모의 부정적인 말을 기준으로 자신을 바라봅니다. 아이들은 아직 판단력이 미숙해서 엄마가 "난 뚱뚱해"라고 자주 말하면 아이도 자기 자신을 평가할 때 "나도 뚱뚱한 거 아닐까?" 하고 생각합니다. 이런 부정적인 생각이 아이의 머릿속에서 끊임없이 반복 재생되는 것이죠.

물론 자신의 몸을 있는 그대로 온전히 좋아하기가 쉽지 않을 수 있어요. 피부 상태나 얼굴 생김새, 현재의 체형 등이 마음에 들지 않아서 자신을 긍정적으로 바라보기 어려울 수도 있습니다. 하지만 부모의 말이 아이의 정신 건강에 매우 큰 영향을 미칠 수 있다는 점을 기억하고, 아이 앞에서 자신에 대해 말할 때는 더 신중할 필요가 있습니다.

한편 특별히 비만인 것도 아닌데 아이들이 식단 조절을 하는 건 권장되지 않습니다. 섭식 장애로 이어질 수 있고, 장기적으로 아이들의 건강한 성장과 발달에 필요한 필수 영양소 공급에도 방해가 되기 때문입니다. 부모가 식사를 거르거나, 살 빼야 한다는 말을 자주 하거나, 칼로리를 줄이려고 특정 음식을 일부러 먹지 않는 모습을 보이면, 아이들은 그런 행동을 그대로 따라 합니다. 또 부모가 운동을 지나치게 많이 하는 편이라면, 아이들은 그것까지 그대로 흡수합니다. 누구나 식습관과 체중에 대한 고민이 있을 수 있지만, 그런 고민이나 불안이 아이들에게 어떻게 전해질지 생각해 볼 필요가 있습니다.

한 어머니가 양육지원 모임에서 이렇게 털어놓았습니다.

"저는 평생 제 몸무게 때문에 스트레스를 받아왔어요. 저희 엄마도 마찬가지셨고요. 제 딸 역시 저한테서 살찌는 것에 대한 불안을 그대로 물려받고 있을 거예요. 마치 끝기지 않는 저주가 대물림 되는 것만 같아요."

이러한 부모의 걱정을 충분히 이해합니다. 하지만 그런 부정적인 패턴을 반드시 끊을 수 있다는 점 역시 꼭 기억하셨으면 합니다.

·····

혹시 지금까지 아이에게 바람직하지 않은 행동을 보여줬거나, 하지 말았으면 좋았을 말을 했다 하더라도, 너무 자책하지 마세요. 이 책을 읽으면서 '이거 완전 내 얘기네!'라고 느끼셨나요? 우리 양육지원 모임에 함께하는 많은 부모님도 똑같이 느꼈습니다. 우리는 모두 완벽하지 않은 존재입니다. 계속해서 배우고 있으며, 더 나은 엄마, 아빠, 할머니, 할아버지가 되기 위해 최선을 다하고 있습니다.

●

건강한 스트레스 대처 방식 보여주기

아이들은 예리한 관찰자입니다. 주변 어른들의 행동을 보며, 자연스럽게 자기 몸과 마음을 돌보는 법을 배우죠. 부모가 정신적·신체적 건강을 균형 있게 돌보는 모습을 보여주는 것이 중요합니다. 또한 힘든 순간을 겪는 가족, 친구들에게 따뜻하게 대하고 공감하는 모습을 보이는 것 역시 중요합니다. '아이는 부모의 거울'이라는 말이 있지요. 양육의 모든 과정에서 부모가 보이는 모습을 아이는 그대로 비추어 보입니다.

여러분의 가족이 마음의 평온을 찾기 위해 했던 일들을 떠올려보세요. 이사벨은 양육지원 모임에서 이렇게 말했습니다.

"저는 마음이 복잡할 때면 그림을 그리면서 진정시키는 편인데, 그런 제 모습이 이모를 닮았다는 걸 최근에서야 깨달았어요. 이모는 해안가 근처에 사셨는데, 늘 바닷가 풍경을 그리고 계셨거든요. 지금의 저도 그때의 이모처럼 바닷가 풍경을 그리며 마음을 가라앉히곤 해요."

앞에서는 부모로서 점검해봐야 할 행동과 습관들을 살펴봤으니, 이제 아이에게 좋은 본보기가 될 수 있는 건강한 스트레스 대처법들을 알아보겠습니다. 부모인 여러분에게도 도움이 될 뿐만 아니라, 아이 마음속에 스트레스를 건강하게 다룰 줄 아는 능력의 씨앗을 심어줄 것입니다.

직접 시범 보이고 설명해주세요

당신에게 효과가 있는 스트레스 대처법을 찾아 아이 앞에서 직접 해보세요. 그리고 그 방법이 어떻게 도움이 되는지 이야기해주세요. 예를 들어, 안젤리카는 딸에게 이렇게 말했습니다.

> "위층 사람들이 너무 쿵쿵거려서 짜증이 나. 이 짜증을 가라앉히려고, 얼음물에 얼굴 담그는 걸 한번 해보려고 해."

그런 다음 아이가 보는 앞에서 정말로 얼굴을 얼음물에 담가보세요. 눈썹에서 물이 뚝뚝 떨어져도 개의치 말고, 아이와 한바탕 크게 웃으며 가볍게 넘겨보세요.

누구나 감정을 다스리는 자신만의 방법이 있습니다. 당신에게 맞는 방법이 무엇인지 떠올려 보고, 그 방법을 평소에 자주 활용하세요. 그리고 그것이 당신에게 어떤 도움이 되는지 아이에게 말해주세요. 예를 들어, "고된 하루를 보낸 뒤 뜨개질을 하면 마음이 편안해져"처럼 말해줄 수 있습니다. 이런 이야기를 일상 대화 속에 자연스럽게 녹여보길 바랍니다.

운동하는 모습을 보여주세요

야외 운동은 활력을 줄 뿐만 아니라, 아이에게 자연 속 신체 활동을 중요하게 여기는 가족 문화를 보여줄 좋은 기회입니다. 아이와 함께 몸을 움직이면 좋은 점에 관해 이야기해보세요. 아밋의 엄마는 시간이 날 때마다 공원에서 농구를 즐깁니다. 그리고 아이들에게 이렇게 말하곤 하죠.

"땀을 쫙 빼고 나면, 머리가 맑아지는 기분이 들어."

친구와 함께 살사 댄스 수업을 듣기로 했다면, 아이에게 이렇게 말해보세요.

"엄마는 친구랑 같이 살사 수업에 가면, 운동도 되고 재미도 있어서 정말 좋아!"

물론 운동에 지나치게 집착하는 건 좋지 않습니다. 예를 들어, 일주일에 하루 운동을 못 했다는 이유로 예민하게 굴거나 불안해하는 모습을 보인다면, 아이는 그런 부모의 모습을 보고 융통성 없는 태도를 배울 수도 있습니다.

스트레스를 두려워하지 않는 모습을 보여주세요

스트레스에 압도되는 게 아니라, 견디고 다스리는 태도를 보여주세요. 아무리 힘든 감정이라도 얼마든지 조절할 수 있다는 믿음을 갖게 하는 거예요. 예를 들어, "심장이 두근거리고 좀 불안하지만, 괜찮아. 어떻게 하면 진정할 수 있는지 알고 있어"라고 말해보세요. 모든 감정은 생겼다가도 결국 사라지며, 기분이 나아지는 데는 몇 분이 걸릴 수도 있고 하루가 걸릴 수도 있다는 사실을 알려주세요. 그러면 아이는 자라면서 이렇게 생각하게 될 겁니다.

'불안한 감정이 들어도 괜찮아. 엄마도 마음이 뒤죽박죽일 때가 있지만, 결국엔 항상 괜찮아졌다고 했으니까.'

감정 조절을 어떻게 할지 차분하게 설명해주세요

살다 보면 아이 때문이 아니라도 감정이 격해지는 순간이 있습니다. 그럴 때, 아이에게 당신이 지금 스트레스를 받고 있지만 다스리려 한다고 차분한 말투로 설명해주세요. 예를 들어,

> "엄마가 지금 살짝 스트레스를 받고 있어. 잠깐 쉬면 다시 괜찮아질 거야. 우리 잠시 후에 다시 이야기할까?" 또는 "지금 엄마가 짜증 내는 것처럼 들릴 수 있지만, 너한테 화난 게 아니야. 회사에서 있었던 일이 마음에 좀 걸려서 그래."

라고 말해보세요. 그런 다음, 침실로 가서 30초 정도 혼자만의 시간을 가져보세요.

부모의 말은
아이의 내면 목소리가 된다

　부모의 말투와 사고방식은 아이에게 그대로 전달됩니다. 부모가 하는 말을 아이들은 마치 녹음기처럼 머릿속에서 반복 재생하곤 하지요. 부모가 평소에 어떻게 말하고 생각하는지 스스로 인식하는 것이 매우 중요한 이유입니다.
　부모의 말은 어느새 아이의 내면 목소리가 됩니다. 그 목소리가 긍정적인 것이 되도록, 따뜻하고 희망적인 말을 자주 들려주세요. 부모의 말투는 아이의 자존감에 지대한 영향을 미친다는 사실을 항상 기억해주세요.

당신의 성격을 긍정적으로 바라보는 모습을 보여주세요
　부모가 건강한 자존감을 가졌다는 사실을 아이에게 어떻게 알려줄 수 있을지 이야기해봅시다. 우리가 양육지원 모임에서 이 주제를 다뤘을 때, 한 어머니가 이렇게 말했습니다.
　"이건 좀 어려울 것 같아요. 저희 부모님도 워낙 겸손하신 편이셨고, 저도 제 자랑을 잘 못 해요."
　부모의 건강한 자신감, 긍정적인 자아 정체성을 보여주라는 말은 자랑하라는 뜻이 아닙니다. 자신의 장점을 솔직하게 인정하고 표현하는 법을 가르쳐주자는 뜻이죠. 예를 들어, 이렇게 말해볼 수 있어요.

"엄마는 창의력이 풍부해. 클레이로 멋진 작품을 만드는 걸 좋아
하는 걸 보면 알 수 있지."

"아빠는 참 좋은 친구인 것 같아. 친구들 이야기를 잘 들어주고,
그 이야기를 잘 기억하거든."

이렇게 아이 앞에서 자신의 좋은 점을 자연스럽게 말로 표현하세요. 무언가 성취해낸 것을 스스로 인정하는 데도 망설이지 마세요.

"내가 이 문제를 스스로 해결해냈어. 꽤 어려운 일이었는데, 해낸
내가 정말 자랑스러워!"

자신이나 다른 사람에 대해 불평하고 싶은 마음이 들 때는 잠깐 멈추세요! 그런 순간에는, 불평 대신에 자신이 가진 강점을 떠올리고 인정하는 쪽으로 생각의 방향을 전환해보세요.

당신의 몸과 외모에 대해 긍정적으로 이야기하세요

페이지는 사진 찍히는 게 싫어서 늘 피해 왔습니다. 특히 둘째를 낳고 난 뒤에는 더 그랬죠. 그런데 최근 딸아이의 생일 파티에서 딸이 사진 찍는 걸 완강히 거부하는 모습을 보고, 우리에게 조언을 구했습니다. 그녀는 이렇게 말했습니다.

"제가 제 몸에 대해 불만을 이야기할 때마다, 저의 그런 태도가 딸이 자신을 바라보는 시각에 좋지 않은 영향을 끼치고 있던 거예요. 며칠 전 딸아이가 자기 생일 파티에서 사진을 절대 안 찍겠다고

그 난리를 부리기 전까지는 이 사실을 미처 깨닫지 못했어요."

부모가 자신의 몸과 외모에 대해 이야기할 때는 긍정적인 태도로 말하세요. 예를 들어 이렇게 말하는 겁니다.

"난 내 팔이 튼튼해서 참 좋아. 네가 어릴 때 많이 안아줄 수 있었던 것도 다 이 팔 덕분이야."

수영복 입는 것도 망설이지 말고, 아이가 보는 앞에서 자신의 몸을 꼼꼼히 살펴보며 흠잡지 않길 바랍니다. 만약 자신의 몸매나 체중에 대해 불평하고 싶은 생각이 든다면, 잠시 멈추고 이렇게 생각해보세요. '지금 내가 아이 앞에서 나 자신을 깎아내리려 하고 있구나.'

그리고 그 순간, 다른 선택을 해보세요. 부정적인 생각 대신 자신을 아끼고 격려하는 따뜻한 말을 떠올려보세요. 외모에 대해 긍정적으로 말하기 어렵다면, 당신의 몸이 해낼 수 있는 멋진 일들에 집중해보세요.

"오늘 하루를 잘 버틸 수 있었던 건 다 내 몸 덕분이야. 아까 자전거를 타고 언덕을 오를 때 정말 힘든 일이었는데, 그래도 해냈잖아. 생각해보면 우리 몸은 정말 대단한 존재야. 그렇지 않니?"

자신에게 너그럽게 대하는 모습을 보여주세요

세상에 완벽한 사람은 없습니다. 자신이 완벽하지 않아도 너그럽게 포용해주세요. 예를 들어 "난 베이킹엔 정말 소질이 없어. 항상 밑바닥을 태워 먹는단 말이야"라고 말하기보다는, 이렇게 얘기하는 겁니다.

"다른 엄마들은 베이킹 같은 걸 척척 잘할지 몰라도, 엄마는 너희에게 자연에 대해 잘 가르쳐줄 수 있어. 사람마다 잘하는 분야가 다르고, 모든 걸 다 잘할 필요는 없어."

이렇게 자신을 너그럽게 대하는 말을 자주 하다 보면, 우리의 사고방식도 점점 더 긍정적으로 바뀌기 시작할 뿐 아니라 아이의 자아상에도 긍정적인 영향을 미칩니다.

긍정적이고 희망적인 태도를 보여주세요

힘든 상황 속에서도 긍정적인 부분에 집중하는 모습을 보여주세요. 예를 들어,

"정말 힘들었지만, 그래도 잘 해냈어."

하고 말해보세요. 또, 결국에는 다 잘 될 거라는 믿음을 가지고 이렇게 말할 수도 있습니다.

"물론 예상보다 시간이 좀 더 걸릴 수는 있지만, 난 꼭 해낼 거야."

부정적인 생각이 떠오를 땐, 이렇게 생각해보세요.

'예전에도 이렇게 생각한 적이 있었지. 근데, 이런 생각은 결국 도움이 안 됐었잖아. 그러니 계속 이 생각을 붙들고 있을 필요 없어.'
그리고 나서 좀 더 중립적이거나 낙관적인 관점에서 생각해보세요. 이런 연습을 꾸준히 하다 보면, 부정적인 생각이 점점 줄어들 것입니다.

용기 내는 모습을 보여주세요

미래에 대한 걱정이 많은 아이에게는 부모가 도전을 두려워하지 않는 모습을 보여주는 것이 중요합니다. 예를 들어, 내일 중요한 회의가 있다면 이렇게 말해보세요.

"내일 중요한 회의가 있어서 사람들 앞에 서는 게 좀 긴장되긴 하지만, 심호흡하면서 마음을 가라앉히고 회의를 시작하면 잘 해낼 수 있을 거야."

아이들은 실패에 대한 걱정이 클수록, 새로운 도전을 더 주저하게 됩니다. 이럴 때는 부모가 실패를 자연스럽게 받아들이는 모습을 보여주는 것이 큰 도움이 됩니다.

"올해 엄마(아빠)는 마라톤 예선을 통과하지 못했지만, 그래도 괜찮아!"

이런 말은 아이에게 실패해도 괜찮고, 다음에 또 도전할 수 있다는 믿음과 용기를 심어줍니다.

●

부모 자신의 문제를 부끄러워하지 않기

가족 내 갈등이나 문제는 안타깝게도 아이에게도 고스란히 전달됩니다. 부모가 느끼는 긴장감과 불안감을 아이가 흡수하기 때문이지요. 하지만 반대로, 부모가 자신의 내면을 깊이 들여다보고 오래된 상처를 마주하며 치유해나가면, 아이에게도 놀라운 변화가 찾아옵니다. 즉, 부모가 회복되기 시작하면 아이의 불안도 서서히 잦아듭니다.

여러분은 지금, 아이를 잘 키우기 위해 최선을 다하고 있을 겁니다. 여러분 자신의 몸과 마음 역시 여전히 돌봄이 필요하다는 사실도 잘 알고 있을 거예요. 이제부터는 아래에 소개하는 방법들을 활용해 부모 자신의 정신 건강, 신체적인 질병, 그리고 가족 관계의 변화에 대해 아이와 이야기해보세요. 아이뿐 아니라 부모 스스로 돌보고 보살피는 계기가 될 것입니다.

혼자 감당할 수 없는 문제는 도움을 요청하세요

자신이나 가족 중 누군가가 우울증이나 중독과 같은 장기적인 문제를 겪고 있다면, 먼저 이 문제의 구체적인 해결 방안부터 마련하는 것이 중요합니다.

양육지원 모임에서 어느 날, 코트니는 온라인 도박 습관을 끊어내기가 쉽지 않다고 털어놓았습니다.

"저희 집안에는 예전부터 도박에 빠진 사람들이 많았어요. 나중에 제 아이들까지 도박 중독에 빠질까 봐 정말 무서워요."

이 모임에 참여한 부모들은 두 달째 함께 하며, 서로를 조금씩 알아가는 중이었습니다. 우리는 코트니에게 모임에 참여하고 있는 다른 부모들로부터 문제 해결에 도움이 될 만한 제안을 들어볼 용의가 있는지 물었고, 그녀는 기꺼이 동의했습니다. 몇몇 부모는 심리치료를 받아보라고 권했고, 또 다른 부모는 무료 도박중독 치료 모임을 추천해주었습니다. 루시아는 자신이 매주 수요일마다 참여하는 온라인 요가 수업에 함께 하자고 제안했죠. 모리스는 코트니에게 이렇게 물었습니다.

"항상 스트레스를 많이 받는 편이라고 했잖아요. 혹시 우리가 배운, 마음을 진정시키는 방법 중 실제로 실천하고 있는 게 있나요?"

코트니는 이렇게 대답했습니다.

"솔직히 말하면, 꾸준히 하는 건 없어요."

그래서 모임에 있던 부모들은 '하루에 친구 한 명에게 연락하기' '동네 한 바퀴 산책하기' 같은 작고 실천 가능한 목표를 코트니와 함께 세웠습니다.

그날 모임이 끝날 무렵, 코트니는 눈물을 글썽이며 이렇게 말했습니다.

"다들 정말 고마워요. 요즘에도 매일 온라인 도박 사이트에 들어가 팀 성적이랑 베팅 결과를 확인하고 싶은 충동이 들긴 하지만,

여러분의 조언을 들으니 이제는 이 문제를 해결할 수 있을 것 같은 기분이 들어요."

코트니는 실천 가능한 작은 행동부터 하나씩 시작해보겠다고 약속했고, 우리는 그녀가 아주 의미 있는 첫걸음을 내디뎠다고 생각했습니다. 중독 같은 심리적 문제를 치유하고 회복하는 여정은, 결국 자신을 돌보는 작고 구체적인 실천에서 시작됩니다.

당신의 슬픔이나 트라우마 같은 감정적 어려움은 아이가 보지 않는 곳에서 차분히 마주하고 풀어나가야 합니다. 이는 아이뿐 아니라, 당신 자신과 가족을 위한 일이기도 하죠. 혹시 힘든 어린 시절을 보냈거나, 감정을 조절하기 어렵거나, 결혼 생활에 위기가 찾아왔나요? 삶에서 겪는 이러한 어려움은 결코 저절로 사라지지 않습니다. 이 상처들을 치유하는 데는 시간과 인내, 그리고 따뜻한 이해가 필요합니다. 당신이 마주하고 있는 문제를 회피하거나 외면하지 마세요. 그렇게 하다 보면, 부모로서 아이 곁에 온전히 있어 주는 일조차 점점 더 어려워질 수 있습니다.

도움이 필요하다면, SAFER 양육자답게 주저하지 말고 도움을 요청하는 모습을 아이에게 보여주세요. 믿을 수 있는 친구나 동료에게 전문 상담가를 추천받거나, 온라인 검색을 통해 직접 찾아보세요. 또는 개인 상담, 부부 상담, 집단 상담 등 어떤 방식이 자신에게 맞을지 전문의와 상의해 보는 것도 좋은 방법입니다. 부모가 전문가의 도움을 받는 모습을 보여주면, 아이는 상담이라는 것이 특별하거나 낯선 일이 아니라, 누구나 필요하면 받을 수 있는 자연스러운 일이라고 생각하게 됩니다.

만약 신체적인 건강 문제를 겪고 있다면, 전문가의 진료를 받고 치료 계획을 세워야 합니다. 그렇지 않으면, 이 문제가 나중에 아이의 부담이 될 수 있습니다. 치료 계획에 대해서는 아주 자세히 설명하진 않더라도, 큰 흐름을 간단히 알려주면 아이의 불안을 덜어줄 수 있습니다. 양육지원 모임에서 멜라니는 이렇게 말했습니다.

"제가 크론병 때문에 최근에 다시 병원에 다녀왔는데, 의사 선생님이 새로운 약물 치료 요법을 시도해보자고 하시더라고요. 딸아이에게 그 얘기를 하면 불안해하지 않을까 걱정했는데, 막상 얘기하니까 아이가 저를 꼭 안아주더니 이내 발랄하게 뛰어가더라고요. 제가 2년 전에 크론병 진단을 받은 이후 처음으로 아이가 그 일에 대해 편안해 보였어요."

가족 중 누군가가 아이의 정서적 안정을 해칠 염려가 있다면, 반드시 아이를 보호하기 위한 구체적인 대응 계획을 세워야 합니다. 만약 감정 기복이 너무 심해 예측 불가능하거나 위험한 행동을 할 가능성이 있는 가족이 있다면, 아이에게 해가 가지 않도록 전문가의 조언을 받아 문제를 해결해야 합니다.

아이에게 지금 무슨 일이 벌어지고 있는지 이야기해주세요

앞서 살펴봤듯이, 아이들은 집안 분위기가 불편하게 느껴지면 불안을 느낍니다. 무슨 일이 일어나고 있는지 정확하게 말로는 표현하지 못하더라도, 분명히 뭔가 이상하다는 점은 감지할 수 있습니다.

우리가 부모들을 코칭하다 보면, 가족 안에서 심각한 일이 벌어지고 있음에도 불구하고, 그 사실을 부모가 아이에게 한 번도 이야기한 적이 없는 경우가 종종 있습니다. 하지만 아이들은 이미 눈치채고 있죠. 예를 들어, 여덟 살 리암은 이렇게 말했습니다.

"엄마에게 불안 장애가 있다는 거 알아요. 엄마를 매일 보는데, 어떻게 모르겠어요?"

또 열두 살 나디아는 이렇게 말했습니다.

"부모님은 아무 말도 안 하시지만, 두 분이 곧 이혼하실 거라는 거 알아요. 매일 밤 싸우시거든요. 엄마 아빠가 결국 헤어질 거라는 건 아주 오래전부터 알고 있었어요."

이 책을 읽다 보면, 당신이 그동안 아이에게 왜 엄마나 아빠가 함께 살지 않는지, 혹은 가족에게 무슨 일이 있었는지를 단 한 번도 설명한 적이 없다는 사실을 깨닫게 될 수도 있습니다. 어쩌면 그 대화를 무의식적으로 피해왔는지도 모릅니다.

다시 한번 강조하지만, 아이들은 이미 알고 있습니다. 당신이 배우자나 가족과 갈등을 겪고 있거나 평소와 다르게 행동할 때, 아이들은 분명히 그 변화를 감지합니다.

다만 아이들은 어른들 사이에서 무슨 일이 벌어지고 있는지 대충은 느낄 수 있지만, 그 상황을 정확히 이해하긴 어렵습니다. 부모가 먼저 대화의 문을 여는 것이 중요한 이유이지요. 아이가 아직 어리다면 어른들의 이야기를 어떻게 설명해야 할지, 또는 왜 굳이 설명해야 하는지 의문이 들 수도 있습니다. 하지만 아이의 나이에 맞게 솔직하게 이야기하는 것은 아이 마음을 훨씬 편안하게 해주며, 불안을 줄이는 데 큰 도움이 됩니다.

아이와 대화하기 전에 3장에서 소개한 '어려운 주제에 대해 아이와 대화하는 방법'을 다시 한번 복습해보세요. 아이가 둘 이상이라면, 각 아이의 나이에 맞게 따로 이야기해줘야 할 수 있습니다.

아마도 당신은 이미 정신 건강과 관련한 진단을 받았을 수도 있고, 직장 스트레스로 인해 집에서도 유난히 예민해져 있을 수도 있습니다. 혹은 라토야처럼, 아버지를 잃은 슬픔이 너무 커 도저히 감당할 수 없는 상태일 수도 있습니다. 라토야는 이렇게 말했습니다.

"부모를 잃으면 가슴에 다른 누구도 채울 수 없는 구멍이 생긴다고 늘 들어왔는데, 지금에서야 그 말이 무슨 뜻인지 알겠어요."

부모는 흔히 아이 앞에서 눈물을 훔치며 "엄마는 괜찮아. 정말 아무렇지도 않아"라고 말하지만, 아이는 이미 뭔가 이상하다는 걸 느낍니다. 부모는 아이를 걱정시키지 않으려는 좋은 의도에서 그런 말을 하는 것이지요. 하지만 가족 중 누군가가 약물 중독 문제를 겪고 있어서 말투가 어눌해지거나 성격이 변한다면, 아이는 그런 변화도 고스란히 감지합니다.

문제에 대해 언급하지 않는다면 아이가 불안이나 스트레스를 덜 느낄 거라고 오해합니다. 실제로는 그 반대일 수 있습니다. 어른들이 말을 꺼내지 않을수록, 아이는 오히려 혼자서 더 많이 걱정하고, 심지어 그 문제가 자기 탓이라고 생각하기도 합니다.

부모들은 종종 이렇게 묻습니다.

"이렇게 복잡한 이야기를 아이에게 꼭 해야 하나요?"

하지만 아이가 어른들의 문제를 제대로 이해하려면 부모의 설명이 필요합니다. 부모와 대화를 나누지 못하면 아이는 자기가 모르는 부분을 나름대로 상상하며 이렇게 생각할 수 있습니다.

'부모님이 이 이야기를 피하는 건 너무 무섭고 감당하기 어려운 일이기 때문일 거야. 말도 꺼내기 힘들 만큼 걱정되시나 봐.'

하지만 부모가 평온한 태도로 대화할 준비가 되어있음을 보여주면, 아이는 부모를 '기댈 수 있는 안전한 존재'로 인식하게 되고, 감당하기 어려웠던 문제도 점차 해볼 만한 일이라고 생각하게 됩니다.

물론 어떤 이야기는 아이가 받아들이기 힘들 수 있습니다. 아이가 복잡한 감정을 느끼는 것도 자연스러운 일입니다. 하지만 괜찮습니다. 여러분은 이미 '차분한 태도로 아이의 감정을 공감하고, 행동은 올바르게 이끌며, 마음을 열고 소통하는 방법'을 알고 있으니 어떤 상황에서도 잘 대처할 수 있습니다.

아이 잘못이 아니라고 말해주세요

당신의 부인이 분노 조절에 어려움을 겪고 있다면, 아이에게 이렇게 말해보세요.

"엄마가 갑자기 불같이 화를 내는 경향이 있지? 그걸 고치려고 노력하는 중인데, 그래도 가끔은 진정하기 어려울 때가 있어. 그런데 엄마가 화를 내는 건 네가 뭘 잘못해서 그런 게 절대 아니야. 이건 엄마가 감정 조절 연습을 더 많이 해서 해결해야 할 문제지, 네가 해결할 문제가 아니야."

가족의 특정 행동에 대해서도 아이의 수준에 맞게 설명해주세요. 예를 들어, 이렇게 말할 수 있어요.

"할아버지가 할아버지 집 차고에 이것저것 물건을 많이 쌓아두는 건, 그렇게 해야 마음이 좀 더 편안해지시기 때문이야. 할아버지는 어릴 적에 항상 부족하게 지내셔서 지금도 뭔가 모자라다고 느끼시거든. 근데 우리 집은 그렇게 안 해도 괜찮아. 우린 부족함 없이 잘 지내고 있거든."

아이들은 어떤 일이 일어났을 때 종종 그게 자기 탓이라고 생각합니다. 집에서 일어나는 다툼이나 부모의 이혼조차도 자기 잘못이라고 여기는 경우가 많습니다. 아이들을 상담하다 보면, 다음과 같은 이야기를 자주 듣습니다.

"부모님이 저녁 먹자고 불렀을 때 제가 바로 내려갔더라면, 부모님이 그렇게 크게 싸우진 않았을 거예요"

"엄마가 숙제하라고 했을 때 바로 했더라면, 엄마가 거실 소파에서 자는 일도 없었을 거고, 엄마 아빠가 이혼하는 일도 없었을 거예요."

아이가 통제할 수 없는 일에 대해서는 책임감을 느끼지 않아도 된다고 말해주세요. 한 어머니는 우리와 여러 차례 상담을 한 뒤, 자신과 오빠 사이의 복잡한 관계에 대해 열 살 난 아들과 대화를 나누기로 마음먹었습니다.

"삼촌이 집에 오면 엄마가 평소와 다르게 좀 침울해한다는 걸 너도 느꼈을 거야. 근데 그건 네 잘못이 아니고, 너와는 전혀 상관없는 일이야. 삼촌이랑 엄마 사이에는 예전부터 좀 복잡한 일이 있었거든."

사실 그녀는 아들에게 이 얘기를 꺼내기 전에 이렇게 걱정했었습니다.
"우리 아들이 워낙 예민한 편이라서요. 혹시 엄마가 이렇게 말하면, 엄마가 삼촌이나 사촌들을 안 좋아한다고 오해하진 않을까요?"
하지만 다행히 그런 걱정은 기우였어요. 그녀의 말에 아들은 이렇게 대답했습니다.
"엄마가 삼촌이랑 있을 때 좀 불편해하는 건 저도 알고 있었어요! 제가 삼촌을 좋아하긴 해도, 삼촌이 엄마한테 명령조로 말하는 건 싫어요."
이처럼 아이의 나이에 맞게 상황을 솔직하게 설명하면, 불필요한 걱정이나 불안을 덜 수 있습니다. 무엇보다, 아이는 어떤 일이든 부모와 대화할 수 있다는 사실에 큰 안정감을 느낍니다.
모건의 큰딸은 최근 우울증으로 입원했다가 치료를 마치고 집으로 돌아왔습니다. 모건은 일곱 살 난 막내딸에게 이렇게 설명해주었습니다.

"언니가 요즘 많이 힘들고 슬픈 시간을 보내고 있어. 하지만 여러 심리치료사 선생님들이 언니를 도와주고 계시니까 너무 걱정하지 않아도 돼. 언니가 집에 오자마자 네게 인사도 안 하고 방으로 들어가버려서 속상했지? 그렇다고 언니가 널 사랑하지 않는 건 아니야. 지금은 언니가 자기 마음을 다잡느라 여유가 없는 거야. 혹시 너도 마음이 불안하거나 긴장되면, 언제든 엄마한테 이야기해줘. 엄마는 언제나 네 얘기를 들을 준비가 되어있으니까."

또 아이 앞에서 부부 싸움을 했다면, 나중에 꼭 아이에게 설명해주세요. 아무리 의견이 달라도 싸움은 좋은 해결 방법이 아니라는 점, 그리고 엄마 아빠가 다투는 모습을 보고 아이가 불안했을 거라는 걸 짐작하고 있었음을 아이에게 알려주세요. 무엇보다 중요한 건, 그 다툼이 절대 아이 때문이 아님을 분명히 말하는 것입니다.

"엄마 아빠가 가끔 말다툼할 때도 있지? 앞으로는 서로 좀 더 존중하는 말투로 대화하려고 노력할 거야. 그리고 엄마 아빠가 싸우는 건 절대 네 잘못이 아니야."

이렇게 직접 이야기하지 않으면, 아이 중 열에 아홉은 부모의 다툼이 자기 때문이라고 생각합니다. 만약 아이가 엄마 아빠 사이에서 중재자 역할을 하려고 한다면, 이렇게 말해 아이의 부담을 덜어주세요.

"엄마 아빠를 서로 화해시키는 건 네가 해야 할 일이 아니야. 언성을 높이지 않고 차분하게 대화할 책임은 엄마 아빠에게 있어."

당신이 스트레스를 많이 받았거나, 너무 피곤하거나, 육아에 지쳐 예민해졌을 때는 아이가 그것을 자기 탓으로 여기지 않도록 설명해주세요. 기분이 가라앉은 날엔 이렇게 말해보세요.

"혹시 엄마(아빠)가 짜증 나 보이거나 스트레스를 받는 것처럼 보여도, 그건 절대 너 때문이 아니야. 어른들도 피곤하거나 속상한 일이 있을 수 있어."

미나는 아들에게 자신이 어릴 때부터 불안을 느껴왔고, 그건 아들이 태어나기 훨씬 전부터였다고 말했습니다. 그러자 아들이 조심스럽게 물었습니다.

"그럼 엄마가 그런 게, 저 때문이 아니었어요?"

이처럼 아이들은 자신과 상관없는 일도 자기 탓이라고 느끼는 경우가 많습니다. "이건 네 잘못이 아니야. 너와는 아무 상관 없는 일이야"라고 분명하게 말해주는 것이 무엇보다 중요합니다.

문제를 해결하기 위해 어떤 노력을 하고 있는지 알려주세요

아이들은 긍정적이고 희망적인 면에 집중하는 경향이 있으므로, 문제를 해결하기 위해 부모가 지금 어떤 노력을 하고 있는지 구체적으로 설명해주세요. 예를 들어 부모의 정신 건강에 관해 이렇게 말할 수 있습니다.

"아빠는 요즘 화를 참기 어렵고 잠도 잘 못 자서, 심리치료사 선생님을 만나고 계셔. 우리가 치아 건강을 위해 치과에 가는 것처럼, 마음 건강을 위해서는 상담을 받는 거야. 우리 가족은 몸과 마음을 모두 소중하게 돌보는 걸 중요하게 생각하니까, 아빠도 스스로 마음을 돌보려고 노력하고 계신 거란다."

아이에게 당신이 전문가의 도움을 받고 있다는 사실을 자연스럽게 이야기해주세요. 예를 들어, 이렇게 말할 수 있어요.

"요즘 회사에 새로 온 사람 때문에 스트레스를 많이 받고 있었는데, 이 얘기를 상담 선생님과 나눌 수 있어서 정말 좋아. 내 이야기를 잘 들어주고 생각을 정리할 수 있게 도와주는 사람이 있다는 게 얼마나 든든한지 몰라."

양육지원 모임에서 에리카는 이렇게 말했습니다.
"우리가 상담받고 있다는 걸 아이에게 얘기해야겠다는 생각은 미처 못 했어요. 나중에 아이들도 필요할 때 상담을 받아보라고 권하고 싶어요."
그런데 그다음 주, 에리카의 딸이 에리카에게 이렇게 말했습니다.
"에이, 엄마가 맨날 애슐리 선생님이랑 마리아 선생님 얘기하는 거 다 들었어요. 엄마가 상담받는 거, 저도 이미 알고 있었다고요!"

부모는 조심스럽게 숨기고 있다고 생각했지만, 아이는 부모의 평소 말이나 행동을 통해 이미 다 알고 있었던 거죠.

설령 집을 잃게 될 심각한 위기에 처해 있더라도, 아이에게 지금 어떤 일이 진행되고 있는지 이렇게 설명할 수 있습니다.

"우리는 곧 이사해야 할 수도 있어. 지금 이모랑 같이 우리가 이사 갈 집을 알아보고 있어."

이처럼 상황을 숨기기보다는, 문제를 해결하기 위해 어떤 노력을 하는지 솔직하게 말하세요. 그게 아이의 불안을 덜어주는 데 훨씬 도움이 됩니다.

만약 당신이 강박장애를 치료 중이라면, 아이에게 이렇게 설명할 수 있습니다.

"엄마가 자꾸 신발장을 정리하거나, 이미 깨끗한 싱크대를 또 닦는 걸 너도 봤을 거야. 이건 '강박장애'라는 증상 때문이야. 이 장애가 있으면, 뇌에서 어떤 일을 꼭 특정한 방식으로 해야 한다고 자꾸 지시해. 하지만 이건 어디까지나 엄마가 겪고 있는 문제고, 네가 똑같이 따라 해야 하는 건 아니야. 그냥 엄마가 왜 그런 행동을 하는지 네가 이해하면 좋을 것 같아서 이야기하는 거야."

아이에게 물려주고 싶지 않은 습관이 있다면, 그보다 더 건강한 대처 방법이 있다는 사실을 가르쳐주세요. 예를 들어, 당신이 아직 담배를 끊지 못했지만 아이에게 담배의 해로움을 알려주고 싶다면 이렇게 말할 수 있습니다.

"담배는 건강에 안 좋아. 아빠도 지금 담배를 끊으려고 노력 중이야. 니코틴에 중독된 상태라 쉽지는 않지만, 그래도 계속 노력하고 있어."

비록 지금 당장 금연에 성공하지 못하더라도, 금연을 위해 애쓰는 모습 자체가 아이에게 좋은 본보기가 됩니다. 아이는 부모의 이런 모습을 통해, 나중에 담배를 권유받았을 때 스스로 현명한 판단을 내릴 힘을 갖게 됩니다.

아이에게 감정 조절법을 알려주세요

아이가 집에서나 다른 사람과의 관계에서 스트레스를 받을 때 어떻게 대처할지 미리 대화를 나누며 계획을 세워보세요. 이 대화를 준비하기 전, 4장에서 소개한 감정 조절법을 다시 한번 떠올려 보면 도움이 될 것입니다.

무섭거나 불안한 상황에서 아이가 스스로 진정시키거나 잠시 상황에서 벗어나는 방법을 함께 고민해주세요. 예를 들어, 가족 간의 갈등 상황에서 아이가 어떻게 하면 좋을지 구체적으로 안내하는 겁니다.

"형이 화를 낼 땐 곧장 네 방으로 가서 문을 닫고, 우리가 연습한 감정 조절법을 써보자. 엄마가 곧 네 방으로 가서 꼭 안아줄게."

이런 대처법은 가족 모두가 함께 알고 실천할 수 있도록, 평소에 미리 충분히 대화를 나누는 것이 중요합니다. 아이에게 감정은 언제든지 표현해도 괜찮다고 말해주세요. 그 감정이 부모인 당신과 관련된 것이라 해도 솔직하게 표현할 수 있도록 도와주세요. 예를 들어, 이렇게 말할 수 있습니다.

"혹시 엄마가 슬퍼 보여서 걱정될 땐, 언제든지 와서 '엄마 괜찮아?'하고 물어봐도 돼."

직접 말하는 걸 부담스러워하는 아이라면, 다른 소통 방법도 제안해 주세요.

"혹시 엄마 때문에 속상하거나, 말로 하기 힘든 일이 있다면, 엄마한테 직접 말하지 않고 쪽지에 써서 건네줘도 좋아."

집안에서 일어나는 일들로 인해 아이가 복잡한 감정을 느끼는 건 아주 자연스러운 일입니다. 그런 경우에는 전문가의 도움을 받거나, 비슷한 어려움을 겪는 아이들로 구성된 또래 모임에 참여하는 것도 도움이 될 수 있습니다.

아이가 자신의 경험에 공감할 친구를 만날 수 있도록 도와주세요. 그런 친구들을 만나면, 아이는 '나만 이런 경험을 한 게 아니구나'라고 느끼며 위로받을 수 있습니다. 샘의 아빠는 샘이 여섯 살 때, 전쟁에 참전해 목숨을 잃었습니다. 이후 샘은 가까운 가족을 잃은 아이들을 위한 캠프에 참여하게 되었고, 집으로 돌아오는 차 안에서 이렇게 말했습니다.

"엄마, 캠프에서 나처럼 아빠를 잃은 친구를 만났어."

자신의 감정을 이해해주는 친구들과 함께한 경험은 샘에게 큰 위로가 되었습니다.

지역 사회에서 운영하는 프로그램 중 아이에게 도움이 될 만한 것이 있는지 찾아보거나 의사에게 관련 정보를 문의해보는 것도 좋습니다. 그리고 아이에게 이렇게 말해주세요.

"누군가의 도움을 받는 건 전혀 부끄러운 일이 아니야. 네가 도움을 청할 용기를 낸다면, 엄만 네가 정말 자랑스러울 거야."

……

부모로서 아이에게 건강한 스트레스 대처법을 보여주는 것은 정말 중요합니다. 때때로 삶이 버겁고 힘겨울 때는 일관되게 좋은 본보기가 되기 쉽지 않지요. 우선 부모 자신의 정신적·신체적 건강부터 돌봐야 합니다. 그래야 아이에게 기대하는 행동과 태도를 몸소 보여줄 수 있습니다.

더 깊이
생각해보기

　이제 여러분은 더 큰 이해심과 친절함, 그리고 깊은 자기 인식을 바탕으로 아이를 양육할 수 있는 다양한 전략들을 갖추게 되었습니다. 이 장을 마무리하기 전에, 잠시 시간을 내어 '나는 지금 아이에게 어떤 본보기를 보여주고 있는지' 생각해보세요.

　당신은 삶이 힘들고 버거울 때조차 차분한 모습을 보여주려고 최선을 다하고 있습니다. 그것은 부모가 아이에게 줄 수 있는 가장 소중한 선물 중 하나입니다.

　아래 질문들을 살펴보기 전에, 걱정이 많은 이 세상 속에서 아이를 평온하게 키우려면 부모로서 어떻게 해야 할지 당신의 생각을 간단히 적어보세요.

- 어린 시절, 당신의 가족들은 스트레스에 어떻게 대처했나요? 그 대처법 중에서 도움이 된 것이 있었나요? 부모가 된 지금은 그중 어떤 방법을 아이에게 보여주고 있나요?

———————————————————————

———————————————————————

- 스트레스나 불안을 어떻게 관리하나요? 당신의 대처 방식이 아이의 행동에 어떤 영향을 미칠까요?

  _____

  _____

- 자신의 외모와 몸에 대해 긍정적으로 말하기 어려운 부분이 있나요? 그렇다면 특히 어떤 점이 어렵게 느껴지나요?

  _____

  _____

- 감정을 더 건강하게 다스리고 더 나은 스트레스 대처법을 배우기 위해, 심리치료사나 상담가의 도움을 받아본 적이 있나요? 있다면, 그 경험은 어땠나요?

  _____

  _____

- 아이가 가족이나 가까운 사람들이 겪고 있는 걱정이나 어려움을 이해할 수 있도록 돕기 위해, 부모로서 어떤 노력을 할 수 있을까요? 이에 대해 아이의 나이에 맞게 설명하려면 어떻게 말하면 좋을까요?

  _____

  _____

- 앞으로 어떤 새로운 스트레스 대처법을 아이에게 보여주고 싶나요? 부모 역시 완벽하지 않으며 계속 성장하기 위해 꾸준히 노력하고 있다는 것을 아이에게 어떻게 설명해줄 수 있을까요?

  _____

  _____

······

이제 SAFER 양육법의 다섯 가지 원칙을 실천하고 있는 한 가정의 이야기를 함께 살펴보겠습니다.

· **SAFER 양육법 실전편** ·

부모가 헤어지는 상황에서도
아이의 마음을 지키는 법

　여덟 살 리코의 부모님은 부부관계를 회복하려고 최선을 다했지만, 결국 결혼 생활을 더는 유지하기 어렵다는 사실을 받아들이고 이혼을 결심했습니다. 부부는 비록 결혼 생활은 끝내게 되었지만, 아들 리코가 이 어려운 변화를 잘 견뎌낼 수 있도록 SAFER 양육 원칙을 실천하기로 다짐했습니다. 두 사람은 이 양육 원칙을 꾸준히 지켜온 'SAFER 부모'로서 가족 내 오랜 갈등의 원인을 아이에게 어떻게 설명하고 아이의 감정을 어떻게 돌보아야 할지 잘 알고 있었습니다.

　리코의 엄마 아빠 모두 이혼에 관한 얘기를 꺼내기에 앞서 몹시 긴장했습니다. 엄마는 얘기를 꺼내다가 눈물을 쏟을까 봐 걱정했고 아빠는 아예 그 대화를 피하고 싶었습니다. 사실, 아빠는 엄마가 먼저 이혼을 제안한 데 대해 화가 나 있었고 리코가 곧 두 집을 오가며 살아야 한다는 사실에 마음이 무거웠습니다. 하지만 두 사람은 이런 상황일수록 SAFER 양육 원칙의 기본인 '차분함 유지하기'에 집중하기로 했습니다. 지금처럼 어려운 대화를 해야 하는 상황에서는, 평온함을 유지하고 앞으로 겪게 될 큰 변화를 가족이 모두 함께 이겨낼 수 있다는 믿음을 아이에게 전해주는 일이 무엇보다 중요했습니다.

엄마는 복받치는 감정을 다스리려고 애썼고 아빠는 분노와 같은 감정이 대화의 흐름을 방해하지 않도록 주의했습니다. 두 사람은 SAFER 양육 원칙을 실천하는 데 방해가 되는 요인들을 다시 점검하면서 아들의 감정을 무시하거나, 화를 내거나, 상황을 축소해서 말하지 않도록 신경 썼습니다.

엄마와 아빠는 리코와 대화하기 전에 미리 '어떻게 말할지' '누가 어떤 부분을 이야기할지'를 함께 정했습니다. 이 과정조차 쉽지 않았습니다. 두 사람은 요즘 사소한 일에도 의견을 맞추기 어려웠지만 아이 앞에서는 한목소리를 낼 수 있도록 애썼습니다. 우리와의 상담을 통해 아이에게 전하는 이야기는 언제나 일관성이 있어야 한다는 점을 이미 잘 알고 있었기 때문입니다. 두 사람은 함께 하나 된 모습으로 아들에게 안정감을 주고 싶었습니다.

엄마 아빠는 따뜻한 오후, 햇살이 드는 거실을 대화 장소로 정했습니다. 대화를 마친 뒤에는 다 함께 근처 공원에 다녀오고, 집에서 함께 아이스크림을 먹으며 긴장을 풀기로 계획했죠. 두 사람은 대화를 시작하기 전 각자 30분씩 혼자만의 시간을 가지며 마음을 가라앉혔습니다. 한 사람이 리코와 함께 있는 동안 다른 사람은 자신만의 방식으로 마음의 준비를 한 것이죠. 아빠는 달리기하러 나갔고,

엄마는 잔잔한 클래식 음악을 틀어놓고 조용히 일기를 쓰며 마음을 정리했습니다.

우리는 상담 과정에서 리코가 아직 초등학교 3학년이라는 점을 고려해, 가능한 한 쉽고 간결한 말로 설명하라고 부모에게 조언했습니다. 대화는 거실 소파에서 이루어졌고 리코는 소파 가운데에, 엄마와 아빠는 리코의 양옆에 앉았습니다. 아빠는 리코의 무릎에 손을 얹고 조심스럽게 말을 꺼냈습니다.

"리코야, 엄마랑 아빠가 너에게 꼭 할 이야기가 있어. 엄마 아빠는 이혼하기로 했단다. 그래서 이제는 각자 다른 집에서 살게 될 거야. 앞으로는 우리가 한집에 같이 살지는 않겠지만 그래도 우리가 가족이라는 사실은 변하지 않아."

아빠는 잠시 말을 멈추고, 리코가 이 말을 어떻게 받아들이는지 살펴보았습니다. 리코는 아무 말도 하지 않았지만, 진지하게 듣고 있는 듯했습니다. 아빠는 조심스럽게 말을 이었습니다.

"가끔은 엄마 아빠도 서로 마음이 멀어지기도 해. 하지만 이건 네가 뭘 잘못해서 그런 게 절대 아니고, 너를 향한 사랑이 변해서도 아니야. 이건 어디까지나 어른들 사이의 일일 뿐이란다."

엄마는 말없이 고개를 숙인 채 엄지손가락에 생긴 거스러미를 만지작거렸고, 아빠는 계속 말을 이어갔습니다.

"우리는 여전히 한 가족이고, 너를 향한 엄마 아빠의 사랑은 조금도 변하지 않았어. 앞으로도 엄마 아빠는 네 밥을 챙겨주고, 숙제를 도와주고, 잠들 때도 옆에 있어줄 거야. 엄마 아빠가 이혼한다고 해서 너에 대한 사랑이 줄어드는 일은 절대 없어. 그리고 네가 엄마 아빠 중에서 누구 한 명을 선택해야 할 일도 없을 거야. 우리는 언제나 네 엄마이고, 네 아빠야. 그건 변하지 않아."

이쯤 되자, 리코는 충격을 받은 듯 멍한 표정을 지었습니다. 엄마와 아빠는 잠시 아무 말 없이 아이의 반응을 기다렸습니다. 그러다 엄마가 먼저 입을 열어 리코를 안심시켰습니다. 엄마는 그동안 익혀온 공감 기술을 떠올리며 이렇게 말했습니다.

"이런 이야기를 들으면, 슬프거나 무서운 감정이 들 수도 있어. 부모님이 이혼한다고 하면 아이들은 슬프거나 불안하거나, 때로는 화가 나기도 하거든. 지금 네 마음은 어떤지 말해줄 수 있겠니?"

두 사람은 리코가 속마음을 솔직하게 털어놓을 거라는 걸 알고 있었습니다. 지난 1년간 SAFER 양육법을 함께 실천해왔기 때문이죠. 리코가 부모의 마음을 아프게 하는 말을 꺼낼 수도 있다는 사실도 염두에 두고 있었습니다.

리코는 평소 솔직한 성격답게 이렇게 말했습니다.

"사실… 엄마 아빠가 싸우는 거 정말 싫어요! 특히, 엄마가 아빠한테 너무 심하게 말할 때, 정말 싫어요."

엄마는 그 말을 듣고 가슴이 철렁 내려앉았습니다. 순간 "아들, 너무 화내지 마. 이제 장난감 방이 두 개나 생기잖아"라고 말하고 싶었습니다. 하지만 그렇게 서둘러 위로하려 들면, 아이가 느끼는 감정을 가볍게 여기는 것처럼 보일 수 있다는 걸 잘 알고 있었습니다. 그래서 엄마는 마음속으로 이렇게 되새겼습니다.

'지금 내가 해야 할 일은 리코의 마음을 그대로 받아주고, 리코가 말한 걸 에코해주는 거야.'

엄마는 리코의 감정을 따뜻하게 공감하며 에코 기법을 사용해 이렇게 말했어요.

"우리 아들이 엄마 아빠가 따로 사는 걸 원하지 않는다는 거 잘 알고 있어. 그리고 요즘 집안 분위기 때문에 많이 힘들었을 거라는 것도 알아. 엄마가 아빠한테 그렇게 소리 지른 건 정말 잘못했어. 너한테는 그게 정말 무섭게 느껴졌을 것 같아."

리코는 울음을 꾹 참으려 했지만, 끝내 눈물을 뚝뚝 흘리며 말했어요.

"난… 우리 가족이 서로 떨어져 사는 거 싫어…."

그러고는 엄마 무릎에 와락 안기듯 온몸을 파묻었어요. 리코가 그렇게 엄마 품에 깊숙이 안긴 건 정말 오랜만이었습니다. 엄마는 리코를 꼭 껴안은 채 생각했어요.

'이 아이가 이 상처와 슬픔을 잘 이겨낼 수 있도록 내가 어떻게 도와줄 수 있을까.'

세 사람은 몇 분 동안 서로를 꼭 끌어안고 있었습니다. 그러고 나서 리코는 담요를 집어 들고 아빠 옆에 바짝 붙어 앉았고, 다정한 눈빛으로 엄마를 올려다보았습니다. 아빠는 모두의 슬픈 마음을 당장이라도 어떻게든 달래주고 싶었지만, 깊게 숨을 들이쉰 뒤 리코의 어깨를 감싸 안으며 이렇게 말했어요.

"우리 아들, 아빠도 정말 슬퍼. 이 얘기는 네가 원할 때마다 얼마든지 꺼낼 수 있어. 오늘 밤도, 내일도, 그 어떤 날도 괜찮아. 네가 지금 어떤 마음인지, 무슨 생각을 하는지, 궁금한 점은 뭔지, 그런 거 다 이야기해도 돼. 넌 혼자가 아니야. 엄마 아빠가 항상 함께할 거야."

리코가 눈물을 멈추자, 엄마와 아빠는 앞으로의 생활에 대해 차분히 설명해주었습니다. 예를 들어, 앞으로도 매주 화요일과 목요일에는 할머니가 리코를 데리러 올 거라는 점, 그리고 아빠가 새 아파트로 언제 이사할 예정인지 등을 알려주었죠. 그리고 엄마가 이렇게 덧붙였습니다.

"그리고 좋은 소식이 하나 있어, 리코야. 아빠가 이사 갈 새 집엔 수영장이 있단다."

리코의 엄마 아빠는 미리 우리와 상담하면서 리코가 어느 요일에 누구와 지낼지 구체적으로 일정을 계획했고, 아이에게 어떻게 말할지도 함께 대본을 짜고 리허설을 해보았습니다. 이후 부부는 리코에게 엄마 집과 아빠 집의 방문 일정이 표시된 달력을 보여주며 새롭게 바뀔 일상에 대해 말해주었습니다. 그 주 후반에는 아빠가 이사할 아파트의 로비를 함께 둘러보며 리코가 아빠의 새 집에 익숙해질 수 있도록 도와주었습니다. 그리고 리코의 새 방을 어떤 색으로 칠하고 싶은지도 이야기 나누었죠.

리코는 대화를 마친 뒤 마음이 복잡해 보였지만, 세 사람이 함께 공원으로 향할 즈음엔 엄마 아빠 모두 '그래도 어려운 대화를 잘 해냈다'라는 안도감을 느꼈습니다. 집에 돌아와 아이스크림을 먹을 땐 모두가 기운이 쭉 빠진 듯 피곤했습니다. 아빠는 나중에 상담에서 이렇게 털어놓았습니다.

"그래도 이제 아이에게 다 이야기하고 나니까 마음이 훨씬 가벼워졌어요."

그날 밤, 엄마는 리코를 재우기 위해 리코의 방으로 들어가기 전, 아이가 이혼 이야기를 다시 꺼낼 수도 있다는 걸 알고 있었습니다. 리코는 평소에도 잠들기 전에 하루 동안 느꼈던 감정을 털어놓는 걸 좋아했기 때문이죠. 엄마는 잠시 심호흡을 하며 마음을 가라앉힌 뒤에 조용히 리코의 방으로 들어갔습니다.

리코는 엄마와 함께 누워 있다가 다시 눈물을 글썽이며 말했습니다.

"엄마, 나 월요일 아침에 학교 가기 전까지도 눈물이 안 멈추면 어떡해?"

엄마는 리코의 눈을 바라보며 리코가 한 말을 에코했습니다.

"그럴 때가 있어. 눈물이 나오기 시작하면, 절대 안 멈출 것처럼 느껴지지."

리코가 대답했습니다.

"응, 진짜 멈추지 않을 것 같아."

그러자 엄마는 리코가 평소에 안고 자던 곰 인형을 집어 들고, 곰 인형 목소리로 말했습니다.

"오늘 밤엔 나를 꼭 안고 자렴. 네 마음속 슬픔을 내가 전부 안 아줄게."

리코와 엄마는 미소 지으며 서로를 꼭 껴안았고, 리코는 그렇게 엄마 품에서 잠이 들었습니다.

다음 날 아침, 엄마는 리코를 스쿨버스 정류장까지 데려다주며 물었습니다.

"혹시 부모님이 이혼한 친구가 있어?"

사실 엄마는 리코에게 그런 친구들이 있다는 걸 이미 알고 있었지만, 리코 스스로 말하길 기다렸죠. 그러자 리코는 라일리와 쿠퍼가 그렇다고 말했습니다. 엄마는 리코가 '우리 가족도 다른 가족들과 크게 다르지 않네, 나만 겪는 일이 아니구나'라고 느끼는 것이 중요하다고 생각했어요. 그리고 리코가 여전히 더 큰 공동체에 속해 있다는 사실도 알려주었습니다.

"매주 토요일 저녁에 할머니 댁에 가서 식사하는 건 앞으로도 계속 똑같이 할 거야."

리코는 부모님의 이혼 후에도 익숙한 일상이 그대로 유지된다는 사실에 마음이 놓였습니다. 리코의 엄마 아빠는 부모의 이혼을 소재로 한 그림책도 몇 권 사서 리코와 함께 읽었습니다. 어느 날 차를 타고 가던 중, 아빠는 부모의 이혼이라는 큰 변화를 겪고 있는 리코에게 칭찬을 해주고 싶었습니다.

"아빤 리코가 정말 자랑스러워. 지난번에 우리가 네 침대 조립할 때 마지막에 어떤 나사가 필요한지 네가 딱 알아맞혔잖아. 넌 어떤 일이든 끝까지 해내는 끈기가 있어."

아빠의 말을 듣자, 리코의 얼굴에 뿌듯한 미소가 번졌고, 아빠는 그 칭찬이 아이에게 큰 힘이 되었음을 느낄 수 있었습니다. 그러고 나서 아빠는 이렇게 덧붙였어요.

"아빠랑 같이 있는 날에 엄마가 보고 싶거나 마음이 울적할 땐, 언제든지 아빠한테 말해도 괜찮아."

몇 주, 몇 달이 지나서도, 엄마와 아빠는 이 변화에 대해 계속 이야기함으로써 리코가 덜 불안해하고 안정감을 느낄 수 있도록 도와주었습니다. 물론 중간중간 크고 작은 어려움도 있었지만, 리코는 두 집에서의 생활에 비교적 무리 없이 잘 적응해나갔고, 슬프거나 화가 나거나 마음이 복잡할 때마다 엄마 아빠에게 편하게 자신의 감정을 털어놓았습니다.

· 내 아이에게 보내는 약속의 편지 ·

이 책을 통해 다른 부모들의 이야기를 들으며, 어떤 가정이든 크고 작은 어려움을 겪고 있다는 사실을 알게 되었을 겁니다. 아이를 양육하는 과정에서 발생하는 문제를 알아차리고, 알맞은 대처 전략을 찾고, 아이에게 좋은 본보기를 보여주는 일은 평생 계속되는 여정입니다. 완벽한 부모도, 완벽한 방법도 없으니, SAFER 양육법을 실천하는 과정이 서툴더라도 너무 걱정하지 마세요. 중요한 건, 오늘 하루 부모로서 최선을 다하려는 당신의 마음입니다. 매일매일 '다시 시도할 수 있다'라는 태도로 꾸준히 실천해보세요. 그러다 보면 언젠가는 리코의 엄마 아빠처럼, 그리고 이 책에 등장한 다른 부모들처럼, 당신이 꿈꾸는 부모의 모습에 한 걸음씩 가까워질 겁니다.

이제 여러분은 SAFER 부모로서 꼭 필요한 지식과 기술을 갖추게 되었습니다. 아이가 불안과 걱정에 휩싸일 때, 아이 곁을 지켜주겠다는 다짐을 담아 아이에게 편지를 써보세요.

사랑하는 우리 아이에게

거대하고, 때로는 두려운 이 세상 속에서
엄마(아빠)가 언제나 너를 안전하게 지켜줄 거라고 약속할게.
이 세상이 낯설고 무서울 때,
언제든 돌아와 쉴 수 있는 평온한 쉼터가 되어줄게.
무거운 걱정이 네 마음을 뒤덮을 땐,
너를 품어줄 든든한 울타리가 될 거야.
늘 따뜻하게 공감하고, 네 편이 되어 안아주고
너는 스스로 일어날 힘이 있는 아이임을 믿을 수 있도록 도와줄게.

언제든 네 마음을 털어놓아도 좋아.
세상이 너무 버겁게 느껴질 땐
엄마(아빠)가 네 짐을 함께 나눠 들어줄 거야.
힘든 일이 닥치면,
언제든 함께 이야기 나눠보자.
우리는 언제나 따뜻한 마음과 열린 귀로
네 이야기를 들을 준비가 되어있어.
너의 아주 작은 감정, 사소한 걱정…,
그 어떤 이야기라도 귀 기울일게.
너의 모든 불안을 함께 마주하고
네가 맘 놓고 의지할 수 있는 길잡이가 되어줄게.
무엇보다도 너는 아직 세상을 알아가는 중인

작고 여린 아이라는 것을 절대 잊지 않을게.

우리는 너와 함께 삶을 즐기고,
네가 너만의 빛을 마음껏 발산할 수 있도록 늘 응원할게.
너의 모든 모습을 소중히 여기고 아껴줄 거야.
너만의 개성을 열린 마음으로 반기고,
있는 그대로의 너를 감사한 마음으로 받아들일게.
네가 조건 없는 사랑을 온전히 느끼고,
스스로 자랑스럽게 여길 수 있도록 도와줄게.
우리 집은 네가 있는 그대로의 네 모습을
자유롭게 표현할 수 있는 따뜻하고 안전한 공간이 될 거야.
우리가 아직 잘 이해하지 못하는 너만의 세계에도
늘 관심을 두고, 배우고, 알아가려 노력할게.
네가 좋아하는 모든 것들을
진심으로 지지하고 응원할게.
너는 존재 그 자체로 사랑받고 있다는 걸
매일매일 느낄 수 있도록 노력할게.

가족과 친구, 좋은 어른들로 이루어진 든든한 울타리를 만들어,
너를 따뜻하고 포근하게 감싸줄게.
그 울타리는 우리 집 바깥에서도 너를 지켜줄 거야.
그들은 너에게 힘이 되고 위로가 될 거란다.
우리가 완벽한 부모가 아니라는 점을 늘 기억하고,

좀 더 나은 부모가 되기 위해 계속 노력할게.
감정이 흔들릴 때도 그 마음을 잘 다스리는 모습을 보여주고,
혹시 네게 화를 내는 일이 생기면
진심으로 사과할게.

너의 삶 속에 기쁨이 스며들 수 있도록 우리는 늘 노력할 거란다.
함께 웃고, 뛰놀며, 오래도록 기억에 남을 추억을 쌓아가자.
사소한 일상부터 커다란 모험까지,
우리의 삶이 얼마나 멋지고 아름다운지
너와 함께 천천히 느끼고 하나하나 알아갈 거야.

네 앞에 놓인 모든 아픔을 없애줄 수 있다면 얼마나 좋을까.
하지만 그럴 수 없다는 걸 알기에,
네 마음이 괜찮아질 때까지 네 곁을 지켜줄게.
세상이 늘 다정하지만은 않다는 걸 숨기진 않을 거야.
대신, 그 세상 속에서 네가 이뤄낸
모든 승리를 함께 기뻐하고,
모든 슬픔을 함께 나눌게.
네 마음속 걱정에도 끝까지 귀 기울일게.
함께 멋지게 헤쳐갈 방법을 찾아보자.

삶이라는 긴 여정을 용기 있게 걸어갈 수 있도록
언제나 네 곁에 우리가 함께할게.

그리고 꼭 기억하렴.

힘들 땐 언제든 우리 곁으로 돌아와 기대도 된다는 걸.

우리가 함께라면

어떤 어려움도 반드시 이겨낼 수 있어.

세상에서 ○○이를 가장 사랑하는 엄마, 아빠가.

· 감사의 글 ·

이 책을 쓰기 시작할 때만 해도, 완성하는 데 이토록 많은 시간과 노력이 들 줄은 미처 몰랐습니다. 그 여정에 함께하며 아낌없이 응원해주신 많은 분께 마음 깊이 감사드립니다. 말로는 다 표현할 수 없지만, 이 자리를 빌려 짧게나마 감사의 마음을 전하고 싶습니다.

먼저, 존경하는 우리의 '가위손' 데이비드 호크먼에게 감사드립니다. 해외 출장 중에도 원고를 다듬고 이 책의 기획 단계부터 최종본이 완성되기까지 전 과정을 든든하게 이끌어주셨습니다. 우리가 자신감을 잃을 때마다 "두 분이 저자예요! 자신감을 가지세요!"라고 응원해주신 덕분에, 이 책을 끝까지 완성할 수 있었습니다. 이 책은 당신이 없었다면 결코 세상에 나올 수 없었을 거예요.

아냐 코조레즈, 따뜻한 배려심과 시적인 감수성, 탁월한 편집 능력을 지닌 당신은 이 책의 '수호천사'였습니다. 마감 직전, 창작 열기로 정신없는 순간에도 특유의 유머와 차분함으로 우리가 끝까지 집중하고, 영감을 잃지 않도록 도와주셨지요. 한결같은 지지와 믿음을 보여주시고, 글쓰기 여정에서 든든한 버팀목이 되어주신 데 깊이 감사드립니다.

마리아 슈라이버에게도 깊은 감사를 전합니다. 이 시대의 모든 가족과 아이들의 행복을 위해 헌신한 당신의 깊은 열정과 지대한 영향력은 이 분야의 새로운 본보기가 되었습니다. 우리가 이 땅의 부모들에게 전하고자 하는 메시지를 믿고 지지해주신 덕분에 우리는 더 큰 용기를 얻었고, 그 믿음은 지금도 우리의 꿈을 실현하는 원동력이 되고 있습니다. 당신 덕분에 전 세계의 부모들이 이 책을 읽고 가정에서 더 깊은 평온을 찾는 결실로 이어지게 될 것입니다.

이 책의 기획부터 출간까지 전 과정을 총괄해 주신 오픈 필드의 메그 레더에게 진심으로 감사드립니다. 그리고 듀프리 밀러 앤드 어소시에이츠의 탁월한 에이전트 섀넌 마븐에게도 깊이 감사드립니다. 우리 작업에 대한 당신의 변함없는 믿음과 탁월한 비즈니스 감각은 이 책이 세상의 빛을 보게 되는 데 결정적인 역할을 했습니다.

편집자 니나 로드리게스-마티에게도 깊이 감사드립니다. 당신은 펭귄 랜덤하우스라는 대형 출판사의 복잡한 절차를, 수많은 이메일을 통해 한 걸음 한 걸음 세심하게 안내해주셨습니다. 날카로운 통찰력과 뛰어난 기획력으로 우리의 아이디어를 정리해주신 데 대해 진심으로 감사드립니다. 또한 이 책이 세상에 나올 수 있도록 보이지 않는 곳에서 헌신적으로 애써주신 펭귄 랜덤하우스의 모든 분께도 특별한 감사를 전합니다.

심리학 각 분야에서 탁월한 전문성을 지닌 다음의 훌륭한 전문가들께 진심 어린 감사를 전합니다. 섭식 장애 분야의 부부·가족 전문 심리치료사 코리 로젠탈, 아동 발달 및 불안 분야의 임상 사회복지사 레이첼 고든, 사회적 다양성과 포용 분야의 임상 사회복지사 재클린 맥클레인 리드, 트랜스젠더 및 퀴어 부모 상담 분야의 부부·가족 전문 심리치료사 타말라 폴잭, 발달 정신병리학 분야의 부부·가족 전문 심리치료사이자 융 심리학 전문가 마크 트루드슨 박사, 그리고 LGBTQ+ 정체성 분야의 임상 사회복지사 폴 실버먼, 우리는 여러분이 지닌 깊이 있는 지식과 풍부한 현장 경험, 그리고 이 분야에 미치는 긍정적인 영향력을 믿고 자문을 요청했습니다. 여러분의 통찰은 이 책을 한층 더 깊이 있고 풍요롭게 만들어주었습니다.

방대한 자료의 미로 속으로 과감히 뛰어들어, 통찰력 있는 아이디어와 연구 결과를 건져 올려 준 리서치 어시스턴트, 바너드대학의 대니 추-강, 컬럼비아대학교의 빅토리아 프레너에게 깊이 감사드립니다.

그리고 "우리 지금 책 작업 중이야"라는 말을 아마 천만번쯤은 들었을 우리 가족과 친구들 모두 변함없는 사랑과 응원을 보내주셔서 진심으로 감사드립니다.

마지막으로, 저자인 우리 서로에게 이렇게 말하고 싶습니다. 몇 년 전, 소파에 앉아 차를 마시며 둘의 재능을 합쳐 가족들의 회복과 성장을 돕자는 꿈을 나눴었죠. 우리는 드디어 그 꿈을 현실로 만들었습니다. 이 책은 우리가 지금까지 해온 일 중 가장 큰 도전이었지만, 우리는 결국 해냈습니다! 우리의 헌신과 희생, 그리고 끈기에 건배를!